就想开家小小的民宿

风和文创 编著

SPM 南方出版传媒
广东经济出版社
— 广州 —

图书在版编目（CIP）数据

就想开家小小的民宿 / 风和文创编著．—广州：广东经济出版社，2018.1
ISBN 978-7-5454-5798-8

Ⅰ．①就… Ⅱ．①风… Ⅲ．①旅馆－经营管理－基本知识 Ⅳ．①F719.2

中国版本图书馆 CIP 数据核字（2017）第 233604 号

版权登记号：19 － 2017 － 143

出版　人：姚丹林
责任编辑：张晶晶
责任技编：许伟斌
封面设计：门乃婷工作室
装帧设计：何汝清

本书原著作名为《风格民宿圆梦计划圣经》，原出版社为风和文创事业有限公司，作者为风和文创。本书由风和文创正式授权，经由凯琳国际文化代理。

《就想开家小小的民宿》
Jiuxiang Kai Jia Xiaoxiaode Minsu
风和文创　编著

出版发行：广东经济出版社（广州市环市东路水荫路 11 号 11 ～ 12 楼）
经　　销：全国新华书店
印　　刷：广州市岭美彩印有限公司（广州市荔湾区花地大道南海南工商贸易区 A 幢）
开本：787 毫米 ×1092 毫米　1/16
印张：16.25
字数：250 000 字
版次：2018 年 1 月第 1 版
印次：2018 年 1 月第 1 次
印数：1—5000
书号：ISBN 978-7-5454-5798-8
定价：78.80 元

如发现印装质量问题，影响阅读，请与承印厂联系调换。
发行部地址：广州市环市东路水荫路 11 号 11 楼
电话：（020）38306055　37601950　邮政编码：510075
邮购地址：广州市环市东路水荫路 11 号 11 楼
电话：（020）37601950　营销网址：http://www.gebook.com
广东经济出版社新浪官方微博：http://e.weibo.com/gebook
广东经济出版社常年法律顾问：何剑桥律师

民宿，
是家的另一种可能。

目录 CONTENTS

Part 1 开业之前的必修课【初级】Primary

Part 2 开业之前的必修课【进阶】Advanced

Part 3 建造与设计 Design

Part 4 对的预算打造对的民宿 Budget

1000 万元以下

1000 万～2000 万元

2000 万～3000 万元

3000 万～5000 万元

5000 万元以上

CONTENTS

PART 1
开业之前的必修课【初级】

民宿不只是事业，也是分享。
分享主人的美学、品位与生活方式，也是梦想的雏形。

准备开始之前，你做好规划了吗?
无论你是因为筑梦，还是喜欢分享，或是为了落实信念，
开民宿从来就不是一个人的事，
先从创业提案、自我评估、创业进度、资金分配等方面开始做起。

从梦想出发，打造自己的创业提案

大多数人都说：“人类，因梦想而伟大。”
然而，在这里我们要说：“成功的民宿老板，以梦想为起点。”

为梦想坚持到底的动力

创业，不是件容易的事，从一开始的规划到实际执行再到成果的检验，这一整个过程光是在脑海中虚拟演练一遍，就能发现其中遇到的 W 关卡，可说是困难重重。创业，不但需要起步的冲动，也需要面对与克服挫折的勇气。当然，民宿创业也不例外，甚至面临的困难与挫折将会更为艰巨。

在创业的路上，没有所谓的高低阶，每个人都是从零开始，会产生成功或失败的分歧，第一个要件就是坚持到底的动力。每一个创业者都无法只凭一招半式走上创业这一条路，反而要有校长兼撞钟的觉悟。而且，民宿创业比起其他行业更是集设计、营销、财务、服务、建筑、管理等技巧于一身，同时也要精通系统化，并且日复一日，不断鞭策自己朝着梦想向前走，如果仅仅是靠赚钱这个目的支撑是没有办法持久的，必须仰赖更大的动力——梦想。

梦想，决定你盖的是民宿还是日租套房

许多人都曾经问过这样的问题：“民宿跟旅馆的差别在哪里？”撇除在规模以及法规上的差异，若说旅馆是标准化与一致性大量生产下的产物，那么民宿，就是独一无二，强调独特性与客制化的精品，最重要在于民宿是民宿主人结合梦想与人生体验的结晶。

要走上民宿创业之路，最重要在于“你的梦想在哪里”。民宿创业与其他类型创业最大的不同点在于，对于其他的创业方式，梦想是最终目的，但在民宿创业中，每一个计划、方向都代表着你的梦想，不论是建筑外观、

民宿 VS 日租套房	项目	民宿	日租套房
	内在核心	梦想	收入
	外在象征	品牌	商品
	市场	具差异并无取代性（蓝海）	无差异并高取代性（红海）
	定价	高	低
	与消费者的联结	强	弱

装潢细节，还是服务流程，都必须以梦想为核心去延伸与发展，如果除去梦想这一点，民宿姑且只能称作日租套房。

梦想＋5W1H，完成你的创业提案

如何将梦想与民宿创业二者紧紧联结，我们可以利用管理学上的 5W1H［原因（WHY）、对象（WHAT）、地点（WHERE）、时间（WHEN）、人员（WHO）、方法（HOW）］分析法，来为你的梦想打造出基本雏形，完成你的创业提案。

民宿创业的入门条件

条件一：莫忘初心
民宿的建造跟营销要回到梦想本身，才能真实地传递其中的故事并凸显民宿特色。

条件二：实现梦想的觉悟
用心付出、培养、坚持，有了势在必行的觉悟，才能走上创业这条路。

条件三：时时检视自己的梦想
当感觉自己无法坚持下去或茫然时，重新检视你的梦想，确认自己在做的事情与梦想之间是不是有差距。

条件四：坚持到底的勇气
创业路迢迢，要面对的挫折与困难重重，要具备兵来将挡，水来土掩的豁达心胸，才能够继续坚持下去。

02 创业前的自我评估

根据统计资料，能够成功创业的创业者，即便所在的产业跟创业机会有所不同，但是在性格上有着共通的特质与行为模式。

性格，决定你的创业之路

创业，是许多人的梦想。然而谈论创业的人多，实际去执行的人却是寥寥可数，其中的关键因素在于性格的抗压性及风险的承受力。也许在创业计划的开始，有的人考虑到不可行的部分，立刻选择放弃，有的人则是选择寻找解决方案继续执行，造成选择差异的关键就在：性格。

创业之前，应该事先评估自己是否适合创业。能力分布表不但可以在创业之前使用，创业之后也可作为检讨该阶段某种能力缺乏或是降低的指标，时时检视自己的状态获得改进的方向。

以下的测验由五大指标组成，分别是：自我管理、社交人际、创新创造、抗压韧性、执行能力。根据表单可做简单的自我测试：

表单内五大项中各有5题，请依自身状况回答并勾选“YES”或“NO”，每勾选一个得一分。

A 自我管理

题号	项目	YES	NO
1	早上6点必须起床准备工作，我会在5点30分之前准备就绪。	□	□
2	当我决定好工作的步骤与程序，我会遵循流程走。	□	□
3	当我无法参加重要会议时，我会准备好备案并做出处理 ，而不是直接改期或缺席。	□	□
4	只要我确定好决策或是目标，我一定会想办法办到。	□	□
5	我能调整自己做事的优先级来配合工作要求。	□	□

B 社交人际

题号	项目	YES	NO
1	我很容易与陌生人打成一片，就算在陌生的环境当中，我仍然可以轻松地与他人交谈。	□	□
2	一般来说，我能清楚表达我所要传递的信息，并流畅地表达自己的想法。	□	□
3	与他人谈话时，我可以仔细倾听对方陈述的内容，并了解对方肢体、语言传递的信息。	□	□
4	面对初次见面的人，我能积极主动地表达意见，并与对方互动。	□	□
5	我可以成为他人彼此认识的中间媒介。	□	□

C 创新创造

题号	项目	YES	NO
1	我总是主动寻找并迅速发现需要改进的地方。	□	□
2	在群体之中我喜欢提供新的信息与想法跟他人分享。	□	□
3	我喜欢将新学到的知识或技能应用到工作上，使工作效率更高或解决问题。	□	□
4	我喜欢不断修正与改进，尝试让自己的想法更完整。	□	□
5	我乐于接受变化，并常有新奇、独特的想法。	□	□

D 抗压韧性

题号	项目	YES	NO
1	我对自己的情绪起伏很容易察觉出来。	□	□
2	我可以接受不是人人都喜欢我或是满意我的表现这个事实。	□	□
3	我也可以妥协去做我原来不想做的事情。	□	□
4	就算处于劣势，我也不认为我一定会出局。	□	□
5	每当我处于困境，我会想尽办法杀出一条血路。	□	□

E 执行能力

题号	项目	YES	NO
1	我决定后，会马上行动。	□	□
2	我能掌控执行中的各种状况，适时做调整，并通知相关人员。	□	□
3	发生问题时，我能区分清楚解决这个问题对我的重要程度。	□	□
4	我喜欢实事求是，并果断处理问题。	□	□
5	我可以同时解决多个问题。	□	□

依照前面表单中五大项的得分，在能力分布表中对应的位置上将点连线，画出专属于自己的雷达图。

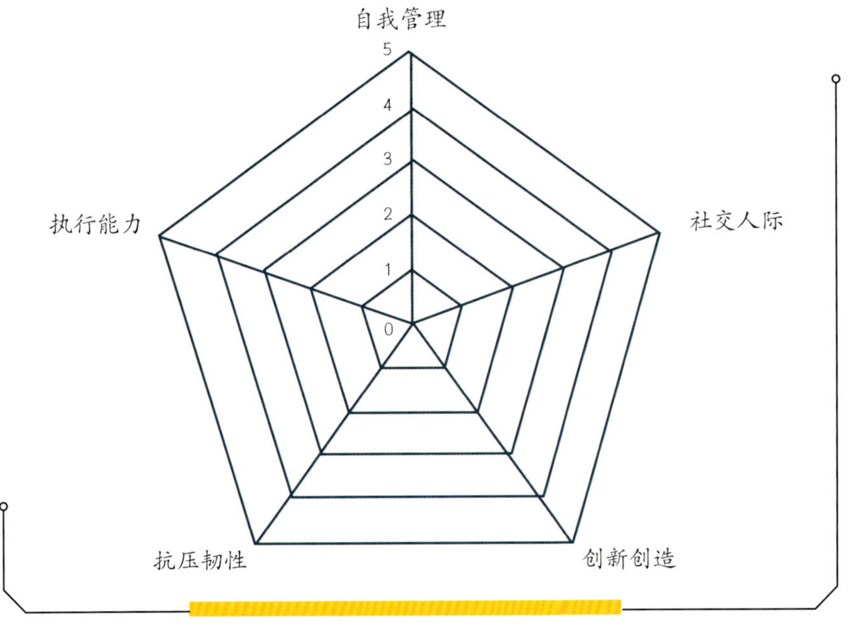

五大指标中，你的哪一个指数最高？

自我评估五大指标的意义

指标一：自我管理

开始创业之后，原来在职场上盯着你的主管或是同事的批评突然不见了，现在只有你自己才能约束自己，因此自我管理是非常重要的。更积极地说，自我管理是能明辨对错，在对的时间做对的事情，将自我效能发挥至最大。

指标二：社交人际

社交人际在创业中被视为最重要的能力，因为创业所需的资源极多，许多资源必须仰赖外界。此时，良好的社交人际能力就成了关键。特别是在民宿创业之中，每一个住客后面代表着十个潜在住客，如果能够妥善地面对住客，有了初次的美好体验之后，客户会提高把整个圈子介绍给你的意愿。在遇到困难的时候，良好的人际网络也能成为刚创业的你一个重要的助力。

指标三：创新创造

对于“创新”二字，多数人的刻板印象是：要做没有人做过的东西。然而，这并不是创新真正的意涵。许多人都有天马行空的点子，然而这些点子能够真正成为创业方案的可以说是少之又少，因为“缺乏真正的可行性与贴合市场需求”。因此真正的创新能力在于你是否能够不局限于理所当然的答案，善用观察力，了解消费者的问题与需求，进而提出解决方案与方式并成为你的卖点，如此才是创业真正需要的创新。

指标四：抗压韧性

这是创业最关键的部分，同时也是创业成功与否的关键点。前面本书提到的创业关键是能够坚持到底，这里要强调的能力在于韧性。在创业路上，不是每一件事情都能尽如人意，一旦发生困难或遇到阻碍，周遭的反对声浪就会出现，遇到的困难程度只会上升，不会下降。在解决困难及问题时，除了要不断地告诉自己一定能够找到解决方法之外，也要能放下身段，低着头去面对周遭反对的声音，并从中了解自己的做法是不是如同他们所说的有问题或是存在盲点需要解决。

指标五：执行能力

从创业开始，所有问题与困难会不断接踵而至，除了需要坚持到底的勇气外，务实地执行也是关键。自我管理的能力是在告诉你该做什么，执行能力就是在告诉你该怎么做。民宿创业要做的事情比一般创业来得多，一天只有24小时，你必须选择和决定事情的优先级，有着明确的目标，才能正确扎实地去完成每一个项目。

03

掌握自己的创业进度表

“按表操课”——这四个字听起来僵化又乏味，却是创业初期不可少的工具。

效率与效果始于创业进度表

创业并不像考试有着一翻两瞪眼的正确答案，选择与执行的方式有很多，重点在于做正确的事和正确地做事。首先，你可以从建立创业进度表开始。

第一要素就是要有目标，在创业的一开始，我们要确定所有的决策点，以便将来检核目标是否有达成，就是正确地做事。第一步，将重要的资料写出来，建立进度时间轴：

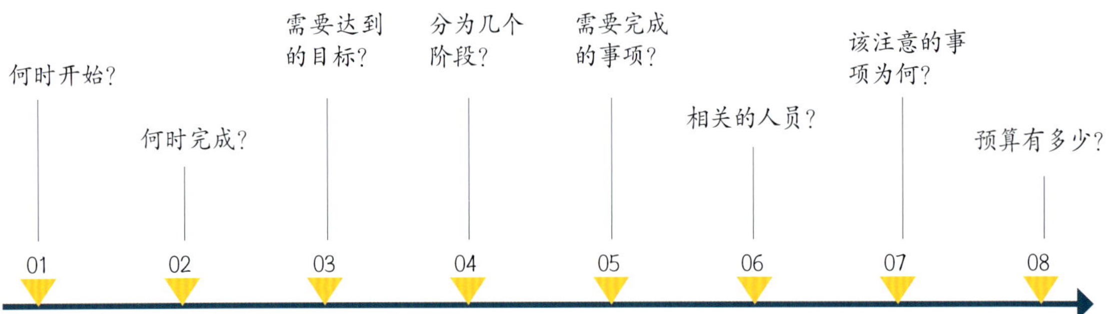

（例）xx 民宿创业进度表

开始时间（3 月 1 日）—预计完成时间（7 月 24 日）

阶段	完成目标	完成事项	相关人员	预算（元）	所需时间	注意事项
筹备期	取得土地并选择合作设计师	1. 取得标的所有权 2. 择定合作设计师 3. 签订合约	1. 银行 2. 土地登记代理人 3. 中介 4. 设计师	1200 万	30 天	基地原为水田低洼地，故于进行起造前，须回填土方，使基地基础稳固
设计期	取得建筑执照并完成设计蓝图	1. 申请建筑执照 2. 进行现地勘查 3. 确认设计需求 4. 完善建筑与空间相关设计书图 5. 绘制电灯、电气、冷气及排水等配置图	1. 当地政府承办单位 2. 设计师	30 万	90 天	一楼起造阶段，水电等配管皆须于当层施作时一体灌制于结构体内部
建筑施工期	完成建筑本体并取得使用执照	1. 进行地基工程 2. 结构工程 3. 铝门窗工程 4. 瓷砖工程 5. 玻璃工程 6. 申请使用执照	1. 设计师 2. 承包商 3. 当地政府承办单位	750 万	270 天	因窗户已规格化生产，材料施作须与图相符，版模与钢筋应留心尺寸
内部装潢期	完成内部装潢并确认设备、水电已可使用	1. 室内装潢 2. 设备安装 3. 造景施作	1. 设计师 2. 装潢施工人员	600 万	90 天	当建筑外观已经成形，就可以开始与室内设计师讨论隔间与内部装潢事项
后期筹备	软硬件均已上线并可营业	1. 细节执行 2. 家具进场 3. 环境整理 4. 营销策划	1. 设计师 2. 清洁公司 3. 广告公司	120 万	30 天	外墙材料贴覆与铝门窗安装完成

重要注意事项：

★筹备期委托时，须留意是否为总价承包，以免后续产生预算追加争议。

★每阶段实施时，可先行与厂商讨论下个阶段须执行的项目，进而减少等待时间。

注：文中的价格单位均指新台币元，1 元新台币≈ 0.2225 元人民币。

创业进度管理的SMART原则

S 具体目标（Specific）

在创业进度表上，每一个阶段的目标必须是清楚且具体的，以上面的例子来说，每一个阶段的目标都有清楚的指示，筹备期——取得土地所有权，设计期——取得建筑执照，有具体的目标，才能够清楚划分每个阶段所需要执行的事项。

M 可衡量基准（Measurable）

要知道是否确实按照创业进度表执行，可衡量的基准是必要的，例如：预算、预计的工作日以及完成事项，都是衡量基准。

A 可实现性（Attainable）

有了衡量基准之后，就要探讨基准的合理性，例如：跟设计师讨论后，建筑的工期至少要200天，所订定的工作天数标准当然要比200天来得高。

R 相关性（Relevant）

厘清每个阶段的目标彼此之间的关系，以排定工作先后顺序，例如：内部装潢完成后，才能处理家具进场的问题，如果还没有完成内部装潢，就贸然地执行家具进场，可能就会造成尺寸或是搬运动线不够等问题发生。

T 具有时间限制（Time-based）

每个阶段的目标要具有时间限制，根据工作任务的权重、事情的轻重缓急，拟定出完成目标项目的时间要求，并定期检查项目的完成进度，及时掌握项目进展的变化情况，以方便随时掌握计划进度，并能对突发状况有妥善的应对。

04

不可不知的法规

“工欲善其事，必先利其器”，研究民宿法规与执照申请可说是必不可少的功课，以免误踩违法地雷区，赔了夫人又折兵。

2015 年 11 月 22 日，国务院办公厅印发《关于加快发展生活性服务业促进消费结构升级的指导意见》（以下简称《指导意见》），这是我国推动生活性服务业发展的第一个全面、系统的政策性文件，是适应人民群众消费升级需求，推动生活性服务业全面提升规模、品质和效益的总体部署。

《指导意见》明确，今后一个时期，重点发展居民和家庭、健康、养老、旅游、体育、文化、法律、批发零售、住宿餐饮、教育培训等贴近服务人民群众生活、需求潜力大、带动作用强的生活性服务领域，推动生活消费方式由生存型、传统型、物质型向发展型、现代型、服务型转变。在推动重点领域加快发展的同时，还要加强对生活性服务业其他领域的引导和支持，推动生活性服务业在融合中发展，在发展中规范。《指导意见》特别指出：“积极发展绿色饭店、主题饭店、客栈民宿、短租公寓、长租公寓、有机餐饮、快餐团餐、特色餐饮、农家乐等满足人民群众大众消费需求的细分业态。”其后，大陆各个省市出台相关的民宿法规，为民宿产业的发展提供政策支持。（编辑注）

饭店与民宿经营比较列表

项目＼主体	饭店	民宿
诉求	制度化、豪华性、安全性	个人化、差异性
成本	严格控管	灵活宽松
经营模式	企业化	初期为副业

05 解决“钱”的问题

创业路上最大的门槛就是资金，资金来源的稳定度也是影响创业成功与否的必然条件。特别是民宿创业前期须有大量资金的投入，如何有效筹措资金，是创业初期最重要的功课。

掌握所需资金规模

打造民宿建筑的第一步，在于资金筹备、取得，以及相关资源的引介。近年来，为鼓励青年创业、休闲产业发展，各家银行对相关资源的取得门槛除了相对放低之外，在实际协助的贷款额度上也相当宽松。因此，经营者在确认打造民宿建筑所需的资本额度之后，还可以借由各种贷款模式取得资金，以争取更大的虚拟资本，进而创造利润及活钱。如何归纳出其资金需求，我们可以简单利用以下公式：

初期资金需求＝（土地取得成本＋建造成本＋装潢成本＋杂项支出）X120%

★提列的 20% 为风险储备金，以应对因为不可克服的因素，如台风等天灾造成可能增加的费用。

资金的有效分配

一手催生许多知名民宿建筑的李育奇设计师建议在相关款项的筹资运用上主要分成：

1. 取得土地的购地资本；

2. 建筑物兴建的工程款。

建筑物的工程款还可切分为硬件、设备两大资金运用项目，比例各约占二分之一。以 100 平方米使用面积的民宿建筑为例，假设 1 平方米造价约 10 万元（台币，全书同），挹注 2000 万元资金为建筑成本时，兴建与工料等硬件所需支出费用，即占 1000 万元左右；而装潢、设备，以及家具购置、环境整理、人工造景等杂项支出，大约 1000 万元为宜。以上两大项目的支出，均为挹注于民宿建筑本身“从无到有”的基本需求。

若经营者对情境塑造、端景强化有特别的想法，建议在设计前期就与设计师进行沟通，因为总体造价将会伴随业者所提出的想法而相对提升。

平方米数 X 单价（至少 10 万元起）= 总金额 …… 硬件 50%

软件 50%

安全筹措资金渠道

资金的来源可以分成四种：自有资金、投资人（包含亲友投资与创投）、银行借贷、政府创业贷款。民宿创业的资金来源比例，自有资金建议至少 30% 以上，能够超过 50% 更佳，银行借贷比例则是越低越好。然而尽管提供贷款的渠道多元，但考量民宿从建筑兴建到营运初期，仍陆续有诸多支出或临时需款的可能需求，为了避免投资者因为过度投资，而造成开业初期的负荷，建议在贷款的比例上，将贷款金额控制在总挹注资金的二分之一以下为宜。

除了自有资金之外，对于其余的资金筹措渠道，第一个要求就是要有一份完善的营运计划书，这份计划书除必须将所有的计划做完整说明外，跟未来相关的营收评估、未来发展、成本计算、效益标准等资料都必须涵盖在内。当营运计划书提供的信息越完整，投资人也就越清楚知道该怎么评量创业者所提出的计划是不是够完整，且具有可行性与获利性，这成为投资者对投资的衡量基准。一份完整的营运计划书，必须具备以下项目：

1. 资本计划说明
2. 产品（民宿）说明
3. 产业分析
4. 市场分析
5. 公司营运计划
6. 财务预估
7. 风险评估

选地停·看·听

“好的开始是成功的一半。”这句话中的“一半”之于民宿创业者来说，莫过于地点的选择。除了通过自然的美景赋予住客度假的乐趣外，也能创造更多的感动体验。

李育奇设计师建议在选地上一定要把握以下三个大原则：

原则一：建地、建筑物要符合法规

民宿建筑的立地挑选，除因作为公众使用而须关注建筑物相关的安全评估，更要留意于如何趋吉避凶，诸如地点选定、基地了解等，不但是挑选民宿建筑所在位置必须掌握的先决条件，也可避免资本消耗。

原则二：土地用途要注意

创业者在购买土地时，除了前述区位、环境、交通、价格等基本考量外，还须留意土地本身状态是否符合民宿法律法规中的选址要求，以免将来发生土地成交后却无法施工、建筑物因天灾受损，或无法安心入住等事情。

原则三：土质地形是关键

另外，若选址坐落于容易发生水患的低洼地，建议多征询周边居民，以了解周边区位内是否容易淹水，或土质是否较松软等地质问题，以免将来造成投资风险。如果已经购买土地，则建议应于建筑兴建前增加土质改良工程费用，或通过其他改善工程挹注，以确保建筑物安全性。

不宜购买的土地类型

拥有丰富选地、买地经验的蔡达宽建筑师，将不适宜购买的土地分为以下五大项：

NG1：不能盖建筑物的土地

许多人开发民宿会首选所在位置景致优美，几乎没遭人为破坏过的土地，请一定要事先调查清楚，看看此类土地是否不能建造屋舍、禁止开发，在交易前一定要注意。

NG2：须做水土管控的土地

有些山坡地或是被划定为水土保持区域的土地，需要投资较高成本在解决水土保持问题上。而田地、靠海的土地缺乏地耐力，都有地下水位高，容易下陷的问题，这类型的土地最好避免购买，否则易造成地下工程费用高于地上建筑物的问题。更甚者，当台风或地震发生时，可能会造成无可弥补的损失。

NG3：需要花费时间协调的土地

尽量购买格局方正的土地，不方正的基地容易产生畸零角落，若为了拥有方正的建筑格局，就必须牺牲部分建筑物面积，放弃畸零区域；但若想充分使用畸零地，则又必须与邻居协调合作，反而浪费时间与力气。

选地观察重点

近山不连山，邻水不靠水

在挑选美景时，务必注意自己的建筑物一定要与河岸保持适当的距离，避免因河水冲刷造成地基掏空；而坐拥山景时，务必注意与山坡保持距离，尤其要避免直接盖在坡地上，一方面避免坍塌，另一方面也避免山体滑坡或泥石流冲毁建筑物。

留意土地边坡与河川走向

选择山坡土地时，可以先观察附近的地面、排水沟、岩层是否有大裂缝，如果有过大或者明显的裂痕，很有可能是山体滑坡的征兆。

地质报告

在选定地点前，委托专业技术人员进行地质勘探，分析建筑用地的地质结构，一方面确认地质的稳定性，另一方面也可确认土地是否有地下水位高、容易下陷的问题。

NG4：周边环境不佳的土地

有一些民宿主人在选地时没有实际从交流道开车走过，没发现看似不远的路途，却要翻山越岭或在左弯右拐的田中小路中迷路，让游客费尽千辛万苦找到民宿时，早已没有游玩的兴致，因此建议民宿选地时，要考量到与交流道距离的问题。然而，选择大马路旁的土地就是正确的答案吗？乡镇的主要干道一到夜晚就是砂石车和货车出没的路段，隆隆车声第一时间传到民宿里，会让睡眠质量大打折扣，因此最好是选在次要道路旁，而且不可靠主要道路太近才好。同样的问题也发生在机场附近或位于航空城的土地，应考虑有频繁的飞机起落，其噪音可能迫使你需要增加隔音的预算，也无法营造使人放松的户外自然氛围。而独立在田园中央的土地一年则是要面对两次毒气问题，台湾的稻田一年收成两次，也就表示会喷洒农药两次，如果你的民宿在田中央又刚好位于下风处，那么空气污染问题就要特别注意。

最后，大多数人最为避讳的就是大片的坟墓区块，任何人都不会买看得到墓地的土地当民宿，因为民宿附近也是游客可能骑脚踏车出游的范围，所以也要考虑游客会经过的路线景致，避免选择附近有大面积墓地的土地。

NG5：细节不佳的土地

有些民宿为了争取好视野，会开窗面向大海，但中国台湾东北角方位会有东北季风，若面朝此方位，肯定又湿又冷，以中国台湾东部民宿为例，面向东南边看海为佳。而选择在山坡地，最好选择南方的向阳面，北方的向阴面容易潮湿。

另外就是与地相邻的景观，四周若有水塔、电塔、庙宇、墓地等影响视野的障碍物，当然就不是很好的选择。与山为邻，与河为伴，有山有水的民宿似乎十分理想，但潜在危险就是淹水和泥石流，蔡建筑师建议可观察低洼道路两旁的墙面是不是有积水的痕迹，借此判断是否会淹水。

07

发包与监工一定要知道的事

不论是通过设计师还是自己发包工班，只要掌握工序流程，不但可以打造自己所喜爱的风格，同时又可事半功倍。

该怎么开始盖房子？

第一步，要寻找一位你能够信赖的建筑师，可以通过网站、熟人介绍或报纸杂志的报道，寻找几位建筑师作为口袋名单。建筑师可从设计图面、监造到房屋落成全程协助处理。

许多人会产生一个疑问，到底是该先找建筑师还是设计师？有一个观念要厘清，建筑与室内设计是两个完全不同的专业领域，在开始买土地自建时，一定要找建筑师做规划，不但能符合法规与结构要求，也能够确保建筑物的安全性。

在建筑物大体定调时，就可以请室内设计师加入讨论，做小幅度修正。

基本建案发包流程

会同建筑师建地勘查

重点提示：
一般来说，在此阶段请建筑师绘制图面，都会要求酌收费用，每一家建筑师的做法不太相同，但是如果要跟并非最后采用的建筑师索取图面，则需要付费。

规划基本建筑图面

签约

重点提示：
签约这个步骤绝对不能省略，签约时须注意以下资料：
1. 计费方式及付款方法。
2. 图面种类与数量。
3. 变更设计的范围。
4. 交件期限与监工方式。

沟通设计与图面到定稿

绘制建筑资格证申请所需图面

重点提示：
大多建筑师对修改次数会有所限制，超过一定次数须酌收费用，这一点在签约时要问清楚。

申请建筑资格证

重点提示：
要注意建筑师是否对申请建筑资格证次数有限制。

取得建筑资格证后，发包营造商

重点监造：
此项工作已包含在设计合约中，不需要另外付费。
驻点监造：如果需要建筑师全程监造，则需要另外再签署驻点监造合约并计算费用。

完工协助验收

室内装潢发包方式

一般来说，室内装潢的发包方式有三种：

一、委由室内设计师全包，由设计到施工全部交给设计师负责。

二、委由统包商承包，再由统包商发小包给各个工序的工班。

三、自行发包，自己寻找工班来施作。

除非自己对设计风格与空间规划有一定程度的认识与品位，否则建议仍是委由专业室内设计师处理。不论选择哪一种发包方式，自己对基本的工序流程都要有所认识。掌握工序流程，不管与设计师还是工班的沟通都能事半功倍，同时也能充分掌握进度。

室内装潢流程攻略

当我们决定好室内装潢的风格与设计后，开始进行室内装潢工程，我们把主要的工程分成七个工序：

一、拆除＋泥作工程：这个工序大多出现在非自建或对旧屋翻修的案件中，如果需要做格局的变更或是为了配合系统家具进场，就需要进行拆除工程；如果是自建建筑物的话，在室内设计师进场前，一定要让建筑师跟设计师沟通，避免后续出现需要做拆除的工程。做完拆除工程后，就轮到泥作工程进场，将拆除后的墙面做修补以及砌建新的砖墙。

二、水电工程：如果不需要进行拆除与泥作工程，水电工程是第一个进场，此时请水电师傅开始处理管线配置及管道工程，冷气空调工程也在此阶段进行处理。

三、隔间墙工程：隔间墙的处理可简单分成干式与传统式的。所谓的干式隔间墙，全名为干式轻质隔间，主要是利用轻型钢为骨架，以石膏板、硅酸钙板等为表面材质搭配；而传统式可分为RC墙与砖墙，前者为模板＋钢筋组合灌浆，后者则手工砌砖。

TIPS：前三组工程会发生交叉施工的状况，因此在沟通与确认的工作上，需要多耗费心思与时间做处理。

四、木作工程：如果规划了天花板木作工程，在水电进场后，木作工程也会跟着进场，特别是处理空调管线配置时，木作工班则需要跟水电工班配合并确认管线的配置方式。 如果不需要进行天花板木作工程，则是在隔间墙完成后进场。

五、油漆作业：进行油漆时有以下工序——研磨补缝、批土、选色调色、打底、上底漆、上面漆。当我们听到工班或是设计师提到“几底几漆”，指的就是打底的次数与上漆的次数。

六、地板工程：油漆完成后，接着就是处理地板的铺设。如果是采用地砖或石英砖，一般来说会在前面的工程中就进行；如果是采用木板，一定要等到前面工序全数完成后才能进场，以防止木质地板损伤。

七、系统家具与灯具装置：最后就是系统家具与灯具的安装处理。

远离合约纠纷的五大雷点

雷点一：没有白纸黑字的合约书

不论是建筑还是室内装修都一定要签署合约书，这是对双方以及工程质量的基本保证。

雷点二：口头报价无凭无据

许多纠纷的发生都在于建材规格与质量，因此报价不但一定要有报价单，报价单上还必须载明尺寸、数量、材质、品牌等信息，以便验收点交时使用。

雷点三：付款方式不清不楚

不论是建筑还是装修都是采用分期付款的方式，因此在付款的条件与时间点上必须界定清楚，一定要在合约书或报价单上载明各阶段的验收项目，完成验收后，才交付下一阶段的工程款。

雷点四：钱到哪里去

付款一定要留记录，即便是现金付款，也要有签收单，并跟对方确认付款窗口，以免造成纠纷。

雷点五：曲终人全散

许多问题的发生都不是在验收的当下，而是正式入住后才发生，如果有质量问题，一定要立刻询问，并在点收时确认后续的保固，必要时在合约书上加载保固条款，以维护自己的权益。

同场加映 +plus

监工五大神器

如果决定亲自全程监工，以下五大神器一定要准备好：

1. 完整的施工程序与细项
2. 附加详细图说的图面资料
3. 工程规范规格表
4. 材料规格表
5. 工班进退场时间表

08 定价与成本管控

制定价位的参考指标

经营民宿，除了要注意软硬件设施的投入成本之外，人力、维护与经常性费用也要纳入管控之中，而跟成本息息相关的就是定价，基本的房价结构反映出营运成本、投资回收、顾客层次、竞争环境以及服务质量。

该如何定出对住客有吸引力的价格，同时也能保有利润？重点在于掌握以下四个参数：

参数一：区域性

区域性参数反映出民宿所在位置的特性以及淡旺季，除了考量到连续假期形成的波段之外，气候所形成的淡旺季波段也要注意，例如在夏季旅行旺盛发展的地方，除了考虑旺季的定价差之外，也要将容易因台风等天灾造成取消订房的风险成本计算进去。

参数二：相似性

中国台湾的主要观光景点呈点状分布，因此民宿的密集度相对高，在进行定价前，可先调查附近区域的竞争对手的房型、价格与容纳人数，接着特别挑出与自己民宿相似度高者作为参考标准。

参数三：事件性

由于旅游市场变化太大，进行定价前必须知道近期发生过什么事情，未来即将发生什么事件，特别是活动事件的变更，如 2016 年春浪音乐节由垦丁移师到台北，对当地民宿业造成极大的损失，这类型的事件一定要考虑进去。

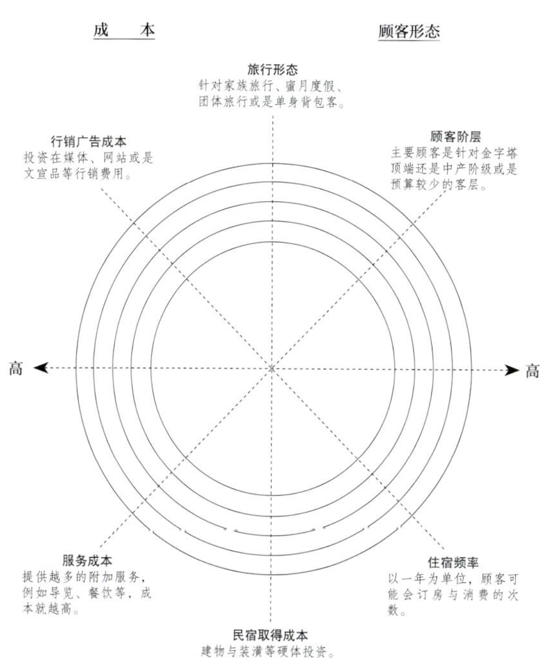

参数四：客源形态

客源形态可以说是四个定价参数中最重要的参数，除了评估顾客的收入、社会阶层、性别等基本资料，我们可以通过评估价值分析图来更进一步评估服务客户需要花费的成本以及客户的形态，取得定价的参考。

评估价值分析图使用法

评估价值分析图的左边为成本，右边则是顾客属性分析，成本越往外圈移动，表示成本的投入越多。而顾客部分，旅行形态人数越多，顾客阶层越高，则越往外圈标记；消费频率则相反，消费频率越高，则越往内圈移动。左右两边要尽量均等，当发现预设的客源形态跟投入的成本呈现不对等的差异时，就要调整成本或是更改客源形态。

怎么知道有没有赚钱？

民宿创业由于前期的投资成本高，因此在计算每月的盈亏时，不能只是单纯地使用收入－支出来计算盈亏，只要一个简单的财务报表，就可以协助你更清楚民宿的损益状况。

收入：（不包含预付订金，交易完成后才能计为收入）

费用：

人力费用：（要把自己或家人的薪水计入，才能确实反映成本）

备品费用：

水电杂支：

其他费用：

折旧：（这是最重要的部分，要把建筑物跟装潢的成本计算进去）

（建筑物成本＋装修成本／预计回本期限，假设建筑物＋装修成本花了2000万元，希望能在10年内回本，每个月就必须提列16万元的折旧，来确认当月的收入是否有高过投资的摊提。）

维护费用：（房子与装潢都会老旧，每月存储部分收入作为未来维修基金）

税金：

净利：

09 选择你的工作伙伴

民宿，提供的不只是住宿，更是将民宿主人的生活体验、美感分享给他人。在过去，民宿被认为是难以被承袭或是扩张的行业，然而，现在许多成功的案例告诉我们，只要选择对的工作伙伴，民宿不但可以继续传承，更可以连锁扩张。

民宿，不只是将民宿主人的梦想具体化。有时候，民宿之所以成功，并非因为外在的装潢或是地点，而在于民宿主人的魅力。然而，对的人该有什么样的条件？其实并没有绝对准则，但是，有些基本特质与条件是一定要具备的：

对服务抱持着热情

在服务业中，最需要的技能不在于学历或能力，而是保持热情。经营民宿后每天都有许多的例行工作，突发状况更是常常发生，长期下来，热情很快就会燃烧殆尽。如果只是靠休息充电来维持热情是缓不济急的，最重要的是能够享受服务的过程，从服务他人的互动中感受到能量与快乐，才能让热情长存。

随时保持正面乐观的想法

从事服务业必须将个人的情绪抛在脑后，以专业、热诚的态度接待每位客人，日本服务业有句名言:“客人是你接待的人数其中之一，你却是客人的唯一。”这说明了服务的重要性。一定要乐观正面地看待工作，才能以最佳的情绪和表现，发自内心乐于接待客人。

具备柔软的身段

民宿与旅馆一样，服务就是商品本身，必须在每个细节上提供给客人细腻的服务。与客人的每一个互动都是服务，也是创造口碑的机会，带着一颗乐于服务的心与柔软的身段来面对各式各样的客人，才能无往不利。

具备体力与耐力

民宿工作常常需要在每间房间之间走动，不论是迎接客人、协助提行李还是打扫整理，都需要耗费庞大的体力，良好的体力与耐力是从事民宿工作的必要条件之一。

打造自己的招待之道

在过去，由于民宿与民宿主人密不可分的关系，民宿被界定为无法扩张化的产业，然而，这个概念已经被打破，通过打造良好的文化氛围与教育训练，一样能将民宿主人的理念传承。如何打造自己的招待之道，有下列三个原则：

原则一：不跟客人说 No

日本著名的加贺屋旅馆有一条服务的通则：“绝对不能跟客人说‘不可能’‘不知道’‘不懂’‘没办法’。”不论是合理还是不合理的要求，客人所要的只是你对他的重视，如果在第一时间拒绝对方，不但让客人感到不被重视，同时也放弃了服务客人建立口碑的机会。

原则二：主动察觉客人的需求

丽思·卡尔顿（Ritz-Carlton）饭店日本区总裁高野登认为，超越服务的瞬间就是能主动发现并满足顾客需求，而且还能做到最完美的程度。被动式满足客户的需求，只是做到“应该做的服务”，而发现并满足客人的需求，才是做到“感动的服务”。

原则三：抱怨的客人才是买货人

对于服务业来说，最可怕的不是投诉的客人，而是一语不发、漠然离开的客人。前者是还愿意给机会做改善，并期待你有所回应与互动；后者则是已经失望到连抱怨都不想抱怨，连下次光临的机会都不给，更可怕的是从客人传出去的口碑，更是无可挽回的损失。

PART 2

开业之前的必修课【进阶】

精品民宿除了表现出超乎想象的设计风格，
12 家民宿主人还要分享他们的成功之道。

成功的民宿主人应该具备六大特质：

创业的动力・永续经营力・灵感创造力

口碑营销力・细节管理力・服务价值力

用心营造的特色会说话，让客人直接帮你宣传。

Lesson1 创业的动力 Dream

"Stay hungry, stay foolish."
——Steve Jobs

2005 年，苹果创办人史蒂夫·乔布斯（Steve Jobs）对斯坦福大学毕业生进行了 15 分钟的演说，以这句话"Stay hungry, stay foolish."作为总结。这句话虽然只有寥寥四个单词，但是一语道尽成功的必要条件，特别是对于创业者而言。

驱动梦想的巨轮

乔布斯所说的"Stay hungry, stay foolish"这句话为什么值得被创业者奉为圭臬？是因为在实践创业这条路上是没有终点的！"stay hungry"不只是对成功的渴望，同时也是对现况永不满足的"hungry"；成功不是终点，而是追求下一个成功的起点，创业亦然。而"stay foolish"就像我们中文常说的"傻劲"，也就是不取巧，不走捷径，稳扎稳打地坚持到底。

创业，需要极大的动力，然而，民宿创业在动力上比其他事业的需求度更高。如果梦想是推动我们创业的动力，驱动梦想的就是热情、坚持、渴望、技能这四个巨轮，只有这四个巨轮彼此交互驱动，才能让我们在创业路上走得更加顺畅。

阿里山·四季星空

从传统走向创新，茶园转型民宿的挑战

受到家园情感召唤的茶农第二代，以热爱这片土地的情怀回到山上，以创新的经营方式，赋予传统产业新的生命；然而，转型所面临的困难远大于白手起家，如何保有原有的样貌，去芜存菁，并面对反对的声音，成为最重要的课题。

开民宿的甘苦谈，绝对不是口袋深浅而已，更重要的是家人支持，以及对产业转型的认同与肯定，同时也要累积足够的在地经验才能判断转型时机点。别看阿传夫妻年纪轻，他们可是从小画家慢慢学习绘图，认真上课直到考取餐饮证照，从头了解管理这门学问。他们建议大家，如果在开民宿之前没有打好根基，那不如当个游客就好。

面对反对声浪，以行动与态度争取认同

身为茶农第二代的阿传，从来没想过接手家里的茶行生意，后来因在都市生活的疲累而萌生回乡发展的念头，一次欧洲行更将这股念头化为动力，持着一股“阿里山的美不输欧洲”的魄力，夫妻俩构思许久，决定以欧式城堡作为外观，利用自家土地种植季节花卉，企图打造出有如南欧小镇景观的欧风民宿，同时将南欧有质感的惬意生活带入阿里山。当初决定将家业转型为精致民宿时，阿传与太太两人纵使有着各种想法，却无法得到家中长辈支持，而世代务农的守业包袱的确也压得第二代的他们喘不过气。“长辈很难理解为何要放弃传统的制茶工业，很怕这么一转型连根都毁了。”

经过沟通、停滞、协调，在放弃与坚持里折中，他们最后用行动力与态度，让长辈慢慢认同这或许是条对的路。“阿里山已经具备好的环境条件，但一定要有吸引力的标的让人愿意亲近，一来再来。”在六年的时间里慢慢将民宿梦修正成型，外观从中式、日式思索不定，一直改到夫妻俩都钟爱的欧式城堡后才定调。阿传更将茶园景观与建筑融合起来提升竞争力，白天在茶园小散步，夜晚在庭园看星斗，啜饮着特调的奶香金萱，山林葱茏间的欧风民宿暖暖散发着奶黄色灯光，这样的光景更让我们感受到阿传对这片土地的热爱与坚持。

Profile

阿里山·四季星空

地址：嘉义县番路乡公田村隙顶18号

订房专线：0960-091683

民宿主人：朱永传

01 ~ 02/ 传统茶园VS欧风建筑，交织出别样的茶乡风情。

03/17平方米多的“黎明时刻”房同样是挑高空间，浪漫的壁炉设计让许多夫妻档特地指定重温爱恋时光。

04/ 客房中的靠窗懒人座，加上轻纱窗帘，自成一块小小的宁静空间。

05/ 随处可见的拱门造型再次诉说欧式特有风情，沿着复古砖走到尽头才是四季星空的入口处。

06/ 各类香草植栽，除了美观更增添香气氛围。

利用自然花卉打造梦幻美景

许多民宿仅讲究建筑物是否具设计感，对花卉价值一点也不在意，反观四季星空里花草美得就像是用电脑调过色，各自绽放最真实的色彩，尤其是天竺葵，颜色饱和得让房间窗台更醒目，一抬头就能看见盛开的花朵。“本来也是一窍不通，经过三年多的苦心，现在的我可以说是小有研究。”阿传指着窗外垂挂的日本紫藤，笑靥中看得出他的骄傲。甚至连餐点上都能见到花叶的小巧身影，原来他将当日适合装饰的花朵剪下，装点在女主人亲手制作的手工蛋糕旁，更显出夫妻俩招待客人的用心。

高度还原欧洲风情

在云雾缭绕的茶乡中，矗立如童话般的欧式城堡如何成功地展现南欧风情，靠的就是各种巧思布置创造出梦幻氛围。室内空间从家具配置到建材搭配全由两人一手包办，一楼大厅全部采用原木作为主建材，格栅天花、家具、收纳柜、吧台全部仿照南欧小镇施作，连白色双拱门也不例外。“原木格栅让大厅有视觉重点，为了还原欧洲当地生活特别加了壁炉，低温天气或冬季时可提升室内暖度。”阿传笑着说。许多欧洲人来到这里，也讶异怎么和自己家这么像；至于外地游客，则共同对“真的可以用”的壁炉产生好奇。

在欧洲氛围下设计不同房间主题

四季星空里的七间套房，每间各有不同的色彩主题，各有别致的名称，也因此游客对自己住宿的房间更有联结度，“不希望游客来只是睡一晚什么也不记得，房间里的布置、设计都要能成为回忆”。家具同样延续欧风主调，最特别的就数挑高阁楼的“漫步云端”及含壁炉造型的“黎明时刻”，依山景搭造的楼中楼房型让游客有不同的住宿选择，仿国外饭店的软床让玩乐的身躯得到最佳休息。除了原木家具及水晶灯饰外，许多具造型感或是气氛营造的小配件让欧式风格更显原味，例如吧台与扶梯间的星形吊灯，与每层 lobby 间的星星挂饰相呼应，吧台的天花格栅挂满干燥食材，多彩色系丰富空间视觉，房门钥匙采用手绘图样及古欧洲常见的硬币、羽毛串联制作，每个细节都顾及整体特色。

03

04

05

06

07/ 矗立在山头的风格木屋，绿意与花影相伴，美不胜收。

08/ 从这个方向朝四季星空望去，感受天光渐淡树影飘摇的刹那。

成功关键 POINT

1. 以永续经营为前提，建造同时进行复育

茶树属浅根植物，因此山坡地改为民宿地基须多加强水土保持，阿传以生活、生态、生产共享的方式，减少农业，增加服务内容，在有收入的状况下朝林相复育的自然梦前进。

2. 全程参与，不假手他人

许多人以为开民宿就是拿一笔钱出来，找个建筑师就可搞定，其实自己对当地法规、政令一定要了解并亲自参与，尤其建筑体与内装等软硬件设备是民宿主人生活的延伸，把民宿当成自己的房子才能克服困难，并与同业做出特色区隔。

3. 建筑吸睛，服务留人

风景是民宿的重头戏，但也要有具吸引力的建筑外观累积游客“想来住”的欲望，只有游客上门才有机会宣传民宿的经营理念，通过与游客的交流，让双方对民宿价值的认知再提升，超值的餐点设计与服务都能让游客愿意多住几天。

4. 提高附加服务，创造感动体验

曾担任社区总体营造发展总干事的阿传，跑过当地的假日市集，却发现虽然是打着市集名号，但其实只是集合摊贩煮食、贩售食材，无法满足游客要多要好要有趣的需求，因此决定将茶叶与服务结合，提供采茶知识，带游客上山逛茶园，将茶叶入菜制成手工餐点，提供1+1>N的增值旅游。这些都是阿传在参与活动时，发掘产业转型及来客外流的问题才发现到的盲点。

‖ 台南·陈桑民宿 ‖

延续生命的礼赞，老宅变身民宿的故事

一座60年祖厝，一家三代都在这扎根生活，铭刻着无数的回忆与情感，然而随着时光与他人经手的流转，加上年久失修的屋况，光是改建翻新的工程就足以令人头疼，但是为了这融在血脉无法割舍的情感，民宿主人陈小姐毅然地走上改建之路。

曾是阿嬷嫁妆的60年祖厝，虽然屋况一分为二，但后房无论是历经幼儿园还是三四户住家的租赁，对陈家一家来说，都是不可取代的无价存在。尤其在民宿主人陈小姐的父亲晚年时，更因为后房年久失修，不再有出租的机会，导致荒废的残砖破瓦成为陈家生活上的安全隐忧。年迈的父亲甚至因为每晚担心贼人沿着荒废的后屋乘虚而入，威胁家中五个女儿的人身安全，夜夜处于不安于眠的巡视状态，也曾真的抓到了窃贼，于是在病危之际，他将一个心愿托付给民宿主人陈小姐，那就是好好守护这个60年来为全家遮风挡雨的避风港。陈小姐说："父亲走后，偶尔午夜梦回，还以为他又在后屋巡逻走动，他劳累了后半辈子为了全家人的安全，我们能做的仅是好好守护他毕生的愿望。"就跟台南这座古城一样，陈桑民宿从里到外都刻画着一段铭心刻骨的情感。

01

02

03

困难重重，资料与建筑一样年久失修

决定要重修老屋之后，首先要克服的最大问题，便是土地划分不够精确的窘境，一小块畸零角的所有权问题成为改建时的最大难关，陈小姐更为此调出基地图，跑了多趟法院要求重审土地面积。另外，咨询的第一位建筑师建议陈小姐将老屋的断垣残壁全部打掉，让她对重建老屋却步，还好第二次咨询的大山空间设计的赵元鸿设计师认为，老屋的复古红砖墙和其风韵古老的瓦片残角，更能发挥建筑特色，同时建议将后屋空间作为展示厅以及民宿多元化经营。陈小姐说："当设计师提出保留我们原有建筑的那刻，我不禁感动流泪，终于能留下这个从小到大的回忆。"

强化原始结构，老屋焕然新生

设计师将空间再利用，把长屋的四面砖墙以及原有的隔间形态保留下来是最合乎需求的做法，但因为砖墙年久失修早已不堪使用，首要工作就是加强防水结构，用水砂磨机磨出新的旧记忆。而设计师再拿掉颓圮的旧屋瓦与桁架，把住宿单元抬高到二楼，使房间的视野得以更开阔，60 年的老屋顿时焕然新生。

老屋原有的四间隔间，作为客厅、中庭内景和房间后，设计师认为这里既然是陈家的回忆之地，加上从阿嬷那一辈祖传下来的日用品保留完整，不如就和台南当地的历史文化气氛做结合，将第二间房间作为展览厅规划；而储藏室及厕所外突空间则作为交谊厅，同时也设置吊柜作为展示区，完全发挥陈桑民宿的极致特色。

古今交错，属于老屋的新与旧

原本设计师想在既有的砖墙上，重新以铁框开启一扇窗户，但因为砖墙过于老旧而倾颓，最后遗留下的铁框反而成为房屋里外独特的观景窗，使这个被裱框的角落仿佛承载着陈家的所有故事，也成功和老屋的质朴气质相合。不论从内部还是外部观看，

01/ 保留下来的红砖墙与瓦片，不只成为陈桑民宿的特色，也保留下回忆。

02/ 特意隔出的中庭，加上日式庭园造景，在充裕的阳光散落下，演绎出独属府城的惬意时光。

03/ 遗留下的铁框，装的不只是眼前的风景，更是陈家的历史与温情。

Profile

陈桑民宿

地址：台南市中西区民族路三段151巷1-1号

订房专线：0922-859768、0922-055526

民宿主人：陈桑一家成员

04/ 旧时农家使用的物品，成为民宿怀旧气氛营造最大的功臣。
05/ 利用老物件与家具，结合府城历史，营造出浓浓的复古情怀。
06/ 客房即使格局不同，复古风的情调却不变；加大的双人床，更让人感到舒适。
07/ 阿嬷留下的旧家具、缝纫机、接生器具等老物品，不但让住客认识古早历史的痕迹，也成为民宿最大的特色与卖点。

都清晰可见老屋原本的斜屋顶结构，设计师让老屋和新建的交织不谋而合。只要入住房内，原本老房子刻意不除去而留下的木梁痕迹都清晰可见，即使室内空间如日式宁静般祥和，却难忘过往那为全家人支撑一片天的稳固力量，散发着属于老屋的温暖情意。

祖传小物展示厅，分享老屋历史与故事

深浅和高度最合适的展示柜，将陈小姐从阿嬷那一代便保留下来的产婆许可证、接生器具、熨斗等具有历史意义的日用品展示于此，同时修缮儿时一家人用餐的八卦桌和洗脸台，让这个空间就像陈家的历史博物馆，成为陈桑民宿最独一无二之处。

陈小姐说："因为一开始我们就把后屋当作自己家来整修，所以并没有考虑到房间数量的问题，仅仅三间房，希望让人来陈桑民宿留宿都能有回家的感觉。"而设计师利用原旧屋的结构再加上交谊厅和储藏室延伸的空间，并撷取地基位置的优点，使三间房型各有特色，也给旅人如回家般最温馨的感受。

加大型双人床，满怀浓厚的待客温情

根据房屋的地基状况，陈桑民宿的房型有三种，分别是连接着加盖观景台的双人房、两层楼的双人房和一般双人房，而因为利用实木做床头墙的设计，打开房间门扇就能隐隐闻到木质香气，再搭配上陈家代代相传的老件家具，让空间的每个角落都有不言而喻的深刻内涵。

08/ 小竹凳、老式脚踏车与日式拉门，在灯光的照射下散发着淡淡的乡愁。

成功关键 POINT

1. 保留老东西、加上新意更具特色

保留现代住宅看不到的特色，才不失老屋改建的精神，除了旧红砖、旧木梁的记忆，还刻意磨掉窗框上的厚漆，让旧窗户和旧窗框质朴的质感再现，并把家中的旧屏风和陈小姐小时候骑的脚踏车放在开放式中庭装饰，表现日式禅意氛围，将老房子和老物品的特色表露无遗。

2. 遇到问题立刻解决、绝不退缩

准备改建时，因为是旧屋，加上地籍资料老旧，所以陈桑民宿的前院和隔壁邻居一直有块畸零地无法决定归属，于是在改建前陈小姐多次至地政机关申请复查以及拆除执照，最后将土地归属确认后，设计师利用一条小沟缝，放上鹅卵石做区分，以后如果邻居也需要重建扩地，只要拿起石头便能轻易知晓两方所属的地坪区域了。

3. 该花就花、以绝后患

因为60年的老屋年久失修，如果不拆除断垣残壁重新而建，那首要关键就在加强防水，设计师首先在余下的红砖墙上涂上防水漆做隔离，再来便是室内的管线配置问题，在总体改建花费上防水设备占了近60万元的预算，虽然这笔预算非常庞大，但是考虑到永续经营以及后续问题，这笔预算绝对值得。

4. 结合府城历史与建筑特色、创造好口碑

台南大概是全台湾最挑嘴的城市了，陈小姐说："因为陈桑民宿设备简单，加上我们坚持只吃新鲜食物的原则，我们认为帮客人将小吃买回来就不够新鲜了，所以不另外提供早餐。"但是陈小姐却备有齐全的台南小吃秘籍，让人可以亲自前往体验地道美食。除了善加利用美食导引的优势外，由于民宿是知名建筑师赵元鸿的作品，所以陈桑民宿的信息反而在建筑类网站上找得到，通过喜欢老建筑的人口碑介绍，达到另一种宣传效果。

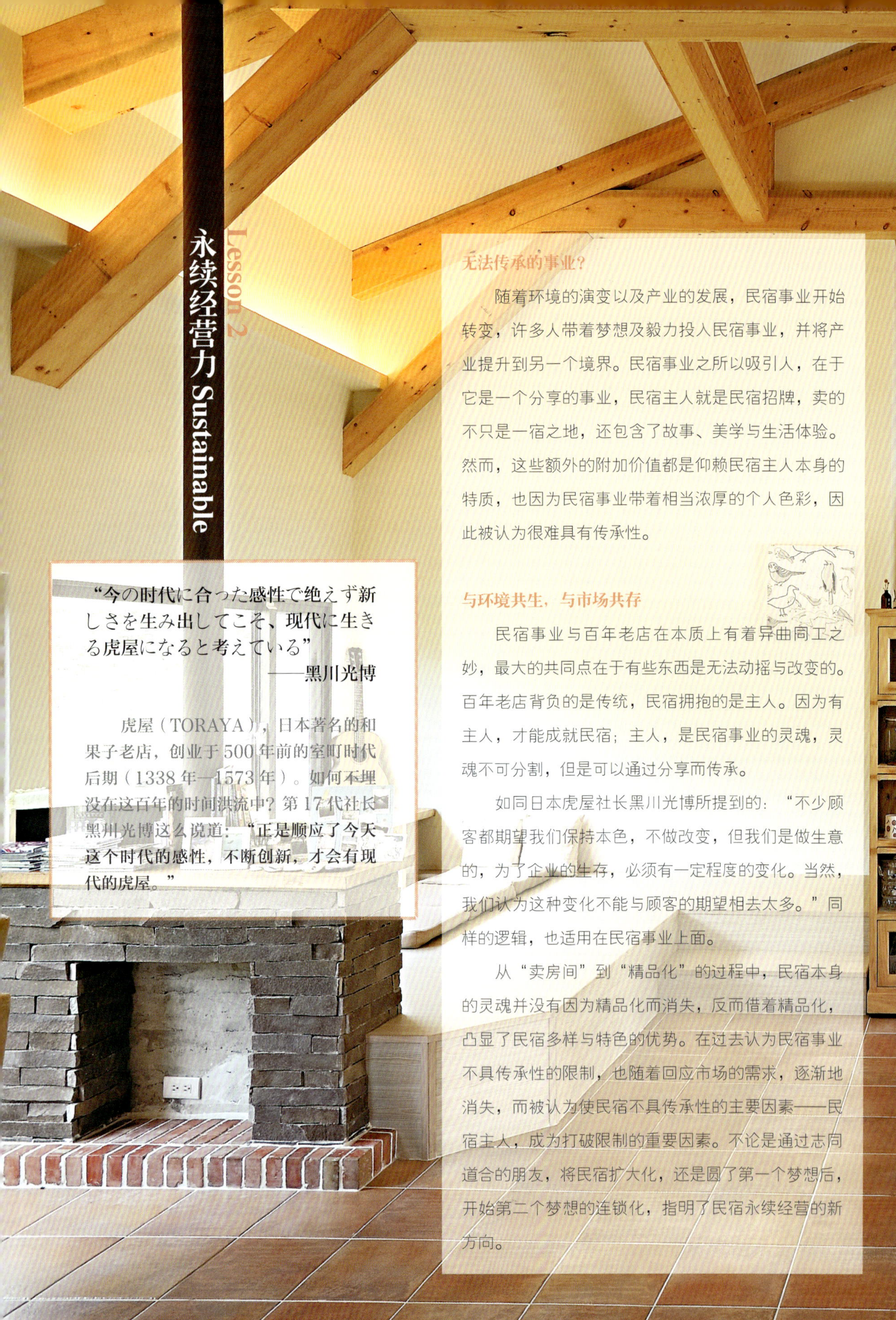

永续经营力 Sustainable

Lesson 2

"今の时代に合った感性で绝えず新しさを生み出してこそ、现代に生きる虎屋になると考えている"

——黑川光博

虎屋（TORAYA），日本著名的和果子老店，创业于500年前的室町时代后期（1338年—1573年）。如何不埋没在这百年的时间洪流中？第17代社长黑川光博这么说道："正是顺应了今天这个时代的感性，不断创新，才会有现代的虎屋。"

无法传承的事业？

随着环境的演变以及产业的发展，民宿事业开始转变，许多人带着梦想及毅力投入民宿事业，并将产业提升到另一个境界。民宿事业之所以吸引人，在于它是一个分享的事业，民宿主人就是民宿招牌，卖的不只是一宿之地，还包含了故事、美学与生活体验。然而，这些额外的附加价值都是仰赖民宿主人本身的特质，也因为民宿事业带着相当浓厚的个人色彩，因此被认为很难具有传承性。

与环境共生，与市场共存

民宿事业与百年老店在本质上有着异曲同工之妙，最大的共同点在于有些东西是无法动摇与改变的。百年老店背负的是传统，民宿拥抱的是主人。因为有主人，才能成就民宿；主人，是民宿事业的灵魂，灵魂不可分割，但是可以通过分享而传承。

如同日本虎屋社长黑川光博所提到的："不少顾客都期望我们保持本色，不做改变，但我们是做生意的，为了企业的生存，必须有一定程度的变化。当然，我们认为这种变化不能与顾客的期望相去太多。"同样的逻辑，也适用在民宿事业上面。

从"卖房间"到"精品化"的过程中，民宿本身的灵魂并没有因为精品化而消失，反而借着精品化，凸显了民宿多样与特色的优势。在过去认为民宿事业不具传承性的限制，也随着回应市场的需求，逐渐地消失，而被认为使民宿不具传承性的主要因素——民宿主人，成为打破限制的重要因素。不论是通过志同道合的朋友，将民宿扩大化，还是圆了第一个梦想后，开始第二个梦想的连锁化，指明了民宿永续经营的新方向。

‖ 台中·香草HOUSE ‖

梦想，没有终点

Profile

台中·香草HOUSE
地址：台中市新社区中和里中兴街20号
订房专线：04-25931314
民宿主人：慧君、庭妃
网站：www.lavendercottage.com.tw/house

慧君与庭妃，一个向往都会区里有音乐有香气的咖啡厅，一个只想躺在满谷薰衣草里追逐紫色梦想，他们结合自己的第一个梦想，打造出薰衣草森林。当梦想成真后，慧君与庭妃以薰衣草森林为主轴，编织出系列品牌——缓慢金瓜石民宿、缓慢北海道、香草House等，每一个品牌都是慧君与庭妃的一个梦。

薰衣草森林，一个用紫色力量创造价值的幸福景点，因为创办人慧君与庭妃对生命的热情与感召，逐年成功打造出不同系列的幸福系民宿，香草House正是这股幸福力量的接棒者，让“城市乡巴佬”有机会在House里听虫鸣鸟叫，亲口品尝不打农药的香草饮食，倚窗观景，开门入林，在大自然里疗愈自己。

延续紫色梦想，与薰衣草共舞

负责香草House的庭妃回忆当初体验馆的兴建：“既然是山居生活，每个角落都要能亲近自然、花草。”一次满山紫色薰衣草的飘扬，让人直接联想到普罗旺斯赛农克修道院（Abbaye de Senanque）的薰衣草花海。已有企业规模的薰衣草森林有专业工程部门进行民宿内外观设计，香草 House 体验馆决定以原木骨架的木屋形态为主，从风向与日照角度规划地基位置，“House 后方有斜坡，要保留给植物生长、繁开，最多搭出露台让人可以走出去就好”。在这里的每分每秒，都能感受大自然的律动与民宿主人的温柔心意。

享受缓慢的紫色香草时光

对每一位来到香草 House 的客人，园区都会在入口处别上特制紫色圆牌别针作为招呼，方便服务伙伴辨识今晚留宿的客人。在经过王妈妈的香草园后，踏上木阶会先来到一楼大厅入口，这里是提供给大众参观及客人与 House 管家体验香草课程的地方，住宿区则仅限预定留宿的客人可进入。

以感性创造空间互动性

薰衣草森林经营团队分工分责，让庭妃不用担心理念会被干涉或限制，尤其香草 House 是定位在互动、开阔、梦想的实践地，公共空间与房室的比例一定要有取舍，“当初也是卡在房间数到底是要四间还是五间，想到 House 本身要背负的圆梦责任，四间房间或许就很足够了”。就因为不全然以营利为主，所以每个房间的平方米数控制在“小空间大舒服”的中间值，让客人花更多时间与主人互动、体验课程及赏景，就算是拿本书窝在一角发呆也很棒。

放空，连呼吸都觉得疗愈

不论是忙完房务准备喘息的管家，抑或是把伙伴当家人的庭妃，一遇到自己清闲的歇脚时刻，拿本书端杯茶，就能窝在大厅这个有日光又吹不到风的角落待上好一会儿，许多客人也很爱躲在这里书写或放空。

标榜山居生活的香草 House，在建筑设计上同样依循大自然法则，从风向与气候决定窗户及空间配置，不但通风效果佳，还有冬暖夏凉的舒适感。除了闻名的薰衣草园，House 外侧有个沿着本体向外搭建的栈道平台，这里种植的花卉种类与数量之多，说是小型花卉展览也不为过。

01/ 馆内的香草体验课程，除了提供住客新的体验之外，也将民宿主人的故事通过手作分享给住客。
02/ 园中除了薰衣草外，还种植了其他香草与多种花卉。
03/ 反客为主，由征选上的客人为房间命名，不但多了童趣，也增加了情感连接。
04/ 高度适中的卧榻设计，赖在让自己最舒服的角落，旁边刚好有书柜挡住，许多客人也很爱躲在这里书写或放空，恼人的思绪在这里得到沉淀。

成功关键
POINT

1. 以永续经营为前提，与当地建立良好关系

几次台风侵袭导致断水断电，薰衣草森林和香草 House 伙伴将所剩食材、物资与村民分享，这种窝心之举迅速提升好感度。现在外地来的游客就算找不到路标，随口问一个当地人，他都会热心地告诉你怎么走，还附带一句：“这家店很棒哦，真的很漂亮！”这样的好感情绝对不是一蹴可及。

2. 主人换人当，情感连接更深入

通过征选的方式挖掘出有热情、爱分享的人轮流来当民宿主人，每一届被征选上的主人都可以为每个房间命名，同时依着命名更替房内的布置与摆放，例如曾以电影为灵感的“第三朵玫瑰”“型男飞行日志”，或是以动物为名的“大冠鹫”“攀木蜥蜴”“小雨蛙”等，使房客入住时会心一笑。听主人为访客推荐的纾压音乐，触摸手绘风格的浪漫紫色寝具，薰衣草香氛的 House 夜里格外好睡。

3. 统一缓慢步调，全系列整齐划一

相同系列品牌下，不论是香草 House、缓慢金瓜石，还是缓慢北海道，所有民宿均采用相同的缓慢元素与相同的故事延伸，每个员工都能成为主人的分身，给予住客一致的体验，传递与分享主人的故事。

4. 坚持初衷，梦想不打折

慧君与庭妃当初只是单纯地想开个咖啡厅，过着煮咖啡和客人聊天的理想生活，谁也没想到几年之后，以薰衣草森林为核心架构延伸而出的系列品牌如缓慢金瓜石民宿、台中心之芳庭餐厅等陆续开幕，虽然经营方向不同，但幸福疗愈的中心特色一直都坚定地存在于每个品牌当中。

05/ 延续薰衣草森林的传统，户外也种植着大量的薰衣草。

06/ 一样是以薰衣草为主轴，香草 House 所营造的是法国普罗旺斯的纯朴风情，与薰衣草森林奠基在同一个调性，但是营造出不同的风情。

‖ 澎湖·西卫海民宿村 ‖

携手拥抱梦想，打造梦幻聚落

海之径的主人谢大哥笑说：“我们是相约开民宿来养老的。”谢大哥与一群好友因为兴趣相投，时常相约出国同游，也都从事旅游相关行业，更巧的是不论是自己还是伴侣都有一方是澎湖当地人，于是谢大哥开始用高度的执行力邀约这三五好友一起在同一块腹地上盖起了这五栋民宿，搭起西卫海岛上的五色彩虹。

“让我从事民宿最大的动力，就是想将澎湖最棒的旅游方式分享给旅客。”海湾湾的美慧姐原本是带团旅游澎湖的导游，但是每次带团都因为旅行社的限制而无法实现她觉得最棒的行程。海璞的英英姐则有在澎湖经营民宿的丰富经验，因缘际会将原本的民宿转让后来到这里与多位伙伴一同照顾来这里落脚的顾客。他们如同澎湖海岛的一道彩虹，绚烂了一整个西卫海区域。

01/ 以紫色、黄色、绿色、白色和蓝色构成的西卫海彩虹村。
02/ 辽阔的视野，来到这里，令人感觉到无比的舒畅。

从分享梦想开始

宽敞如美国西部的道路，永不塞车的悠闲路况和微凉的海风，台风过境后微飘着细雨的天气……这里，是距离台湾岛将近400公里的澎湖。当踏上澎湖的土地，宽阔的大海与海风使人心情顿时豁然开朗，也开始理解民宿主人谢大哥和他的挚友们为何选择在这里安居扎根，亲切地经营起西卫海民宿村这个大型聚落，分享人生经验，推广菊岛的特色风光，让来此游玩的旅人们有个温暖的落脚之地。海之径、海旅巢、海蓝蓝、海湾湾以及海璞，五栋风格截然不同的民宿，以蓝色、绿色、紫色、黄色和白色组成，从远方眺望，就像道蜿蜒于海岸的五色彩虹。五座民宿，五个主人，通过分享彼此的梦想与人生经验，集结更多的力量，将梦想扩大化，将梦想传递给更多的人。

海之径

Profile

海之径

地址：澎湖县马公市西卫里

订房专线：06-9277183

民宿主人：谢大哥、谢大嫂

网站：www.siwei-ocean.com

走入海之径，享受咖啡香与五星级床垫

来自普罗旺斯活泼的黄色调，经营者为西卫海民宿村的村长谢大哥，也是民宿村成立的主要推手，他好客健谈的热情性格，让海之径在公共空间中就拥有一座开放式中岛厨房，让旅客一边喝无限畅饮的咖啡一边畅聊。谢大哥说：“海之径的特色就是好喝的咖啡、五星级的硬件享受。”但看着谢大嫂忙进忙出为我们准备水果和餐点，其实，海之径让顾客最念念不忘的是主人们真挚的关心。

干净利落的建筑外观，通过大面开落地窗一眼就可看到开阔的海岸风光，而室内配以现代风格的空间设计，拥有五间截然不同的房型，浪漫纱幔垂坠的“沙滩”以大面落地开窗迎接海景，温馨的“碧海”走舒适的蓝色调，回转楼梯蜿蜒而上的楼中楼设计，很适合全家大小同游，而同样是四人房的“夕阳”，温暖的橘色墙面简单舒适，谢大哥强调：“我们的床垫绝对让人一夜好眠。”不只是柔软舒适的床垫，还有SONY液晶电视、齐全的卫浴组，让人就像入住五星级饭店一样享受，完全感受海之径的用心。

03/ 海之径的庭院设计完全出自谢大哥之手，除了让绿意环绕海之径周遭，摇椅与小摆饰也反映出主人的用心与童趣。

04/“碧海”四人房以可爱的回旋梯，营造欧风的浪漫氛围。

海旅巢

Profile

海旅巢

地址：澎湖县马公市西卫里

订房专线：06-9263539

民宿主人：赣哥、赣嫂

网站：www.siwei-ocean.com

回到海旅巢，感受家居的自在

强调就像回家的亲切感，进入海旅巢的第一件事就是脱下鞋子，换上准备好的舒适拖鞋，以全然放松的心态入住。赣嫂说：“每个房间都有自己的专属鞋柜，脱掉鞋子后也像脱去束缚，就能拥有回家般的轻松自在。”再加上喜爱木制品的赣哥以大量的实木收藏布置公共空间，一开门，扑鼻而来的木香很有仪式感，进入海旅巢便宛若回到自家一般。

07/ 挑高的设计，让人不禁联想到菊岛高阔的天空。
08/ 以灰蓝交错色调为主的“珊瑚海”，带着令人宁静安心的氛围。

海蓝蓝

徜徉海蓝蓝，品味菊岛悠闲风情

走入海蓝蓝一定会被大挑高的公共空间给吸引，原来曾经营过咖啡厅的美惠和秀碧，认为民宿重要的不只是房间多少，宽敞而让人愿意久待的公共空间也很重要，所以海蓝蓝在设计上牺牲了大半空间做出挑高的公共空间。在阳光明媚的午后，暖阳斜斜自大门洒入，真的很难不爱上这里的蓝色浪漫氛围。仅仅有三间房间的海蓝蓝，强调民宿经营在精不在多，更成功塑造独一无二的市场区隔。

以蓝色定调建筑外观，但房间却用橘黄色、绿色和蓝色，三种色彩丰富呈现，甚至以澎湖当地的特色为这三间房间命名，以蓝色为主角的“珊瑚海”，轻柔的蓝色调使人就像徜徉海洋般宁静悠闲；用橘黄色铺陈的“彩虹桥”，热情洋溢，有着暖阳特有的浓郁情调；绿色的“仙人掌”，别致而惬意，使人就像住在芬多精里。附有完善的盥洗设备、液晶电视和宽带上网，就算只是待在房间中享受落地窗洒进的阳光，也让人不想离去。

Profile

海蓝蓝
地址：澎湖县马公市西卫里
订房专线：06-9265500
民宿主人：美惠、秀碧
网站：www.siwei-ocean.com

05/ 壁贴与家具的搭配，除了有着不同次元的搭配趣味外，也营造出浪漫气氛。
06/ 以白色与核桃木为主的外观，自然而复古。

赣嫂说：“房间设计几乎全是我的 idea！”原来，经营时尚精品店的赣嫂对设计很有想法，在与设计师讨论后，以红色和粉红色等女性热爱的色彩作为空间主角，点缀上纱幔、线帘、水晶灯等浪漫素材，甚至让墙面以绘画的方式幽默表现壁炉等古典元素，使甜美和设计感并具，赣嫂还坚持要在每个房间放置穿衣镜，让客人每日着装都不需特别走入浴室，增加方便性。并且因为使用上多少会有耗损，每年亲手更换折损品，亲自粉刷每一间房间，这些都是赣哥和赣嫂的坚持和用心。

海湾湾

Profile

海湾湾
地址：澎湖县马公市西卫里
订房专线：06-9265547
民宿主人：顺序哥、美慧姐
网站：www.siwei-ocean.com

跟着海湾湾，专业导游带你玩

身为澎湖义工解说员的美慧姐和顺序哥，成立民宿最大的原因是曾是澎湖当地导游的美慧姐希望以最专业的旅游顾问身份，让旅人放下繁重的行李，好好在澎湖当地游玩，所以旅客只要一到马公机场，美慧姐马上放下手边的工作，开车前往接机，先协助旅客放下大包小包，再以导游的专业知识，帮忙进行旅游路线规划，像是如果当地浪大就不建议出海，也会因应旅客想吃的食物建议去做，认真地令客人带着澎湖最美的回忆返家。

海湾湾的房间风格设计很前卫，大胆选用亮丽的红色、紫色、绿色还有黑色做对比，如“宝螺”一扇艳丽红色的窗框，搭配黑色窗帘，成为房间的视觉焦点，而“西卫海”和“贝壳湾”，则以湛蓝色调搭配贝壳线帘，诠释度假放松的气息。六间房型均以海洋风和南洋氛围营造，让房间独具澎湖海岛的特色，同时也很注意大量开窗，让窗外美景一览无遗。

09/ 显眼的薄荷绿外观，带着波希米亚的不羁风情。
10/ 原本设计师将楼梯的每一阶设定为 22 厘米，但是美慧姐坚持用最好走的 18 厘米，不惜更换设计师也要让来留宿的每位旅客更加舒适省力。

Profile

海璞
地址：澎湖县马公市西卫里
订房专线：06-9275577
民宿主人：孝慈大哥、英英姐
网站：www.siwei-ocean.com

海璞

拥抱海璞，长淡季定期维护质量

在成立西卫海民宿村之前，英英姐和孝慈大哥已经有成功经营镇海湾民宿的经验，很清楚民宿经营的重点，英英姐说：“以前的镇海湾风格强烈，以乡村风著称，这是吸引住客的重点。”来到西卫海重新开始，英英姐还是很重视每间房间的设计，室内空间走干净利落的现代风，强调大面落地窗引入好风光，公共空间的天花用镂空透光光带表现斑斓光影，加上开放式中岛

厨房，让整体空间大器美观。“澎湖的民宿经营有很长的淡季，不用紧绷接客，多了更多时间维护环境。”英英姐不吝啬分享她的经营秘方，也提供在澎湖经营民宿的正确心态，顾客自然就能宾至如归。

采用现代简约风格的设计，英英姐说最重要的原因除了干净利落又耐看，减少死角维持整洁是非常重要的课题，因为没有不老旧的建筑物，等到建筑物住久了就容易有陈年灰尘，简单现代的设计没有死角很好打扫维护。每间房均引用《圣经》里的故事命名，如“撒母耳”“提摩太”和“以利亚”等五间房间，孝慈大哥还很热情地分送每间房间的专属书签给我们，让旅人们了解每个房名背后的意义，也是非常棒的纪念品。

11/ 淡紫与纯白相结合的外墙，加上简洁利落的线条，可以窥见主人大气利落的风采。
12/ 充满巧思的镂空天花板，在灯光的照耀下呈现斑斓光影。

成功关键 POINT

1. 资源共享，节省成本

分享各项公共设备、营销广告，互相支援接送机，介绍客源，各家的网页皆可看到彼此的订房信息，客满时直接将客人引导至尚有空房的其他四栋，有效节省成本。

2. 定时翻新，保持外观亮丽

海璞的英英姐以在澎湖多年经营民宿的经验，建议每年对空间进行维护，而外观则因为长期被海风侵袭，每三年就需要翻修，才能让建筑物和空间永葆如新。除此之外，因为风中盐分高，长时间吹拂会在窗上结晶，必须时常以水柱清理，否则结晶体就会黏在玻璃上难以抹去了。

3. 各具风格，精神一致

西卫海民宿村的五位主人，每位都有自己的特色与故事，为什么可以成为一座成功的聚落，关键在于他们的中心精神——“把客人当朋友”的理念是相同的，即使接待的方式与环境不同，但是仍可让客人感受到他们的心意，让每个客人流连忘返。

4. 善用社群网站，确认发言人

平面媒体或电视媒体的采访，若要求仅采访一人时就由谢大哥代表，若要采访全民宿村时就召集全员集合。在FB上，几乎各家都有自己的粉丝页并各自经营，若有共同的话题，就会分享或标示。许多旅客住宿后都会po文在博客上，曾有一组客人po西卫海民宿村住宿感想的文章，点阅率就冲到奇摩旅游的首页。

Lesson 3 灵感创造力 Creative

"Any activity becomes creative when the doer cares about doing it right, or better."

——John Updike, Novelist

美国知名小说家、普利策奖得主——约翰·厄普戴克，对"创新"下了一份注解："当你在意把事情做好，或做得比原来更好，任何事情都可以创新。"从事民宿事业，服务客户的每一天，都能够创新。

创新灵感，来自顾客

被日本称为"旅馆救星"的星野集团董事长星野佳路曾说道："站在第一线的员工永远都希望让客人满足，但经营者不知如何经营，营运才会出状况；此时，把经营者换掉，激发员工的想象力和创造力，才能挽救旅馆。"创新，用于一般产业上，着重在产品创新上，然而，服务业的创新，则是完全不同的方式。什么是服务业的创新？答案，就在顾客身上。

02

创新藏在细节里

如何激发创新能力？第一步必须思考的是：什么样的服务能满足顾客需求？什么样的服务能提供顾客想要的体验？特别是在民宿事业上，民宿事业比起旅馆业，在服务创新上所拥有的优势更大，旅馆组织庞大，满足顾客需求可能会涉及组织层级或是资源配置问题，然而这类问题在民宿事业上是完全看不到的，因为民宿主人就是第一线人员也是决策人。

服务创新的基础来自每日与顾客的互动，当我们在服务顾客时，要转换思考角度，不是问顾客需要什么，而是问自己能为顾客做什么。大多数民宿住客都是采取预约制，在接受预约时，就要尽可能地收集信息，例如：来住宿的目的，是否为了庆祝特别节日，等等。收集到这些信息后，开始思考能够利用现有资源，为住客创造惊喜，或是当住客提出需求时，能够在考虑满足住客需求以外，是否还能为住客做得更多，这就是服务创新。

Profile

花见幸福

地址：花莲县吉安乡庆丰村
中山路三段851号
订房专线：0936-168851
民宿主人：阿旺与珊珊
网站：www.flower-happiness.com.tw

01/ 珊珊细心地注意到花莲在地娶嫁与婚纱景点的需求，花见幸福创新地导入婚礼服务。
02/ 房间的休息区以白色藤编家具营造乡村气息，大片的落地窗让人不用出门也能尽览美景。
03/ 满满的可爱日式杂货，每一件小物都是珊珊精心收藏。

花莲·花见幸福

从幸福感中看到创新

花见幸福是少见以“婚礼”作为主题的民宿，曾经在花莲理想大地、远来饭店担任公关的珊珊，丰富的经验让她将民宿设定为以女性主导消费的目标，所以空间从里到外都以女生会喜欢的浪漫风格为主，网站设计也突显出甜蜜的幸福感。由这份巧思中，也延伸出婚礼、婚纱拍摄等创新服务。

因为祖传下来的一块地，年轻的珊珊和阿旺选择在家乡花莲盖民宿。这块地在他们携手打造下，不仅仅是一栋浪漫满屋的黄色房子，从一草一木到每一件风格摆设，都有着夫妇俩的活泼鲜明个性，一个浪漫，一个务实，交织出无比动人的幸福乐章。

用心经营，处处都能发现幸福

初来到花见幸福的门外，每个人都会被这明亮的黄色房子吸引，珊珊说这种黄色是她最喜欢的颜色，但不能太鲜艳噢！否则会被误以为是卖家电的，所以光是调色就费了很多时间。而她以前就很喜欢乡村风和日式杂货风格，收集了很多相关的杂志、图片资料，所以当她遇上了善解人意的许雅闵设计

师时，设计师几乎能马上抓到她想要的。而本来希望自己发包监工的阿旺，也多了一个最佳设计顾问，让他们的幸福梦想蓝图完美实现。

04～05/ 人工湖的开凿，除了增添浪漫情趣，也成功地成为婚纱拍摄的最佳景点。
06/ 在纯白与印花围绕中，甜美的乡村小吧台，享受古典下午茶的浪漫氛围。
07/ 利用粉嫩的色系与萃取乡村风的精华元素，完美打造令女孩们爱不释手的浪漫小屋。

浪漫的迎娶婚宴服务，来自民宿主人多一分的贴心

同是花莲人的阿旺和珊珊发现身边有不少男同学娶的是台北女生，路途遥远增加了迎娶的难度，因此他们想出蜜月套房的规划，让女生在出嫁前一天就入住，隔天再从花见幸福嫁出去。而且他们特别研究了一整套的迎娶仪式，帮新人们准备所需物品、叮咛习俗等，深入程度媲美专业婚顾公司。草地也能规划露天婚礼，擅长公关活动的珊珊更能扮演称职的主持人，增添热闹的趣味。在蜜月套房的设计上，以粉红色为基调，搭配女生最爱的水晶灯、乡村家具和帘幔床，营造无比浪漫的气氛，浴室以玫瑰花马赛克带出华丽场景，彻底掳获新娘的心。

而幸福究竟是什么？对于阿旺和珊珊来说，幸福就是两个人为一样的梦想打拼，将民宿取名为“花见幸福”正蕴含着能为自己与客人带来幸福的含义。女主人珊珊回想起盖民宿之初，男主人阿旺总利用上下班和中午休息时间骑着摩托车来这块农地，观察它在不同时间所产生的景致光影。甚至为了多存一点钱，在民宿施工期间阿旺也没有放弃原来的工作，两头奔波的辛苦，现在想起来都是回忆。也因为两人全心投入，这里的每一个物件都有属于他们的故事，而每个幸福故事都有着珊珊与阿旺的用心投入。

06

成功关键 POINT

1. 从目标客户群中找到新需求

花见幸福除了住宿之外，更呼应幸福的主题，提供草地婚礼、拍婚纱照、迎娶等服务，甚至曾为多组客人精心策划求婚桥段，让情人们在这里留下难忘回忆，以客制化的服务提高附加价值和竞争力。

2. 全心全意投入

除了与设计师建立革命情感与良好沟通外，花见幸福的工程发包由阿旺自己来。虽然自己发包监工很辛苦，但个性务实的阿旺却认为对民宿兴建的参与度高是好的，不只将来任何小地方需维修，他都能自己先排除困难，不用苦苦等候师傅来救援，另一方面因为参与了施工过程，他随时都能说出民宿点点滴滴的故事，拉近主人与民宿的感情。

3. 全盘考虑周边造景，创造景观优势

花见幸福将很大部分面积规划为人工湖，乍看之下似乎有点浪费，但阿旺却说湖水优点多多，例如可隔开室外与室内的距离，营造出远山近水的视觉层次；从山上导引河水到湖的活水规划，也吸引白鹭鸶前来创造自然惊喜；而在施工面上挖出的土还能直接将四周花园的地基垫高，省下另外购买泥土的费用。

4. 结合自身专业，创造新价值

花见幸福是少见以“婚礼”作为主题的民宿，擅长公关营销的珊珊结合自己的专业，充分应用到民宿经营上，让每个房客到此不只是住宿，通过巧心安排，创造出不同的难忘体验。

幸福不因 CHECK-OUT 而结束

花莲地区风景名胜很多，但以幸福为主题的地方却很少，珊珊认为结婚最能够传达浪漫的气氛，因此特别和婚纱公司合作，让新人们可以选择到花见幸福拍婚纱照，在蓝天、山岚与黄色建筑的背景衬托下，更能传达出年轻、活泼的幸福朝气。曾在知名的金泽居民宿担任管家的阿旺了解到主人与客人的关系是从 check-out 后才开始，让人能从“住民宿”转变成“去朋友家玩”的心情，才是民宿长久经营的关键，所以他们特别将 12 月 25 日定为纪念日，邀请这一年曾来住宿过的朋友回来同乐。因为住宿免费，所以客人得知这个消息都非常兴奋，期待自己能被选中，将幸福体验在 check-out 后继续延伸。

小杂货施展大魔法，锁定女孩的最爱

常看见花见幸福的客人们，尤其是小女生，最爱开心地在花园里到处拍照，在白色摇椅上和小矮人、小精灵合照，置身于此，仿佛化身童话里的公主。珊珊笑说，她经常接到男生打来的订房电话，但都说：“因为我女朋友说一定要住你们家……”这让她更加肯定了当初决定以女性为主导客户群是正确的！一楼餐厅是客人们 check in 和用下午茶、早餐的地方，同样以南法乡村风结合日式杂货呈现。明亮的黄色、绿色墙面衬托木作餐桌椅，加上珊珊特别指定要的壁炉，更添温馨感受。壁炉前的八人座大餐桌偶尔也是珊珊教客人缝袜子娃娃的地方，大片落地窗洒落一地日光，喝一杯茶，翻一本书，都让人舍不得离开这里。

宜兰·英格兰小古堡

Profile

英格兰小古堡

地址：宜兰县五结乡大吉二路465号

订房专线：0988-550387

民宿主人：Ivy

网站：www.englandcastle.tw

浸沐雾都，凝练英伦风情

许多女孩子都期望自己拥有一个小小欧风天地，收藏着充满欧洲乡村古典风韵的家具家饰，Ivy 亦是如此。Ivy 对欧洲的生活抱持着高度热情，每年游历一趟欧洲各国便成为她工作外的一大乐趣与动力。英格兰小古堡的落成便是 Ivy 把自己最喜爱的英国情调搬进了自己的家乡宜兰，自绘图到细节施工与材料挑选无一不承袭英格兰湖区风格，为的就是想让来度假的顾客，在雾气氤氲的宜兰体验住进英国乡镇的一日情缘。

烟雨山岚中的宜兰，对英格兰小古堡民宿主人 Ivy 来说就像是来到了自己深爱的不列颠国度，同样的天气，同样的步调，只是少了一个可以实践自己古堡梦想的湖畔家园。Ivy 父母亲均来自宜兰，因在台北工作而相识结婚便定居台北，Ivy 只有逢年过节回到父母亲的故乡里，感受一下有别于大都市的纯朴味道。当父母亲退休回到宜兰老家开设民宿后，不定期回老家帮忙的 Ivy 也因此开始对经营民宿产生兴趣，不久后便与老公 Tony 在自己桃园住家简单装饰出专属自己的第一间民宿。虽然心愿逐渐达成，但是回老家开民宿的想法仍然存在着，所以三年前 Ivy 与老公 Tony 在宜兰五结乡第一次买了自己的地，开始构筑他们的田园梦。

01/ 绿地、湖畔与垂柳，成为情人最爱的一隅。
02/ 纯英式的建筑矗立在烟雾缭绕的五结乡，恍惚间仿佛置身英国乡间。

浪漫湖区，收藏欧风优雅

从大门向前驶，自左侧的停车场下车后，通往英格兰小古堡大门的路上是一小片绿色草坪，迎接我们的 Ivy 笑说，这里是缩小版的英国湖区。仔细品味走在草皮上的感受，突然凸起的小丘、错落的落羽松，以及“只有五厘米深”却充满生气的生态池……确实，当眼界放远，不难想象这是特别造景过的英式风格。“湖区就是

01

02

一个以绵延山丘、湖畔而著名的英国乡镇。”Ivy 对我们形容，这个被英国浪漫派诗人华兹华斯（William Wordsworth）称为英国最美丽的国家公园区，在 Tony 与 Ivy 的巧手搭建下进驻宜兰，著名的温德米尔湖虽然在英格兰小古堡花园内只有五厘米深，却是屋主出于对在此玩耍儿童的安全考量。而中央特别设置的许愿池，则是浪漫英国的代表，当夜晚庭院灯光一点缀，这缩小版湖区可是情人相依偎散步的极佳地点。

选择五结乡，是因为五结乡有别于观光拥挤的礁溪、逐步都会化的罗东市和宜兰市，这里拥有小而精美的宁静绿野、腹地不大的稻田、宜人的远方山脉、开车便近在咫尺的海岸以及邻近观光胜地传艺中心，这个小乡郡在宜兰自成一格，特别受到 Ivy 的喜爱。一路驶至英格兰小古堡时，四面小巷弄、稻景，加上道路标示无法互相衔接的地理环境，让我们稍微迷途在稻田的方格当中，也使得小古堡在我们心中有了神秘的印象。幸好，小古堡出色的建筑外观在田野上一眼即能辨识，抵达当下情不自禁从内心发出一声赞叹，光是深锈色岩石搭砌的欧风古堡、大门铸铁的典雅招牌与风中飘动的不列颠国旗，就在阴雨当中带着顾客时空转移游历一趟英国。

03

04 05

06

03/ 进口石材加上英式工法，过程费时费力，搭配碧绿草坪、许愿喷泉与摇曳植翠，成功营造英国湖区的氛围，让人感受浓浓的英式浪漫。
04/ 每一间房间都以爵位名称命名，同样的英伦基调，但有着不同的风情。
05/ 华丽优雅的浴室，配上顶级香氛与备品，连洗澡都很“贵族”。
06/ 慵懒的下午配上一份英式下午茶，是最棒的享受。

砖瓦堆砌出古典写意风貌

当被问及小古堡的建筑风格时，Ivy 特别对我们申明石砌材质的重要性，她表示许多人误认为英国建筑风格和欧洲其他国家没什么区别，其实不尽相同。之所以用咖啡色石头搭建这英格兰小古堡，主要就是想重现英国湖区的建筑风貌，尤其石材皆为进口，在风格与外貌上绝对完整复制湖区！光是搭盖这栋建筑就耗费了夫妇俩极大的精力与时间，因为宜兰当地承包工人基本上没做过这种英式工法，在沟通上就产生很多误会，更别提材质、施工方式、造型设计等在宜兰当地建筑产业之特别，让本来很想低调做事的两人，后来因为追求质量与风格之全然完美，而提交的高施工承包费被戏称享誉宜兰。但就因有两人如此的坚持，英格兰小古堡充满了浓浓的英式气息，黑色石头建筑有着古朴和不经意的湖区惬意，当云层和晚霞交错在小古堡上方的天空，让人仿佛看见了英国湖区的生活意境，一次优雅的度假便由此开始。

英式优雅，俯拾皆是

既然称为英格兰小古堡，当然房客就是生活在古堡的贵族。满溢室内空间的茶壶茶杯、摆盘、水晶灯、吊饰与壁饰，都为这些贵族装点古堡应有的古典生活样貌，来到这里的顾客不只能幻想自己是欧洲古堡里的上流绅士名媛，通过不同空间的不同使用方式，也能让你在举手投足间展露贵族的优雅。

每件小物的背后都是一段旅程

早餐用餐地点与起居室，空间里处处都是 Ivy 自年轻开始从欧洲收购回来的纪念物，布谷鸟壁钟来自德国，茶壶茶杯、摆盘、小物装饰，每一件背后都充满了 Ivy 的回忆，这里虽然小物的数量可观却不会让人觉得乱无章法，每件都是屋主两人的珍藏，散发出浓厚的古典情调，将古堡内生活打点得更有故事与味道。

My Lord，今晚想入住何处

为营造古堡般的度假生活，Ivy 与 Tony 夫妇特别将不同房型以欧洲贵族爵位做区隔：甜蜜浪漫的情人“贵族”、充满优雅艺术且附设儿童泳池的“伯爵”，以及可容纳四人住宿的“公爵”，不会特意挑选风格给旅客，就是因为每间房各有特色，等待住宿的贵族去体验发现。

当个贵族当然不能少了纾压的顶级沐浴时光，古典生活必备的猫脚浴缸、绽放花朵的特色面盆、复古雕花镜子，点上几滴欧洲进口的 SPA 香氛与精油，使用时精油香味随着热气蒸发，发散在空间的每处角落，吸附香气的瓷砖隔夜之后依然有着淡淡优雅香。

成功关键 POINT

1. 讲究泡澡时间，成功凸显特点

每间卧房均设置可泡澡的浴缸与可尽览绿色稻田的大片窗户，为了让旅客能除去一日旅途的疲惫，小古堡内热水器也是特别挑选耐用、稳定加热与恒温的知名顶级热水器品牌。而备品更挑选欧洲知名的德国 KNIEPP 泡澡精油，同时也赠送英国皇家瑰柏翠或法国皇家欧舒丹沐浴组，让住宿者身心都被舒适的香气包围。

2. 推己及人，考量有孩子的住客需求

一楼“伯爵”房拥有小型泳池，泳池不大且深度算浅，主要是提供给小孩子戏水。Ivy 表示，因自己本身有小孩，所以在设计时会考量到有小孩子家庭的需求。而每间卧房皆有假壁炉装饰，Ivy 认为此设计可营造古堡温馨感。没有观光计划的午后，贵族们不妨躺在壁炉旁的懒人椅或沙发上闭目养神，倾听宜兰雨中牛蛙声。

3. 打造无毒环境，游玩更安心

年轻时很怕虫的 Ivy 自搬到宜兰后，体会到田野上虫虫危机无所不在，但有孩子的她知道杀虫剂会危害人体，所以小古堡室内空间与户外草坪坚持不用化学药剂，无论是蜘蛛还是“小强”，都是民宿主人亲手灭迹。

4. 英式客房服务，体贴慵懒房客

早上提供地道的英式早餐，入住后会主动询问第二天早上用餐时间，如果想赖床或是没化妆不想下楼，小古堡也会应需求端去客房。Ivy 坚持使用英国顶级骨瓷茶壶与茶杯，让缓缓茶香与美味餐点唤醒你。

07/ 一楼“伯爵”房的小型泳池，除了成功打造房型特色，也照顾到有带孩子的家庭需求。

Lesson 4 口碑营销力 Communication

"Word of mouth is the most powerful form of communication and marketing out there."

——Mark Hughes，CEO

由于科技的进步，传统媒体广告效益越来越低，而消费者也可轻易地将不想接手的广告信息拒于门外，社群网站与 APP 的兴起，不论是 Facebook、Line、Twitter 还是微博等，通过消费者口碑与关注，宣传效果远比传统媒体来得高，如同口碑营销大师 Mark Hughes 所说的：**"口碑是最有力的营销工具。"**

跟客人当网友

社群网站的兴起，完全改变了客人与经营者间的关系，在过去，民宿并不是每天都会接触到的地方，只有顾客入住时，彼此的关系才会联结起来；然而，通过社群平台，不但可以与客人随时保持互动，建立紧密关系，同时也能有效地发掘潜在客户。不论是通过脸书（Facebook）、推特（Twitter）、Instagram、LINE、博客还是中国台湾特有的PTT，都能够善用社群影响力将口碑营销推向新的层次。

自己的口碑自己开始建立

社群发文就是成功的口碑营销吗？过去的博客营销是通过博主甚至是写手来营造口碑，消费者对博主推荐以及植入营销持怀疑态度，如果只利用写手来创造口碑很容易被看破手脚。新一代的社群网站经营，是需要经营者自己下海操作，特别是在造假风暴过后，新一代的口碑营销已经不是单方面地提供信息，而需要双方通过互动，将口碑拓展开来才行。

经营社群发文需要从顾客的角度出发，由回复与喜爱数量来了解顾客最想知道的信息，同时也通过信息发放，告知顾客提供的新服务与了解客户对新的服务或是活动的接受程度。另外，定期举办粉丝活动不但可与顾客们密切互动，同时能通过举办网络活动，调节淡季的住房率与营收。

‖ 宜兰·自然卷北欧风格民宿 ‖

暖心的温度，拥抱家的感觉

强调简单、重视自然的简洁设计，让北欧风格成为装修市场中的不败之王。这一切并不是偶然，在气候冷、多绿林的自然环境里，北欧人重家庭、追求自在、直觉创新的生活态度让空间拥有更多的纯朴温暖。大卷与小卷，这对宝一样的夫妻，血液里没有北欧基因，却拥有与北欧人一样的亲切与内敛，面对人生第一栋创业民宿，风格梦想准备在宜兰起航。

自然卷里每一个角落，都能满足取景需求，站在水平线上望去，有蓝天，有草地，有树，有池水，尊重并与自然环境合二为一，正是北欧人的生活写照。大卷与小卷没有为了快速获利而盖更多房间，谨守五间房室的规定，也是尊重自己、尊重客人与每一寸土地的守护默契。

献给家人的幸福系民宿

从上班族的身份切换到民宿主人，大卷与小卷完全没有不适应的都市症状，相反，用乐观与开朗面对创业路，或许因为一个是乐于回乡的农家子弟，一个是梦想无限的积极性格，加上两人对罗东老家的信任与熟悉，牵手创业的第一栋民宿决定选在自家农地。问小卷哪来这么大的魄力带着小孩举家迁回宜兰，她伴着灿烂天真的笑容回答我：“孩子的童年不应该在水泥丛林、补习、电视里度过。”对这一决定，双方亲友陆续出现各种声音，

01

02

03

Profile

自然卷北欧风格民宿

地址：宜兰县冬山乡水井一路250巷12号

订房专线：0956-169558

民宿主人：小卷与大卷

网站：：www.nature-house.com.tw

01/ 顺着地形，与周围景致融为一体，玻璃落地窗面的设计，让室内随时都眺望得到美景。

02/ 明亮的落地窗与木质家具让整体呈现自然悠闲的风格，而多彩的沙发让整体更有活泼感。

03/ 墙采光洞与天井玻璃相互映照，除了增添趣味性外，也兼顾到采光与隐私。

就连大卷的爸爸都忍不住担忧开民宿与图温饱之间的距离。小卷除了安抚双方亲戚，更秉持着“人生路不一定要跟着外在制式走”的强大心理来支撑自己，先前的安居乐业与买房计划，全部归零也甘之如饴。

大卷与小卷跟许多民宿主人一样，开业之前都得经历民宿风格抉择的阵痛期，影响之大不只左右营收好坏，建筑性格与外观视觉都靠风格决定成败。“小卷突然提到说其实北欧风也很不错。”承接建造与空间设计的百速设计李育奇笑着说，小卷的一句话着实吓了他一跳，因为建筑体都已动工施作，空间风格从极简、乡村跳到北欧，大转弯的结果就是动线与格局无法更动。“在找资料的过程中发现北欧风有温度，有家庭感，与我们期待的生活很接近。”面对做事果断的小卷，拥有农家人憨厚特质的大卷，嘴上没说什么，但早已经用行动力来支持，建造期间不断翻杂志、看国外网站、比价、采购，两人累积出对北欧风格装置的喜好与逻辑，也从家具物件里看到北欧人讲究的生活质感。因为单纯所以美好，因为美好所以分享，小到垃圾桶，大到客厅沙发，严守北欧血统、经典设计的原则，打造出让旅客感到窝心与舒适的风格空间。

童趣的石洞设计，充满玩心的光影游戏

当问起择地建造的过程时，李育奇设计师缓缓地告诉我们这是一件很曲折的事，由于当地的传统限制无法起造， 身为当地人的大卷也没想到会有这种事发生，因此放弃原先的土地改移至老家旁的旧地建造，这个改变也影响到建筑体的结构设计。设计师检视完周边景致，建议将有景的一面以清玻璃纳景入室，面对旧房舍的那一面则砌成石片墙，同时在石墙上嵌一个个小小的圆窗，光线一样可以透进来，却又保有高度隐私，利用不规则的高低错落的手法让圆洞像是小音符跳跃，伴着天井落下的日光更富趣味。

通往二楼的楼梯间也有设计师特别嵌上的采光小圆洞，从里面向外看出去是一片老农舍和乡野景色，有点像是在制高点上投硬币的那种望远镜，头顶散落的日光照得全身一片温暖。巧妙地利用光影的还有小物摆饰，眼光很好的小卷挑中一款由中国台湾设计师陈宏铭所设计的鸟儿灯具，这款灯具发表在2007年底的东京设计周Blickfang商展中，得到相当多的好评，其展翅的姿态让人忍不住驻足观赏。

室内室外，一起用餐趣

自然卷最特别的是，客人要在二楼check in，李育奇设计师采取独立室外梯做法，客人会顺着外梯进入到二楼公共空间，再由管家带领至三楼或一楼客房，体验与传统民宿不同的入住方式。自然卷刚开始营运时，本来也是大卷与小卷的住家，但不到一年的时间，他们便将自己的房间让出来，改成更宽敞的用餐区，过去加长的240cm原木餐桌无法同时满足五家房客同时用餐，现在满房12人都有足够的用餐位置了，尽管如此，也还是有客人表示可以在室外区用餐。“长型基地及建蔽率的限制，反而让我们能提供更广阔的草坪、廊道让客人更加自在享受。”坐在精心定制的绿色沙发上用餐，或是到室外平台享用大卷煮的香浓咖啡，自然卷打破用餐制式的局限，让生活产生更多乐趣。

房型餐点，处处都是亮点

大卷妈亲手做的手工酱菜十分打动人心，加了凤梨的豆腐乳咸中带甜，平衡味蕾；花椰菜、四季豆是自家菜园新鲜摘取，保证有机；爽口的素腰花口感扎实，配上当地知名的海苔肉松，连吃三碗稀饭不是问题。另外，还推出房客限定芬兰风甜点小拼盘，找东西找上瘾的小卷连杯盘器皿都不放过，坚持买下的Marimekko杯子就是为了泡一杯好茶给客人享用，来自芬兰的Marimekko杯与当日限额的午时甜点，让人看了忍不住食指大动。

克服了令人头痛的风格问题，谈到房间命名又是一场内心缠斗，idea很多的小卷先以楼层及面景做划分，同时反问自己喜欢哪几个颜色，慢慢跑出蓝色、紫色、绿色等缤纷色彩，这时心里的OS告诉她：“北欧风不就是北欧五国吗？”以清爽蓝为主调的301“丹麦天空”、那不勒斯黄橙绿组合成的302“缤纷瑞典”，两间都是离天空最近、视野最佳的景观房；象征外冷内热的灰黑色调是101“冰岛之恋”的灵魂所在，浪漫粉紫的102“惊艳芬兰”与贴满森林图饰的103“挪威森林”，三间房都拥有一块大庭园，走出去就是一大片与池园相接的绿草地。房名够特别，还能与空间氛围联结，更能累积出好人气、好口碑。

成功关键 POINT

1. 独特北欧风格，创造话题性

附近民宿密度非常高（因邻近罗东运动公园跟罗东市区），自然卷北欧风格民宿和附近民宿主要的差异点在于腹地还算大（约莫1000平方米），庭园造景以大面水域跟草皮为主，环湖的区块种植落羽松林，外形则像是蛋糕卷般的简单线条。特别强调“北欧风格”做出区隔性，目前台湾民宿尚未有标榜以此类型为主的设计民宿，所以风格是诉求的重点之一。

2. 利用民宿入口网站，增加曝光度

除了加入疯台湾民宿网之外，还参加宜兰的乡村民宿协会，目前没有提供套装行程也没有配合的艺术链接，但有考虑之后是否可以有配合的对象。

3. 用心经营粉丝团，导引顾客回流

初期有在Facebook粉丝团办过按赞即有机会免费入住的活动，为期一个月，一周抽出一位幸运者；另外，针对入住的客人发“熟客券”（限平日使用，可折抵NT500），为期大约三个月。

4. 与客人保持良好沟通，口碑更加分

有客人向小卷提到浴室湿气的排气问题，还没等到下一组客人反映，大卷和小卷就积极询求设计师协助解决。小卷说自己追求完美的个性希望让顾客都能带着好的回忆离开，因此也顺应客人要求在房内设置留言本，正所谓嫌货才是买货人，客人的反映要视为一种警讯，一切都是为了维持民宿的高价值。

‖ 宜兰·调色盘筑梦会馆 ‖

Profile

调色盘筑梦会馆

地址：宜兰县罗东镇复兴路二段261巷75弄26号

订房专线：：0913006559、0975875272

民宿主人：智翔、惠珍与民宿管家团队

网站：www.lapalette.tw

鲜活律动，用色彩打造缤纷话题

在绿意盎然的宜兰罗东，调色盘以活力、色彩与律动为灵感，从建筑外观到室内的风格都大玩色彩与线条。如同画家创造构图，从宁静的蓝色到鲜活的橘色，每个角落都是亮点，加上特别的五感体验，让住客即使结束旅程后，仍能沉浸在调色盘的余韵之中。低调隐藏于水泥民宅群的后方，调色盘筑梦会馆并不在显眼的大马路上，就如同追逐梦想的过程，总需要一点探寻与等待，更能享受甜美。

果不其然，进入民宅之后，一栋披着彩色外衣的建筑随即跃于眼前，在蓝天白云背景下闪着彩虹般的光。此民宿是主人惠珍姐聘请百速设计李育奇设计师所设计，是宜兰当地少数以更胜精品旅馆标准所打造的民宿。之所以会取名为“调色盘筑梦会馆”，惠珍姐详细地解释命名原因，她希望这间民宿可以从菜色、音色、颜色、气色等方面带给住客不一样的住宿体验，之所以她和负责经营的弟弟智翔发挥巧思，在菜色上计划不定时推出融合当地食材的养生餐饮；音色上与当地乐团、音乐班合作，举办草地音乐会；颜色上则是给每一间房间赋予鲜明的色彩，让“色”的疗愈不只形于外，而是从体内到体外都兼顾，帮每个顾客调出好气色。

01/ 圆形沙发、彩色小马与树干书架，构成了多彩又富有童趣的空间。
02/ 调色盘，屋如其名，不但外观与内装都充满了色彩，连提供给住客使用的自行车也是缤纷多彩。
03/ 进入水泥丛林间，一座巨大的彩虹建筑跃然于眼前。

深入当地人文与艺术

主要负责经营民宿的智翔和惠珍姐十分健谈，非常乐于分享经验给新手民宿主人，尤其身为宜兰人的他们更肩负着宣扬宜兰人文之美的责任，不仅深入挖掘许多艺术家的工作室，更与在地工厂合作推广参观行程，让住到调色盘的旅客不只是逛逛罗东夜市，更可以带着满满的心灵收获回家。

空间，就像是画布一样，特别是民宿的空间，装载的不只是民宿主人的风格与记忆，还有对未来的憧憬。通过调色盘的设计元素、亮眼色彩可以确确实实地感受到生命的活力，“筑梦”两个字不只是惠珍姐与智翔对自己民宿的梦想与期望，同时也是期许来到调色盘的住客，不但能通过五感的款待得到休养生息，也能够沾染调色盘的活力与色彩，在自己的生活画布上绘上更多的梦想与色彩。

独一无二定制家具，每个都是新鲜话题

在台湾各地住不同的民宿，已经成为相当流行的旅行方式，就连香港人或陆客都爱上这种可以直接体验当地人情味的民宿，但层出不穷的新民宿一间一间开，要如何创造自己的差异化？李育奇设计师提出了“定制化”的想法，把想象力与创意通过定制家具来呈现，涵盖从客厅的书架、沙发到房间内的衣架。走入大厅，首先入眼的是独特的圆形沙发，是因为公共空间经常会有小朋友奔跑，所以李育奇设计师特别将沙发规划成弧形，从

而营造比较安全的环境，而围成一圈的方式也让人与人之间更靠近。点缀在旁边的三只彩色小马，不但是请设计师亲自画图定制的，替空间增添了童趣，只要有小朋友进来就会马上被收买，开心地玩起来，加上绒布的舒服质感让小朋友更喜欢黏着它，同时也是常被住客选为拍照的重要主题。鲜艳色彩和三只小马相映成趣，树干造型书架则与户外自然的景致呼应。

04/ 定制的鸟笼吊灯，带着戏谑且充满想象力，与墙上的鸽子对应，令人会心一笑。
05/ 大厅与餐厅的成排落地窗，让人随时拥抱窗外的美景。

360 cm 定制餐桌，营造轻松氛围

希望民宿不同于饭店， 而有家的感觉，特别定制 360cm 的超级长餐桌，让来自各地的房客可以一起共桌用餐聊天，就像来到朋友家一样轻松。而餐桌上方的顶灯，原来是一盏放在灯具店角落的瓶灯，让惠珍姐与设计师有了灵感，买下数十盏不同造型的灯之后，再高低错落悬挂于餐桌上方，成了餐厅最美的风景。

定制灯具大胆玩设计

房间的色彩与变化除了墙面颜色之外，还有没有可以玩出创意的地方呢？李育奇设计师别出心裁地在每个房间都装了投影灯片，把花朵、鸽子等图案投射于墙上，成了另一种装置艺术小

06/ 独一无二的定制家具，绝对是馆内值得一再细细品味的亮点。
07/ 客房里用投影机在墙面打出不同的图案，成为客房内最特别的装置艺术。

夜灯。每一间房内的灯具都经过设计师巧心搭配，以白色鸟笼定制出的吊灯，刚好呼应投影于墙上的鸽子图案，每一处都有着大胆的想法与趣味。

色彩与科技结合，处处都是惊喜

因为建筑方正格局的限制，李育奇设计师在思考房间规划时，以让走道最少、房间最大为目标，一楼的房间都附有露台，三楼房间则都有天窗，令人与自然更接近；加上每间房一台 iPad 的服务，通过平板就能将房间里的所有设备搞定。

二楼公共空间有着成排的大落地窗，可以将宜兰田野美景一览无遗。进门处特别安排了圆形的沙发区与书柜，让人可以随性地坐在此看书、发呆。墙面的壁炉是真的可以烧柴火，让冬天增添温暖感受。一旁的彩色小马则是小朋友们最爱爬上去坐的玩具。餐厅则以大餐桌和双厨房为主打，管家们做菜时，客人可以与他们聊天互动，就像到朋友家做客一样。

成功关键 POINT

1. 独一无二定制品，成功营造话题

结合室内设计师李育奇的定制家具、家饰和 iPad 控制所有情境光源与视听设备、无线网络，精准锁定追求新鲜感的年轻客群；室内外则以缤纷的用色，掳获亲子家庭族群，每个独一无二的巧思，都是用来说故事与拍照的好话题。

2. 独家私房景点，打造住客特别体验

如何让住调色盘的客人玩不一样的宜兰，一直是智翔努力的目标。在博客与 Facebook 中，智翔经常会提供各种艺文信息，甚至拜访许多艺术家工作室与工厂，如玉兔铅笔、养蜂人家、豪野鸭等的私房景点，替客人规划不一样的旅游行程甚至雨天备案。

3. 亲子一起动手做，创造家庭回忆

惠珍姐非常注重家庭关系，因此她首创民宿专用手作教室，不定时地举办陶艺、黏土教学、染布、蝶古巴特拼贴等课程，提供给亲子同游的客人学习，带着一家人合力完成的作品回家，让回忆更丰富。

4. 维持创业初衷，展现服务热忱

许多民宿主人一开始都会相当热情地招呼房客，但几年之后会渐渐淡化这种热情，因此智翔特别提到，维持初衷是经营中最困难但必需的事，因为少了主人热情分享的温度，客人没有感动，民宿就和一般商务旅馆无异。

Lesson 5 细节管理力 Administration

"Don't be afraid to give your best to what seemingly are small jobs. Every time you conquer one it makes you that much stronger. If you do the little jobs well, the big ones tend to take care of themselves."

——Dale Carnegie

"魔鬼藏在细节里。"这句话几乎每个人都能朗朗上口；然而，细节到底是什么？其实就是小事，因为是小事，所以经常被人忽略，如同卡内基所说："不要害怕在看似不起眼的工作上尽全力，每征服一件事就会变得更强壮。如果你把小事做好，大事通常也会自动做好。"

细节管理就是习惯的累积

细节是通过时间和空间积累而成，而时间与空间没有捷径可走，只能日积月累，稳扎稳打地去执行，只有细节管理才能造就习惯，才能保证执行工作质量的稳定性和均衡性，才能确实满足顾客需要，提高顾客的忠诚度。特别是在民宿事业管理上，在日常的运作上，民宿事业可以说是日常无大事；然而，民宿事业的大事，都是通过小事的累积，做好小事，才能成就大事。只有将服务的细节做到位，客人才能感觉到服务的存在，越是细微之处越能展现民宿的服务水平，也才能与其他民宿做区隔。

从做对小事开始!

细节，其实就是日常工作的累积，特别是民宿事业每一次的服务都是针对顾客，不论是日常的清洁、铺床备品，还是应对，看起来微不足道，却是最直接影响到顾客观感的小事。再者，顾客的需求是动态且实时的，平日对于小事的处理，所累积下的经验可以化被动为主动，在顾客开口之前满足其需求，提供超越预期的服务。

也因为细节是日常工作的累积，通过正确执行日常工作，可以建立遇到突发事件或是服务需求时的执行正确性；反之，如果无法正确地执行，就有可能转变为"错误的累积"，而这些错误的累积不但不能提高服务水平，更有可能成为营运上的未爆弹，爆发时不但难以收拾，更有可能造成不可逆的伤害。

台东·布拉诺城堡

亲力亲为，让细节的魔鬼变成天使

年轻的予筑和阿利摆脱忙碌的上班族生活，投入心力与资本打造民宿与自己的家，亲力亲为打理民宿工作，不仅让心境变宽、生活步调变慢，也拥有更多的时间陪伴小孩成长，让他从小在大自然的环境中快乐长大，是最无价的收获。

因为爱上意大利的布拉诺岛，予筑便将民宿取名为“布拉诺”，那地方是个彩色天堂，充满着五颜六色让人心情快乐的房子，她希望民宿也能像布拉诺岛一样让来的客人心情愉悦，就像把空间当成调色盘来游戏，当住客走进城堡，等待他们的是前所未有的精致服务体验。

Profile

布拉诺城堡
地址：台东市青海路二段111号
订房专线：089516838、0920171663
民宿主人：予筑
网站：www.burano.idv.tw

民宿，是不断挑战自己的事业

六字头的民宿女主人予筑笑说："青年创业真的没那么简单！"从决定经营民宿开始，所有的一切都得靠自己一点一滴计划，一方面是为了省钱，一方面是自己想参与，予筑和老公阿利几乎包办了所有装修琐事。例如：全栋从外观到室内的墙面，是两人花了好几个月时间油漆完成，户外的草坪则种了一星期才完工，各种简单的家具也由阿利负责木工，予筑再上漆装饰。她现在回想起来，都不敢相信自己怎么有力气完成这些事，只能苦笑着对我们说："想激发自我潜能的人可以来开民宿！"

要来到布拉诺，需要先跋涉到台东，然后换搭在地叫价的出租车，往知本方向寻找布拉诺城堡，也许因为必须花费长时间在路途上，格外感觉台东真的是中国台湾最后一处宁静的角落，相较于都市的乌烟瘴气，这里就像一个与世无争的秘境。

从亲自手作中找到成就感与满足

因为凡事亲力亲为的特色，布拉诺城堡弥漫着一种生活手感的温馨气息，每一个小角落都能发现主人细心的巧思，让人会心一笑。渐渐通过客人口耳相传与博客的宣传，越来越多人是因为喜欢布拉诺城堡的风格而来，这让予

筑感到十分欣慰，即使经营民宿比当上班族累，但心里却不觉得辛苦，反而有种更满足的快乐。

追求细节完美，突破自我限制

不是建筑与设计背景出身的予筑和阿利，为了打造这座心目中的理想城堡，除了运用好天生的美感外，一切都从零开始，将建筑物每一个细节都安排巧思，将三层楼的建筑颠覆方正的传统型式，运用楼梯与露台的交错迂回，给人走进迷宫般的错觉，让这座迷你城堡每一步都有不同的景致和惊喜。

以屋为画，丰富空间表情

在布拉诺城堡里随处可看见主人在墙面上的巧思，例如：沿着蓝白阶梯而上的数只小黑猫，像在你的脚边嬉戏并引领你往楼上去；另外，也不时看见墙面有许多内凹的展示洞格，摆上小饰品与贝壳、彩色珠沙装饰，十分具有海洋风情；大图输出的希腊风景就在楼梯口展开，让人一下楼就感受到异国气息，巧妙利用墙面塑造了民宿的丰富表情。

02

03

04

05

01/ 位于群山环抱与海洋伴随的知本，布拉诺与其说是城堡，不如说是人们心中所追寻的伊甸园。
02/ 从设计到油漆，城堡的每一个角落都是予筑和阿利亲力亲为打造而成，也是他们的骄傲。
03/ 粉色系让房间呈现柔和温暖的气氛，搭配他们手作木工的床架、桌几加上被阳光晒得暖暖的寝具，让人一夜好眠。
04/ 缤纷的木工小物与细心的配置，为城堡增添更多梦幻氛围。
05/ 随处可见主人亲自油漆的彩墙与巧手做出的家具、摆饰。

成功关键 POINT

1. 创造自己想和别人分享的东西

予筑表示民宿不应该只是让客人住宿而已，主人还要抱持着乐于分享的热情，找出自己独有的特色，例如他们喜欢亲手做木工和家具，让自己的创作在民宿中随处可见，开启与客人之间的话题。

2. 站在第一线服务

站在第一线服务，除了能注意到服务上容易忽略的细节之外，也能与客人培养感情，跟客人交流越多，可获得的信息也更多，只要用心，就能创造超过 100 分的服务体验。

3. 强化自己的服务特色

住民宿之所以好玩，正是因为每一个主人都不一样，客人可以通过住民宿与不同的民宿主人交流，所以予筑认为经营民宿时保持自己的个性很重要，她的不拘小节与随性风格也会吸引同一型的客人前来，让彼此成为好朋友。

4. 保持服务热忱

不管做哪一行，如果只以赚钱为唯一目的，久了很容易疲乏，服务客人的心态也会变质。予筑认为开民宿一定要保持兴趣和热忱，边做边学，如此一来，就算背负着沉重贷款也能甘之如饴。

台东·愿井民宿

来到愿井，体验更多生活风格

在绿意盎然的宜兰罗东，Johnathan和王小姐以活力、色彩与律动为灵感，建筑不同于企业化经营的民宿。愿井民宿一律采取绝对预约制，一方面为了维持服务的质量，另一方面，因为愿井所销售的不只是房间，更是主人的生活态度。对于这样的坚持，民宿主人认为，因为愿井民宿是自己的家，来到这里分享早餐和床的顾客也必须体验他俩的生活态度。

藏身隐秘的愿井民宿，对城市人来说，就像误闯了一处世外桃花源般神秘，主人王小姐说："就是因为台东的交通本身不太通顺，连每日火车班次都有限，我和先生才选择这里。"她笑着说如果哪天台东的交通太顺畅，或许就会考虑搬家了，依山傍水的清幽环境，正是他们夫妻俩爱上台东的主因。一踏入愿井大厅，就能看见"日出时刻"的立牌，面对太平洋的绝佳条件，让顾客在房间里就能看见太阳在海平面灿烂升起，或是坐在愿井咖啡厅里聆听海风活跃。当香醇咖啡入口的同时，看见院子里的小蜥蜴缓步爬过眼前，这份大自然的悠然恩典，顿时让人松下在城市压力之下僵硬的肩膀。

Profile

愿井民宿

地址：台东县东河乡隆昌村七里桥10-2号

订房专线：08-9541343

民宿主人：Johnathan、王小姐

网站：www.wwbnb.idv.tw

01/ 推开大门，印入眼帘是独特的天井中庭设计，敞开的楼梯像是欢迎客人的拥抱。
02/ 一口许愿井，讲述的是王小姐与 Jonathan 的浪漫故事。

愿井，是一个故事也是一段旅程

热爱旅游，也曾经营过异国料理餐厅的愿井民宿主人王小姐，原本是一个为了旅行走遍大江南北的背包客，甚至因此在旅途中结识了相伴二十年的英国籍老公 Jonathan，两人为了曾经在土耳其古井前一同许愿的机缘，在嘉义大雅携手打造了一口许愿井。而一同决定盖这栋愿井的初衷，仅是为了表达对西班牙南部小镇格那娜达深切的喜爱，以及不再是只身一人的漂泊背包客后，有个对家的渴望，王小姐说："这栋民宿就像我跟先生的旅行地图，外表是西班牙，每间房间却是截然不同的地点，从英国、摩洛哥到地中海，再摆放上各个地方分别收藏的纪念品。"它同时传递着在西班牙格那娜达获得的异国眷恋。

推开愿井的大门，迎面不是客厅而是宽敞的庭院，以及一道把左右建筑对称分割的楼梯，王小姐表示："开放式的建筑，是西班牙格那娜达小镇的特色，跟一般台湾建筑都把楼梯规划在室内不同，位于室外的楼梯，不论走上还是走下都能留心家人状态，也使围在院子聊天的人们情感更紧密。"而楼梯同时把建筑切分成对称的状态，为了表达这样的异国建筑形态，夫妻两人甚至亲手制作建筑模型给建筑师，在山郁葱茏间完美展现热情的西班牙风情。

拼贴花砖，重现格那娜达风情

王小姐说：“走一趟西班牙的格那娜达小镇，你会发现那里的房子几乎不分里外，人人都坐在院子里喝咖啡聊天，四周总有风声和水声，生活好不惬意！”自己亲手设计和参与施工，连建筑模型都不假他人之手，为了重现西班牙多彩的瓷砖拼贴文化，搜遍全台各地的特色瓷砖，甚至因为拼贴技术太过复杂，盖房子的师傅无法负荷，王小姐和老公两人从花款的设计图到实际操作全部包办，实在不得不惊叹两人丰富的艺术感。有些灯具甚至是两人发挥创意，利用锅具镂空后加工而成，所以愿井民宿里的每张桌子和灯具都独特有型，诠释出其绝无仅有的精彩风格。

与西班牙风情共舞

我们常见到葡萄牙风格的藏青蓝花砖，而西班牙的瓷砖风格则更多元缤纷，不只色彩热情多变，烧制而成的花样也奔放多变，王小姐在台湾各地搜罗了各式各样的西班牙进口花砖，搭配上国产的色彩砖，王小姐表示：“从每一间浴室的瓷砖拼花到咖啡厅的桌子，都是我和先生亲自画草图后拼贴的。”当我好奇地问到“难道一般的建筑师傅不会做吗”，王小姐笑答：“这么复杂的工作，师傅们才不想接呢！”她要盖的愿井从来就是自己的家，多花点力气亲力亲为完成自己的房子，才能表现最独特的西班牙风情。

小物刻画爱情的地图

愿井民宿虽然是以西班牙风格为主，但因为多年旅游的背包客经历，王小姐搜集了许多世界各地的民俗纪念品，因应愿井民宿的经营，正好将它们布置在每一间主题均不同的房间内，传达旅行地图的概念。每间房间都是夫妻俩共同旅行所珍藏的回忆，从英式风格、西班牙风情到摩洛哥，所有房间从织品、地砖到收藏摆饰绝不重复，每一个物件都是王小姐与Jonathan 旅行的足迹。

03/ 来自世界各地的收藏小物，连用餐都可以旅行。
04/ 每个角落都有二人精心手作的家居用品，是属于愿井的独一无二。
05/ 只有预约才能品尝的美食，是让住客回味再三的关键。
06/ 繁复的拼贴花砖，拼贴的不只是风格，也是夫妻二人的甜蜜。

一起来愿井环游世界！

曾经是旅游世界各地的背包客，现在却自诩为台东人的王小姐和其英国籍先生，把自己的旅行日记记录在愿井的每间房间中，为了打造这些风格独特的房型，特别走遍台湾各地的特色家饰店，选择适合每一间房专属的家具，甚至为了配合各个国家的特色，特地从国外运回床架强化主题。王小姐说："因为卧房空间的主题强烈，颜色不是深红就是湛蓝，怕一般当地民众不能习惯，所以我都会建议来店住宿的顾客先上网看好自己想住的房型。"

从巴厘岛风情画作、秘鲁陶壶到印度牛皮台灯，不用出国，这里就像是世界各地的艺术总汇，王小姐笑说："过去出国很爱买这些家饰品，却苦无地方摆放，有了自己的民宿后便顺理成章把这里当作我的收藏馆了。"以后出国不用怕买爆行李箱，美丽的事物总会有各自完美的去处。

07/ 建筑虽然以西班牙风格为主，但是通过不同的房型，可以感受地中海、巴厘岛不同的异国风情。

成功关键 POINT

1. 绝对预约制，提供不同的住宿体验

王小姐和先生也与旅客一起住在这个家里，既然如此，来到这里分享早餐和床的旅人也必须体验他们的生活美学，除了通过绝对预约制保证服务质量之外，也打造了愿井的特殊风格。

2. 超越五星级的清洁作业

男主人 Jonathan 对环境清洁的要求严格，就算房间只是用来拍摄并未使用，也要重新打扫过一次才让旅客入住，房间的干净程度媲美五星级酒店。

3. 独具风味的寝具与地砖

走进愿井民宿的房间，绝对会为每一组风格不同的床罩和抱枕而惊艳，从云南扎染到细腻编织，独特的风情是让空间风格加分的关键。而每间房间均不同的地板拼花，让人看了目不转睛，是无可取代的精致特色。

4. 秘密美食的吸引力

曾在嘉义大雅成功经营异国料理的经验，让王小姐和先生有很多秘密的口袋料理，许多人来到这里都想一饱口福，但是如果想要享用这些秘密美食，必须特别准备食材，记得在入住前预约，否则只能向隅了。

"Small opportunities are often the beginning of great enterprises."

——Demosthenes

何谓价值？价值其实是消费者主观的感受，在对 C/P 值斤斤计较的现代消费模式中，想让顾客感到物超所值就必须转换观念，以顾客为中心来思考每一项服务是否能够超出顾客预期，实际高出预期所形成的差距就是服务所带来的价值。古希腊政治家狄摩西尼说：**"微小的机会通常是伟大事业的开端。"**即使是微不足道的小事，如果能超过顾客的预期，就是你的服务价值力。

提供给顾客 101% 的服务

在工作上所定义的服务，对于工作人员而言，是工作，然而对消费者来说，他支付金钱来换取的服务，是理所当然，一抵一销，价值还是 0，唯有做出了超过消费者所期望的服务，才能创造价值。

想在顾客之前，有效提升服务质量

随着电子商务、社群网站以及行动装置的普及化，消费者的角色产生极大的变化，从过去单纯的购买者，演进成积极的参与者，而这种演变在服务业中更明显。过去，一个不满的客人会将不愉快的体验告诉 13 个人，而现今通过社群网站，一个不满的客人，一则不满的 PO 文，会有上百甚至上千的人阅读或看见，当消费者的影响力极大化时，提供服务的一方就必须与时俱进、不断思考如何更贴近消费者的需求。

将自己的角色转换成顾客一方，并检视整个服务的过程，想象顾客可能会产生哪些需求，而自己所提供的服务是否能让顾客得到超乎预期的感受，除了可以检视自己的服务是否周全外，同时也能建立服务的基准线，提升服务质量。

01

02

‖ 宜兰·亲河 291 ‖

Profile

亲河291

地址：宜兰县五结乡亲河路二段291巷52弄23-9号

订房专线：0937-985-711

民宿主人：罗桂香

网站：http://river291.yilantravel.net

01/ 当阳光透入彩色空心砖洒落在花砖上，呈现出斑斓的光影。

02/ 走进亲河291，满满的不是商业气息，而是温馨感觉，就像走入自己的家一样舒适。

保持初心，用心款待每一位客人

长大后一直在台北，也曾到广东东莞工作的罗桂香，跟许多上班族一样都有个返乡开民宿的梦想。她虽然目前仍在台北上班，但却跨出勇敢的第一步，经过两年的寻寻觅觅后，终于在宜兰五结乡买到一间透天厝，而且符合申请民宿的条件。然而，罗桂香却不急着汲汲营营地以开民宿为业，她想要的是真正有屋主居住在其中的民宿，是有家的感觉的民宿，是可以彼此分享生活体验的民宿。

乐于分享是款待客人的基础

隐身于宜兰五结乡一片稻田间的巷弄里，两排连栋透天厝的一间边间，就是亲河 291，没有悬挂招牌，亲切有如家一般，温馨满满地等候每位旅人的造访。设计师王镇用民宿主人罗桂香喜爱的各种色彩饱和、活泼的花砖与彩色空心砖，搭配朴实的复古地砖、火头红砖墙、实木电视柜与木头餐桌椅，交织出一室的自在、舒适。在这儿，你可以享受恬静的缓慢时光，就像罗桂香对儿时家的印象般，现在她以自己的方式，让幸福的记忆在此蔓延，温暖每位造访的旅客。

从事贸易工作的罗桂香，五年前在东莞工作时，由于不习惯当地生活环境，一直很想返回特别思念的宜兰家乡。花了两年的时间，终于找到这间可以合法申请民宿的透天厝，她以“自己要住的家”作为装修的最高指导原则，并以最精准的预算，运用喜爱的鲜艳色彩，营造出不同于一般民宿的生活风景。因为，罗桂香想要的是真正有屋主居住在里面的民宿，以分享的态度，让每位旅人都像回到自己家一样舒适、放松，与主人一起谈笑风生，一起感受生活的美好。

以巧思突破成本限制

由于很喜欢大学同学同时也是集集设计软装师的阮春华的家，但因为预算有限，而且新房子也无须过度拆除重做，所以集集设计总监王镇运用各种巧思，在最精实的预算下，以全然居住在这个空间的主人的生活品位为主，佐以预想民宿的各种可能，为这间传统长条形的三层楼透天厝，开窗引进自然采光，挥洒绚烂瑰丽的色彩，为宜兰田野悠闲的生活风情，注入生动明亮、恬静舒适的南欧乡村调性。

缤纷色彩的延展与光影

为了消弭长型透天厝格局一进门就一目了然的窘境与单调，设计师王镇特地于入口处规划一玄关。由于是边间，因此得以在原本封闭的实墙上开一长条窗，铺上彩色空心砖让自然光洒落，搭配一地的活泼花砖，以及蓝色弧形铁件配复古波浪纹玻璃屏风，创造出清新爽朗的过渡空间，旅人一进门，疲惫的心情得以纾缓。

鲜花装点，形塑乡村写意风貌

喜爱大自然花花草草的罗桂香，除了在前院与顶楼阳台种植花草外，在台北上班的她，经常到花市采买各种当季鲜花，再搭车、换开车辛苦地带回宜兰的家。热情的火鹤、娇滴滴

03/ 巧妙运用不同材质的地砖，定义不同空间的使用功能，同时给予活泼的视觉焦点。

04/ 砖砌墙壁、木制家具与美丽的布沙发，堆栈出更多南欧乡村风情。

05/ 长长的实木桌搭配长实木板凳与餐椅，通过精致的吊灯与桌巾，成功营造南欧乡村的恬静风情。

06/ 贴心为长辈规划于楼梯下方的架高休憩空间，竟得到客人小孩的喜爱，摇身一变为小朋友的梦幻秘密基地。这样的巧思，是在与住客共享的时光中所寻找到的乐趣。

的小玫瑰、净白清香的野姜花与栀子花……悄悄地在每个角落绽放，令人不经意地坠落于浪漫迷人的气息中。

07/ 鲜明的黄色壁面与古典白色扶手的相互映照，明快温暖的色调，让上下楼梯的脚步都雀跃了起来。

分享真实生活，叙说自己的故事篇章

宽敞舒适的开放客、餐、厨空间，因着将厨房原本的小窗开大，得以引进大量自然采光，映照着空间中活泼缤纷的色彩与质朴的木头、复古的红砖、白色砖墙的吧台，怡然自得的恬静居住氛围，是主人罗桂香与家人悠游自在的生活所在，更是罗桂香与入住宾客分享每一刻的真实生活。

住客还可以在房子里发现各种不同的乐趣，例如：楼梯下方原本是为了不便上楼的长辈所规划的架高休憩空间，竟深受造访宾客小孩们的青睐，直嚷着这是他们的秘密基地，晚上也要睡这儿。而发挥得淋漓尽致的各种或明亮或柔和的色彩，装点出四间房间各自的异域风情，为每一间房间打造出不一样的生活风景。在这悠闲恬静的宜兰乡间小镇，找回遗失的初心，感受一场又一场的美好悸动旅程。

成功关键 POINT

1. 通过介绍筛选客人，严格控管住宿质量

跳脱一般民宿的商业模式，不汲汲营营招揽很多客人，可以入住亲河 291 的宾客，大都是民宿主人罗桂香认识的亲朋好友，或是通过朋友的介绍而来，也因此得以确切控管住宿质量。

2. 分享生活，突显独特性吸引特定族群

因怀念家乡而返乡居住所打造的亲河 291，是罗桂香与家人真正居住的家，这里没有华丽的装饰，她以温馨舒适的家以及真挚分享的态度，让每位客人都能把这儿当作是自己的家，尽情享受。而这样开放的心态，更让她与造访的宾客变成朋友，借由朋友社群的渐渐扩散，以朋友取代主客的关系，吸引特定族群的造访与黏着力。

3. 保有初心，全盘思考顾客需求

当初在买房子时，罗桂香除自住的需求外，同时也预想到经营民宿的种种可能性，由于借鉴了姐姐与姐夫在宜兰经营民宿的多年经验，因此从挑选房子的坐落地点到室内装修装饰，完全根据申请合法民宿的规定与设想顾客的需求做规划。为了让顾客能一同分享家的感觉，罗桂香决定目前仍继续当个上班族，如此一来，能完整地将自己对家的爱分享给住客，同时也不会有太大的压力，让自己保有初衷，切实打造那种有屋主居住在里面，分享在地生活给每位来访旅人的民宿。

4. 把握在地优势，满足顾客各种需求

基于对宜兰深厚的感情而决定开民宿的罗桂香，秉着在地的好东西要跟大家分享的态度，将自己收集的宜兰的私房路线与信息，不藏私地分享给所有光临的住客，就连有一次朋友的小孩来宜兰校外教学，她都贴心地请熟悉的餐厅师傅特地烹调一锅料鲜味美的咸粥，在寒冷的冬夜送去当夜宵，年轻的学子们个个吃得津津有味，直说好好吃！而就是这样的“用心款待”的精神，打造出亲河 291 独一无二的服务价值。

Profile

屏东·星月旅店
地址：屏东县琉球乡中山路116号
订房专线：08-861-3703
民宿主人：许丽婷
网站：http://www.msvilla.com.tw

01/ 美丽的花砖拼贴，散发着西班牙独特的风情；以曲线与圆圈构成的彩绘玻璃，如同凡·高的画作，如梦境般迷人。
02/ 以马赛克拼贴的星空与小美人鱼图案，让人如同走入童话世界。
03/ 从天井洒落的光线落在有机体线条延伸的锻铁扶手上，投射出迷幻的光影效果。

屏东·星月旅店

与当地生态文化结合，创造情感连接

爱游泳、爱钓鱼、爱慢跑的许丽婷，土生土长于小琉球，也曾离乡背井到高雄当护士的她，当一有机会和姐姐返乡盖民宿时，便毅然决然地回到她最亲、最爱的这座小岛。用喜爱的强烈色彩与高迪建筑的有机形体，打造出梦想中的民宿；以熟悉小琉球每寸土地的在地生活风情，邀请每位入住者以悠闲、开放的心态，尽情展开一趟小琉球的奇幻旅程。

四周环绕着干净清澈的大海，有着迷人自然景观的小琉球，在洋溢朴实民风与窄小老街的转角，伫立着一栋充满律动的不规则曲线、以马赛克拼贴出宇宙无垠星空的奇幻建筑。设计师王镇通过大胆玩弄色彩与有机形体的线条延伸，打造出魔幻般的空间场景，从里到外，处处充满跳跃的流线，挑动你的视觉，让南国海岛小旅行融入西班牙高迪建筑的热情活力以及凡·高的绚烂星夜。

超乎想象的奇幻建筑

为了一圆自己盖民宿的梦想，许丽婷与姊姊在设计规划之前，就先到与小琉球一样临海的垦丁、花莲与台东等地的民宿四处考察，两姐妹更远赴西班牙巴塞罗那展开一趟高迪建筑的考察之旅，并且拍下好几千张巨细靡遗的照片。最后姊妹俩发现最喜欢的是强烈的色彩！她们因而找到擅长运用色彩，同时也有设计过民宿经验的集集设计总监王镇。经过几次的沟通讨论，由于王镇认为这块基地的环境与高迪建筑的相似度不大，且位于窄小街道的转角，于是，王镇将高迪建筑那种“有机体”的概念融入整个风格，跳脱直线的框框，用充满律动感的不规则曲线，从土地延伸到天空，构筑这栋民宿的建筑外观。

然而由于王镇只负责设计，不负责工程，这样不规则也不对称的曲线建筑空间如何施工，便成为许丽婷姐妹最大的难题。所幸，通过做工程的舅公找到曾经为《少年派的奇幻漂流》制作场景道具的团队——江山豪景，以GRC钢筋混凝土玻璃纤维的特殊工法，真正落实打造出如此高难度而令人赞叹的建筑空间，为小琉球街角增添了一处如电影般的奇幻场景。

将艺术元素融入空间

为独特的建筑空间曲线着上姊妹俩喜爱的鲜明绚烂色彩，王镇从外观到室内与房间，尽情挥洒各种缤纷瑰丽的色彩，为15间房间运用不同的窗户与色彩，打造出15种不同的风情房型。而以蓝色夜空点缀黄色月光星河的马赛克拼贴建筑外观，灵感来自凡·高知名画作《星夜》。在施工期间，每天比工人都早去晚回的许丽婷，当建筑结构完成时，她与姐姐在顶楼聊天，抬头仰望那幅满天星光与月光灿烂的景象，这间民宿的命名由此诞生——星月旅店。从此，时间在这儿凝结，不管是白天还是夜晚，你随时抬头仰望，都可以看到满天的星空灿烂与皎洁的月光。

享受色彩碰撞的多元乐趣

高迪曾说："直线属于人类，曲线属于上帝。"与高迪同样偏爱有机体曲线的王镇，因民宿坐落基地大环境与高迪建筑所在有异曲同工之妙，使用高低起伏交错的曲线，让律动感存活其间。而一、二楼以鲜明的黄色涂料，搭配三、四楼使用黄、蓝马赛克拼贴星空的建筑外观，充满跃动的生命力，让该民宿一跃成为小琉球最受注目

04

05

06

04/ 借由多种颜色的冲突美感，形成艺术化的视觉感受。
05/ 色彩鲜明的地砖与花砖搭配得宜，加上律动的流线造型天花板，释放出专属南国海岛的热带风情。
06/ 色彩鲜明生动的转印玻璃，通过光线，营造出迷人魅力。
07/ 为每个卫浴空间量身定做各个不同造型的镜子，走入浴室有如走入不同的童话篇章。

的一颗璀璨之星。而在室内的配色上更是变化多端，为此王镇特地到现场与师傅调色，并且发现“配色有地域性”，原本设计的有些色系在小琉球却感觉偏冷，便加以调整到带点温度感的合适颜色。经王镇现场指点后，每道墙面都有着不同的生动表情，色彩丰富的多样魅力在每个房间展露无遗。

镜子世界的童话想象

除了运用各种不同的色彩与地材的灵活搭配令人惊艳之外，王镇更为每个卫浴空间量身定做各种不同造型的镜子，宛如在画布上创作出各个不同的镜面，从逗趣到优雅，个个值得细细品味，为一成不变的盥洗带来些许趣味。

创造不同层次的彩色世界

以色彩明亮的地砖搭配花砖的活泼配色及不同的排列组合，不仅巧妙定义出不同的区域，更让人即刻留下南国海岛热情奔放的第一印象。此外，为了减少由民宿主人自己发包施工的困扰，设计师王镇特地运用计算机做好地砖与花砖的排列组合图案，也因而得以确切落实每寸地方的完美配色。

为呼应整栋建筑的西班牙风格调性，将南欧建筑特有的“天井”概念，运用于楼梯间开一天窗的设计，不但为室内空间引进自然的采光，就连楼梯扶手的锻铁构图，都是来自建筑外观有机体的线条延伸。舍弃彩绘玻璃，大胆采用数位转印玻璃的科学技术，不仅方便施工于每扇不同的玻璃窗，色彩鲜明生动的图案，不输彩绘玻璃的效果，而且还能使用强化玻璃，比彩绘玻璃更具防风、防震功能。

07

POINT

1. 分享故事，创造顾客情感连接

有别于生意化的民宿与旅店经营模式，星月旅店主人许丽婷不仅土生土长于小琉球，更因为热爱小琉球的生活才返乡盖民宿，她有着南国海岛姑娘的爽朗个性，总是笑脸迎人地与每位客人分享小琉球的各个景点，并且一一诉说盖这间旅店的大小点滴故事，让人亲切如回到自己的家一般。

2. 电影团队完成独特建筑

完美打造出宛如西班牙巴塞罗那知名的高迪建筑，除了高明的设计功力外，找到制作《少年派的奇幻漂流》的场景道具的团队来施工，以独特的工法化腐朽为神奇，一一构筑出电影场景般的奇幻建筑空间，打破入住者的年龄阶层限制，吸引各个不同的族群纷纷前来体验。

3. 两年四个月，巨细靡遗的坚持与要求

秉着不汲汲营营于赶快经营的心态，许丽婷姊妹为了实现盖民宿的梦想，从规划、设计、施工到完工，总共花了两年四个月的时间。她们不但到与小琉球环境相似的垦丁、花东等地的民宿四处考察，更远赴西班牙巴塞罗那展开高迪建筑之旅，拍下好几千张照片。从所有的设计到施工，坚持完美的质量与做工，就连细节处也丝毫不敷衍了事，处处令人惊艳，让星月旅店有别于其他民宿旅店，显得格外独特而吸睛。

4. 落实梦想，不怕挑战的串联与协调

虽然设计师与施工团队功不可没，但其实若没有两姊妹从头到尾的串联、沟通与协调，以及无比的毅力、耐力与坚持，应该无法造就如此繁复、难度如此之高的建筑空间及各种不同强烈色彩的成功搭配运用。就连施工期间，一直居中协调各个不同工班的许丽婷，每天都比工人早去、晚回。不过这些艰辛都是值得的，当梦想真正落实，许丽婷通过这栋魔幻城堡，为自己与家人以及入住的旅客，开启了一趟趟缤纷绮丽的奇幻旅程。

PART3
建造与设计

民宿主人如何解读客人享受服务的期望，也会左右民宿的风格理念，

即使年代更迭、消费模式转变，一间能够吸引客人不断回流的民宿，

在设备规划上必定有其坚持的细节。

针对外观、LOBBY、客房、浴室、餐厅，

深受客人们欢迎的民宿当家们要告诉读者们——这是我们最引以为傲的坚持！

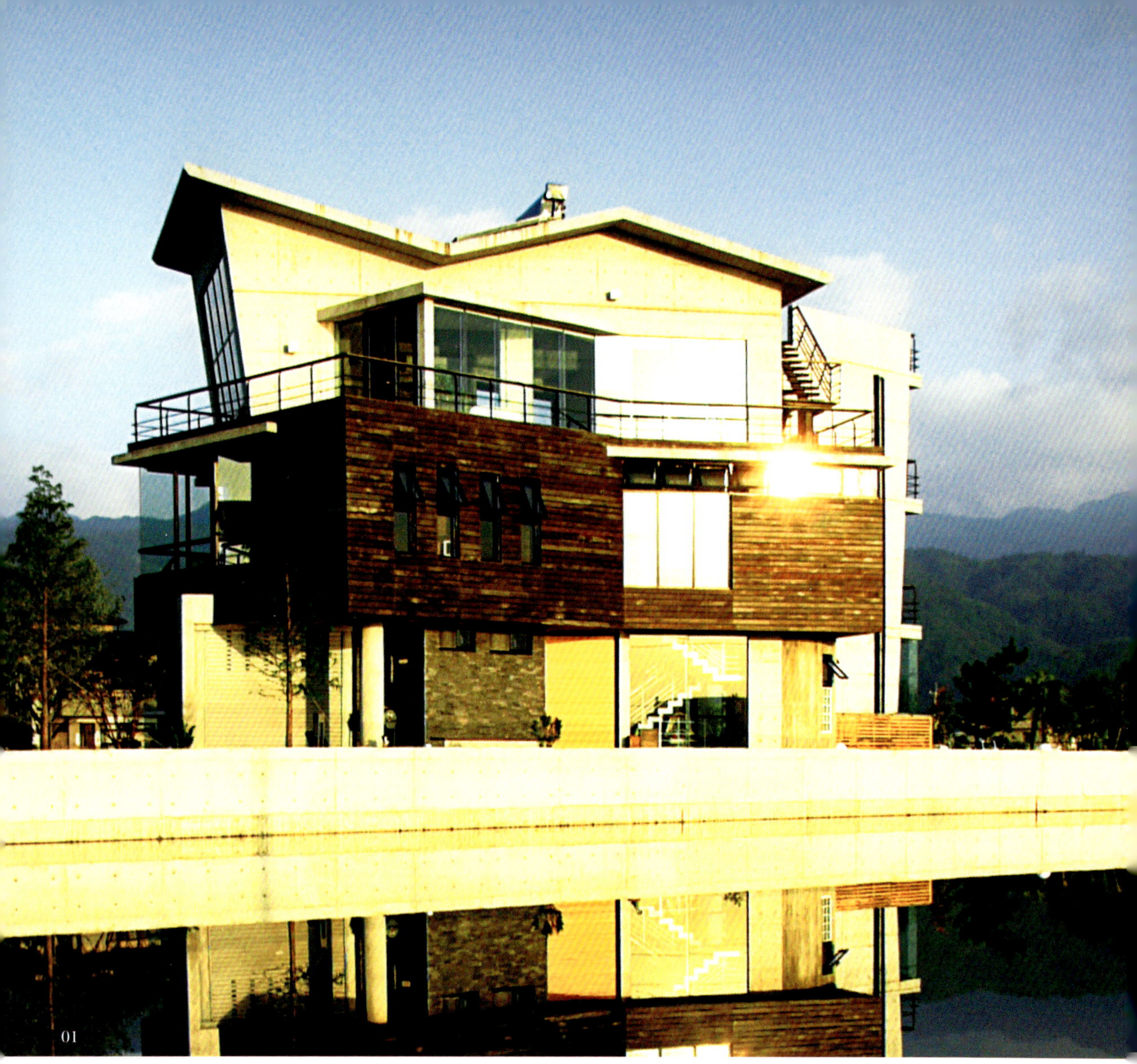

01

point/ 01

民宿外观：传递梦想之键

设计三重点：独特·美感·体验
民宿不只是事业，也是分享。
分享主人的美学、品位与生活形态，也是梦想的雏形。

01/ 向日本建筑大师安藤忠雄师法，打造出独特的多角度清水模建筑。（35A-LI）

特色解构 >>>① 由于清水模建筑以立方体为其特色，建筑体以两个长方形交错，呈现出多角的特殊造型。② 配合后方山景与建筑，在旁边构筑生态池，呈现多层式的景观美感。

02/ 利用通风良好的设计为屋内增添一抹绿意生机，清水模与绿树构筑出良好的平衡。（35A-LI）
特色解构 >>>① 绿意植栽为清水模的刚硬风格增添一丝温柔的视觉体验。② 周边树林的种植，让建筑融入周边的山光水色。

03/ 泳池与建筑相互辉映，清水模、落地窗与池水的交接组构，创造出悠闲的氛围。（35A-LI）
特色解构 >>> 清水模加上无梁板的挑高设计，在大面落地窗的开窗下，每个角度均有不同风味的自然窗景。

民宿创业第一关：建筑个性

一栋漂亮又有个性的建筑不但是吸引住眼光的第一要素，同时也是民宿创业的第一个关卡，确立建筑外貌就是创造风格特色的第一步。此时可能遇到的状况有三种：

1. 空地自建 评估建地与周边环境，建筑的样貌有时是融合附近环境，有时是故意突显出来。

2. 原建整修 建筑物本身就具有特色，例如：古厝，即可利用复古手法做装潢与整修，营造另一种情境。

3. 只做内部重建 除了重建的费用，还需要另一笔拆除费用，而改建的费用可能高于自建的费用，须视资金的需求与限制来进行改建工程，优点是所需时间短，能尽快营业，尤其能规划好消防安全检查。

04/ 遗世而独立，在群山环抱中，砖红色的建筑是郁郁山林中的一朵红花。（愿井）
特色解构 >>>① 橘红的瓷砖拼贴，完整呈现西班牙格那娜达的异国风情。② 青翠的群山，加上山岚的迷蒙，幻化出如梦似幻的仙境。

05

06

07

05/ 铺满红砖的天井，搭上蓝色的水池，创造出强烈的对比。（愿井）

特色解构 >>>① 中庭与水池的设计，有如阿尔罕布拉宫桃金娘中庭的精巧版。② 水池的设置不但增添了异国风情，还呼应了民宿的名称与主人的梦想。

06/ 环绕式拱门建筑，即便是由侧面拍摄，也有着浓浓的西班牙风情。（愿井）

特色解构 >>>① 西班牙建筑最大的特色，以中庭为中心，相邻的墙面挖空为拱门，规划回绕式动线。② 环绕式拱门的设计不但带动了光线的流向，也使空气更加流通。

07/ 配合地形，摒弃常用的方正建筑模式，全数采用圆弧元素，除了与周边地景形成层次感，也为建筑本体增添特色。（人鱼之丘）

特色解构 >>>① 曲线建筑让人觉得轻柔又活泼，整栋建筑完全采用圆弧元素，表现出满满的童话气息。② 沿着弧度所开的窗户，不但让室内能有极佳的采光，同时也能 360 度无阻碍地观赏海景。

营造让人想一来再来的高辨识度风格

一座有独特造型的建筑，如同个性签名一般，能给予人们强烈的印象，让住客入住后感觉到这里不只是睡觉的地方，还融入生活与美学的体验。盖一座有特色的民宿，必须具有以下三个元素：

1. 独特 民宿建筑的风格多种多样，在同一个区域，可能有 2 ~ 3 栋风格相同的民宿，如何在其中脱颖而出，真正的关键在于独特性。进行民宿建筑时，除了以自己的喜好或是市场趋势来决定建筑风格外，也要比较自己的建筑与其他相同风格的民宿有哪些不同，来强化特色，形塑出属于自己的独特性。

2. 美感 民宿外围的造景也涵盖在建筑的范围之内，是否能与周边环境融合也是考虑的因素之一，不论远观还是近看，都要创造出景色合一。如果地点没有辽阔海洋或是郁郁苍森的帮衬，就需要绿草如茵或是百花争放来衬托建筑物，让人们感受到视觉美感。

3. 体验 民宿给予住客的并不只是一夜安眠的落脚处，更重要的是体验。在建筑的背后，是主人的梦想与故事，将这些梦想与故事分享并传递给住客，除了在外观上满足住客的视觉需求外，更进一步地将心灵上的情感分享出去，才能创造独一无二的住宿体验。

08/ 利用不同颜色、材质的圆球和圆盘堆栈出的造型柱，如同蛋糕上的装饰，多彩又有趣。（人鱼之丘）
特色解构 >>> ① 利用多种材质与不同透明度所构成的圆柱，带有不规则的美感。② 多彩又带透明感的素材，宛如人鱼公主的鳞片，在阳光下荡漾着光芒。

同场加映 +plus

营造民宿个性的差异化

人鱼之丘已经是民宿主人Well经营的第三栋民宿，从希腊边境的独特风格到北非花园的异国浪漫，谈起如何为民宿建立差异化，Well大方地分享他的秘诀：“每一栋民宿，都依循周遭环境的状况而决定主题。”

如希腊边境在澎湖南端的沙滩前，于每年4月到10月，备有免费的冲浪板供旅客使用；而北非花园则走精致的摩洛哥风格，独特的砖红色建筑伫立大马路旁，入住就提供下午茶，让顾客边看夕阳西沉，边享用美食；人鱼之丘则利用潮间带的景致，打造出浪漫童话感。

09/ 环绕着建筑本体所开凿的泳道，打破了泳池一定是方形的刻板印象，提供给住客下海之外的另一个选择。（人鱼之丘）
特色解构 >>> 环绕建筑物的泳池与海洋连接，打造接近海天一色的壮丽，也让整个建筑清凉了起来。

10/ 百分百到位的异国风格设计，从外观、建材到布置，百分百复刻摩洛哥马克拉什风情。（北非花园）
特色解构 >>> ① 摩洛哥马克拉什特有的红色建筑，加上阔叶植物，摆设出完美的北非造景。② 城垛与阿拉伯式窗户，完美的对称几何，营造出层次之美。

11/ 利用民宿的位置，在日照光线上做出特色，当太阳照射阿拉伯窗户的雕花，在屋内形成有趣的阴影效果。（北非花园）
特色解构 >>> 窗户的雕花不只是在外观上有装饰效果，通过光影游戏，在室内也能形成另一种风景。

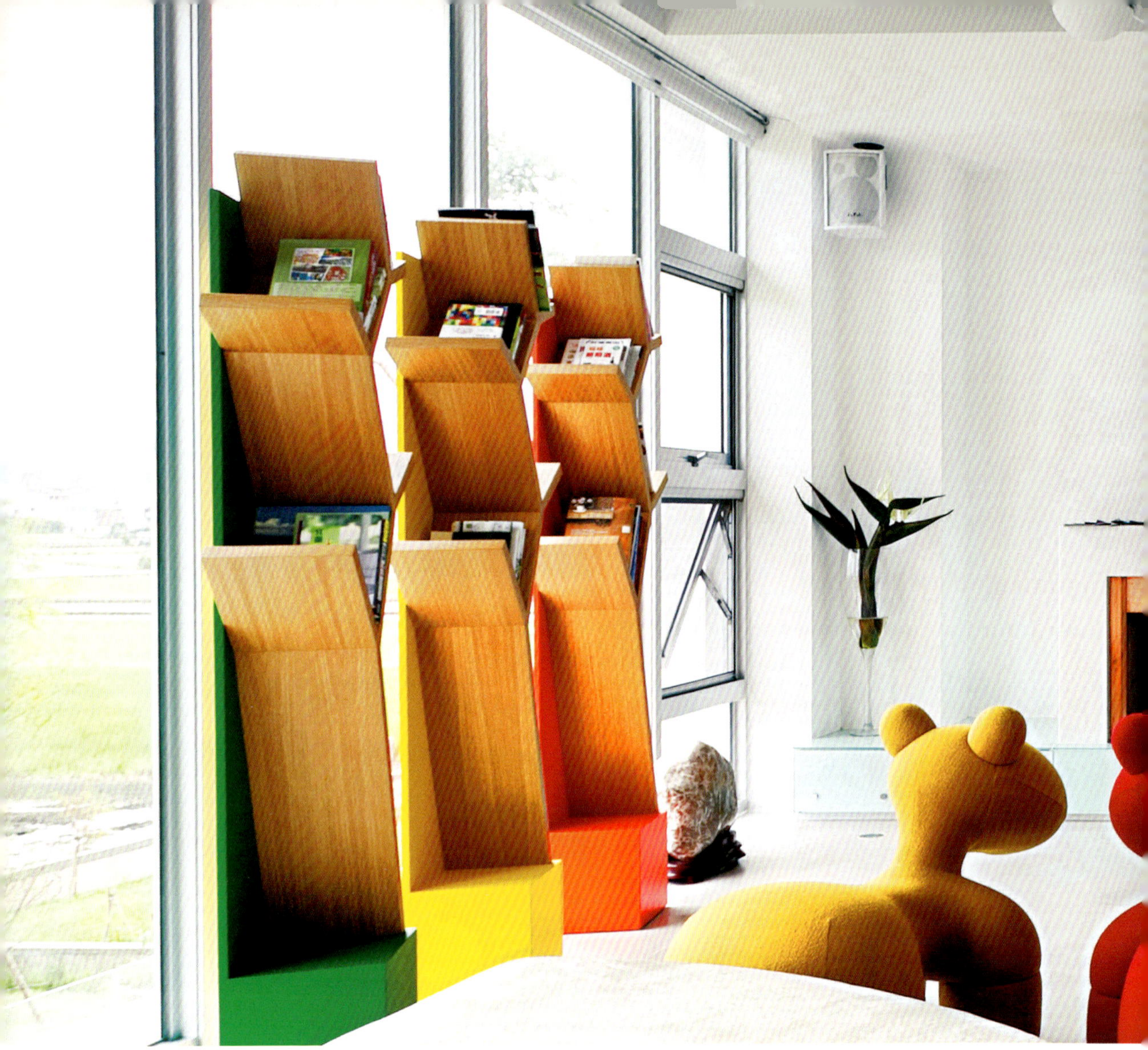

point/ 02

LOBBY：体现民宿风格的整体形象

设计三重点：主题・舒适・采光
也让住客走入你建构的梦想大门。
步入大厅・同时也决定了给予住客的第一印象。

01/ 墙面的壁炉在冬天燃起柴火，营造温馨的感觉。（调色盘筑梦会馆）
特色解构 >>>① 造型特殊的树枝形书架上摆满了书籍，提供给住客阅读。② 除了阅读之外，也能透过大型落地窗欣赏宜兰美景。

01

LOBBY，除了接待还要多功能

对于民宿，出色的建筑外观象征着民宿主人的梦想、品位与生活形态，而大厅LOBBY，比起形于外的建筑，对住客来说更贴近于具体，LOBBY 的空间设计精致，不仅可以延伸建筑的形象，最重要的是提供住客与主人交谊互动、赏景、休憩、娱乐等各种功能，营造出民宿的特有氛围。而 LOBBY 的设计除了营造风格，也必须注意到重要的机能性：

1. 连接客房的中枢 当客人在 LOBBY 做完 check-in 动作后，能够清楚地知道前往客房的路线。

2. 休憩机能 有别于饭店大厅所着重的咨询与接待的服务，民宿的大厅着重在休憩氛围，除了提供给等待 check-in 的住客休息以外，同时也具有观景与休闲的机能。

3. 友谊交流 民宿的特色在于分享，LOBBY 的设计不只是反映民宿主人的生活，同时也提供了主人与住客共同分享的话题与空间。

如何营造使住客产生好印象的 LOBBY 风格？

LOBBY，不只是民宿的门面，同时也赋予住客第一印象，让 LOBBY 不再是公式化的接待处，必须具有以下三个元素：

1. 主题 在设计上必须与建筑主题具有一致性，建筑提供的是构造与雏形，但要赋予建筑灵魂，就要从 LOBBY 中去设计与打造。

2. 舒适 在经过遥远路途的疲惫后，走入 LOBBY，是第一个可以纾缓旅客疲惫的处所，在设计上除了美观的考量，更以舒适感的机能性为首要考虑条件，营造亲和温馨的空间。

3. 多功能 除了提供接待与休憩的功能之外，LOBBY 还可作为阅读或是开设体验课程的场地，以及给小朋友玩耍或是提供给团体旅游的交谊场所，多功能的设计既能节省空间，还能提供更多元的服务。

02

02/ 圆弧形 LOBBY 区域，缩短人与人之间的距离。（调色盘筑梦会馆）

特色解构 >>>① 定制的圆弧形沙发与桌子，去掉了边角，让小朋友在玩耍时更安全。② 缤纷的用色，也呼应了民宿主题。

03/ 把摄影作品镶嵌在桌面，打破一般认为作品应墙面展示的概念。（S' day）

特色解构 >>>① LOBBY 同时也是展示空间，就连玻璃壁门及桌面都能成为艺术展示的媒介。② 桌面上展示的摄影作品，除了呈现多变的展示方式外，也贯彻了主人提倡贴近艺术的理念。

04/ 将欧洲工业风带入设计中，金属元素让LOBBY更显气势。（S' day）

特色解构 >>>① 利用多种相异材质的组合，在工业风空间中作混搭，呈现具有强烈风格的调性。② 以水泥天花板、管线与强烈的投射照明做对比，在粗犷中呈现华丽感。

05/ 接待台上的装置艺术品，总是可以立刻吸引目光。（S' day）

特色解构 >>>① 接待台上的装置艺术品是一大亮点，总是可以开启主人与住客的讨论话题。② 后方墙面的画作，搭配聚光灯，瞬间让人感觉来到的是展场而非民宿。

03

04

05

06/ 黑板墙与旧桌椅混搭出的怀旧角落。（呼噜咖啡 B&B）
特色解构 >>>① 怀旧家具的布置，成为住客最爱拍照的位置。② 钢琴与吉他，暗示了大厅会变身成另场活动的小秘密。

07/LOBBY 的黑板墙随着活动的举办可变身成展演舞台。（呼噜咖啡 B&B）
特色解构 >>>① 无高低差的舞台地面设计，不但方便乐团进驻，也能配合乐队人数多寡做弹性调配。② 利用铺地材质区分舞台区域，可明确区隔但不影响非展演时间的家具配置。

08/ 在民宿中，LOBBY 在广义上指的是公共空间，提供给住客休憩使用，在设计上与客房有同等的重要性。（二手童话）
特色解构 >>>① 公共空间也像是童话故事中的一角，让人想象无限。② 不论是粉刷为星空的天花板，还是地板上镶嵌的星星，所有的设计都围绕着童话的主题做安排。

09/LOBBY 灯光的采用也是重点，不同的色温会营造出不同的感觉。（二手童话）
特色解构 >>>① 主要的诉求是走温馨路线，黄光的选择相对白光来得优秀，除了让装饰品线条更柔和之外，也营造出温暖的感觉。② 与壁面的兼容性也是考虑因素之一，粉刷为淡黄色的壁面，在光线下颜色效果更加突出。

10

同场加映 +plus

打造风格一致的主题 LOBBY

隐身在都市丛林巷弄中的呼噜咖啡，由于民宿主人阿眯与盟盟都是玩音乐出身，在打造自己的民宿时，马上就决定要以音乐为主要元素，不论是装饰在 LOBBY 里的老吉他还是钢琴，都紧密地与音乐主题结合。

利用完整的音乐主题，阿眯与盟盟更进一步利用 LOBBY 主题咖啡馆与展演空间，除了将自己的理念通过 LOBBY 主题更加发扬光大外，多元化的经营也为民宿经营带来更多活水。

10/ 在进入 LOBBY 前，大门外的布置也可以说是 LOBBY 设计的一环。（二手童话）

特色解构 >>>① 进门处的复古电话亭是旅客的摄影景点之一，不论白天还是晚上，都能营造出不同的氛围。② 连接碎石地与红砖廊道的木栈道，除了增加多层次的美感，也在下雨天时起到安全防滑的效果。

01

客房：浪漫想象的呈现

设计三重点：特色・纾压・巧思
客房，是住客花费最多时间待着的地方，同时也是民宿服务当中最重要的一环。
除了提供一夜好眠之外，还要拥有更多的附加价值。

客房，是风格的具体呈现

客房，是民宿最主要的产品，也是住客最重要的体验。由于民宿的房间数受到法规限制，如何在有限的房间里，打造独特的风格与符合住客的需求，是民宿主人最重要的课题。

客房的设计除了要独具特色外，最重要的就是要给予住客一夜好眠，下列三点是客房设计与管理上的重要原则。

1. 宽敞感 过多的家具或设计在视觉上会形成拥挤感，住客在其中不但会容易感到压迫，同时对于带着小朋友的住客会增加事故的发生概率。

2. 清洁感 住客在客房中所消耗的时间是最多的，加上住客连续入住，最忌讳的就是让住客有“客房被使用过”的感觉，在清洁上不但要更加严谨，物品若有破损或是陈旧感，都必须立刻更换。

02

03

01/ 水蓝色的墙面、水晶吊灯，营造出欧式的浪漫风情。（英格兰小古堡）

特色解构 >>>① 水晶吊灯不但为房间增加了华丽感，同时也呼应了民宿主题。② 浅色的壁面与大采光，柔和了木制地板的深沉，并降低了空间的拥挤感。

02/ 精选舒适床组，给予住客一夜好眠。（英格兰小古堡）

特色解构 >>>① 提供独立筒床垫，提升住客睡眠质量。② 客房均采用欧美进口床组、羽绒被、羽绒枕、进口古典蕾丝床罩组，除了提供住客更舒适的睡眠环境，也强化了客房的英式特色。

03/ 不同色调营造不同的客房风情。（英格兰小古堡）

特色解构 >>>① 利用壁面颜色与相似风格的家具，不但为房间做出区隔，同时也强化了整体印象。② 精细的四柱棚床加上淡紫色的墙面，掳获许多女性客人。

3. 空间灵活度 由于民宿的房间数受到法规限制，因此可能会提供加床的服务。在客房的设计上，必须将加床的位置与空间先计算进去，或是直接取消加床的服务，以维持客房的空间感与服务水平。

客房决定了住客的体验与评价。民宿之所以受欢迎，是因为有别于酒店房间的制式化，能以多种风格满足住客的幻想与期待。如何设计出受欢迎的客房，要掌握以下三个元素。

1. 特色 如果建筑外观决定了民宿整体的风格，客房则是强化或是提供更多元的风格选择，在特色的设计上面可以选择与民宿建筑外观相同元素，来强化整体印象，也能选择在同一个概念下，却有着不同风格与特色的客房设计。

2. 纾压 在设计客房时，必须谨记一个重要的原则——客房装潢固然是满足住客的幻想，但是最重要的是给予住客一夜好眠；在有特色的风格之下，也要能营造纾压与安眠的环境。

3. 巧思 不论是床垫的选择，还是床单和房中的备品与摆设，通过不同的巧思或是细心发掘住客需求，也能有更大的加分效果。

04/ 客房外的生态鱼池，除了带来视觉上的清凉感，也成为推开窗后的一道美景。（沓里沓里）
特色解构 >>> 木制的客房廊道加上生态鱼池，营造出悠闲的南国气氛。

05/ 由缩小门牌制成的房间钥匙，除了造型特别，也多了趣味。（沓里沓里）
特色解构 >>>① 造型特别的狮形门环，别致且应景。② 以原木为主色调的房间，配上白色的纱幔，成功演展出南洋的悠闲气氛。

06/ 墙壁不只是墙壁，更是打造客房特色的最佳利器。（日光行馆）
特色解构 >>>① 在客房的规划上，除了应有的格调，更要考虑到客户属性，草原风房型就是考虑到家庭客户而特别规划。② 除了色调之外，壁面图案也是塑造客房特色的好工具，简先生特别商请旧时手绘电影刊版的画师，一笔一画完美重现草原风情，成功打造出令人惊叹的效果。

04

05

07/ 大开窗的设计糅合白色的纯净感，将窗外的景色衬托得更绿意盎然。（日光行馆）
特色解构 >>>① 将窗外景色视为室内装潢的一部分，为了凸显窗外的景色，室内装潢以简单的北欧风为主，让空间感更为辽阔。② 为了不让视觉受到阻碍，主人特别安装升降式收纳电视，将电视完全收入床尾的柜体当中，需要用时按下遥控器才会缓缓升起，让整个房间视野更加开阔。

08/ 通过客房内刻意营造的色调与寝具材质营造浪漫氛围。（日光行馆）
特色解构 >>>① 特别为情侣所打造的客房，以紫红色调营造浪漫感，让整体空间完美展现异国风情。② 在材质的选用上，以木材与藤编家具为主，传达出度假慢活的舒适与态度。

06

07

08

09

同场加映 +plus

客房以外也有氛围情调

在南投鱼池乡的峇里峇里民宿，由于民宿主人梁大哥多次往返巴厘岛经商，爱上巴厘岛独有的悠闲氛围，于是将巴厘岛的风情复制到南投。然而如何在中国台湾唯一不靠海的地方，营造出海岛氛围？靠的就是周边环境的整体营造。除了民宿整体格局与建筑都以巴厘岛元素为主，有效利用生态池与小物品，也能为氛围加分。

09/ 将床铺安排在靠墙位置，使得房间看起来更宽阔。（阿德南斯庄园）

特色解构 >>>① 客房的设计不只包括寝室，其余延展出的空间都是属于客房的一部分。② 善用窗纱做隔间，一方面可区隔空间，另一方面可扩大空间的视觉感。

10/ 花卉与小物，通过巧思摆设，也能营造出不同风情。（阿德南斯庄园）

特色解构 >>>① 简单且以木质为基调空间，为了增添色彩，产生更舒适的视觉效果，有效利用花卉与摆饰，激荡出更多层次的活泼感却不破坏整体。② 利用花卉植栽，不但在视觉上能有更多的乐趣，也能提升嗅觉的享受。

11/ 房间外的露台，也是客房的一部分，除了可以提供住客欣赏美景，也能让住客充分享受不同的情调。（阿德南斯庄园）

特色解构 >>>① 房间外的露台可以是用餐空间，体验在大自然中好好享受早餐的幸福时光。② 客房的范围虽然延伸到户外，但是通过格局的规划，还是能维护住客隐私。

10

11

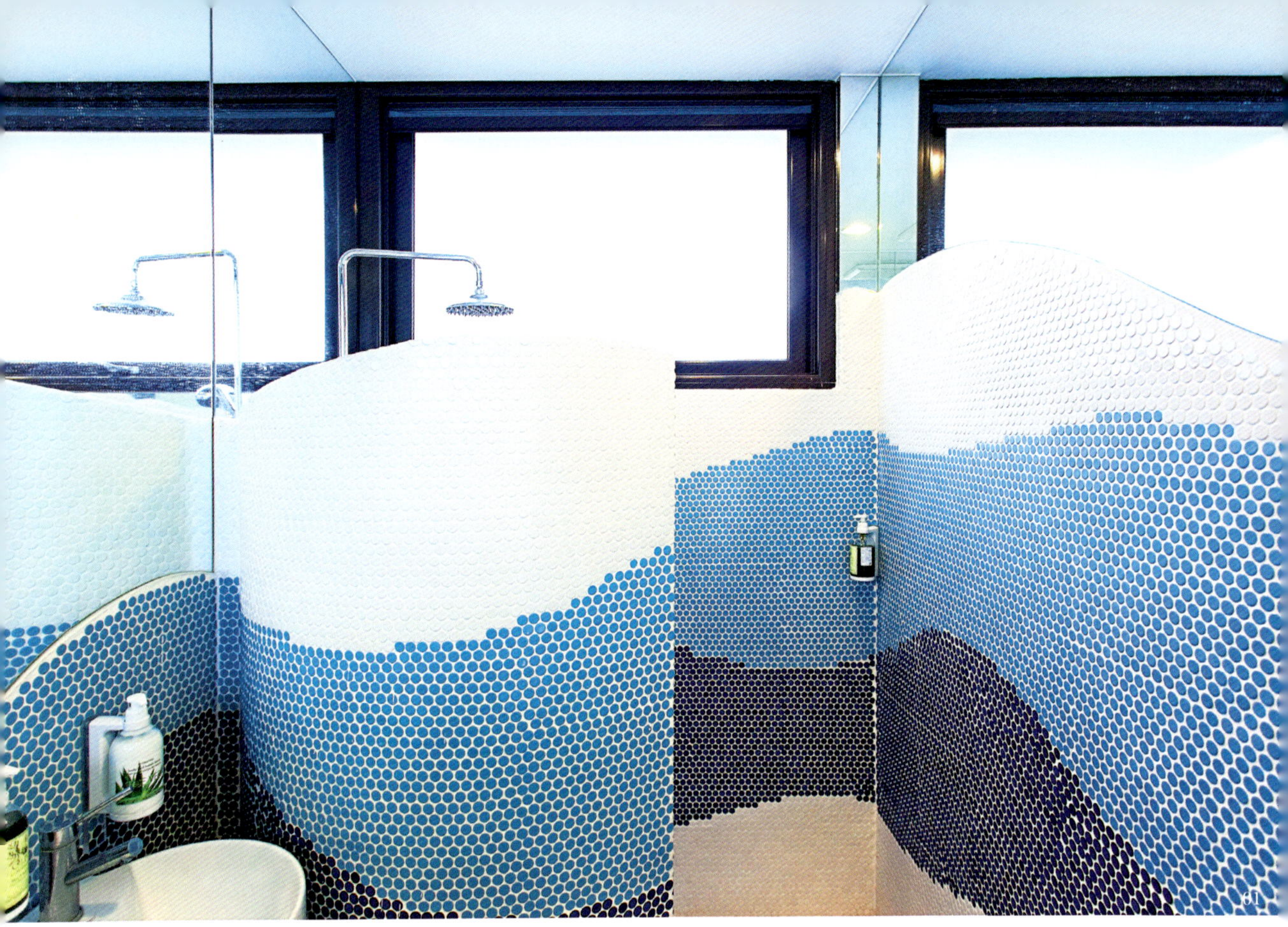

point 04

浴室：洗涤身心的疲惫

设计三重点：清爽·放松·安全

浴室，是客房内第二个建筑工程的重点。除了卫浴设备的功能性，思考如何提供给不分年龄层的住客都能安心使用的空间设计也很重要。

卫浴，除了客房以外的最大享受

卫浴设备可说是住宿体验中仅次于客房的重要标准，一方面浴室是住客必须“坦诚相见”的处所，另一方面就是需要极高的私密性。

良好的浴室设计，不但能令住客拥有美好的使用体验，也能充满洗涤身心的疗愈感。在浴室的管理上有三个重要原则。

02

03

01/ 马赛克砖拼贴而成的渐层海浪，配合冲澡的水流声，更有种置身海洋里的错觉。（日光行馆）
特色解构 >>>① 利用渐层的马赛克砖，与白色搭配出海洋风情。② 蜿蜒的动线设计，除了模拟海洋波浪的情境外，也成功地将洗脸台与沐浴间做分隔。

02/ 运用了大量自然素材打造的沉静空间氛围，让居住的旅人与大自然一同呼吸。（树也 VILLA）
特色解构 >>>① 墙面使用由巴厘岛空运回来的石材，沉稳的色调为沐浴空间带来稳定感。② 原木休闲椅的设置，让住客在泡澡后，能在上面休息或阅读，享受全然放松的舒适。

03/ 结合温润木质、冷调岩石与温柔之水所打造的沐浴空间，饶富禅意的设计，令人在沐浴时感受到宁静氛围。（树也 VILLA）
特色解构 >>>① 日式格子窗户可充分采光，也可保有隐私。② 肖楠天花格栅、木制洗脸台以及枯木盆栽的装饰，呼应民宿的主题，也充满了日本禅意氛围。

04/ 配合草原风房型，沐浴空间墙面也采用手绘风格。（日光行馆）
特色解构 >>>① 墙面上两只栩栩如生的狮子，配合洗脸台的位置，绘出喝水中的模样，总让小朋友开心得不得了。② 利用石制洗手盆与木架的搭配，打造出大自然的原野风情。

1. 机能性 不论是干湿分离的淋浴间、泡澡浴缸还是洗脸台，都要能确保它们的机能能如常使用，特别是冷热水的温度调节与标示，更是不可轻忽。

2. 清洁感 卫浴设备是住客除了床铺之外，接触与使用频率最高的地方，只要有任何一点脏污，所带来的不快感是远胜于其他设备的，不论是脏污还是霉垢，一定要及时清洁，不能让污垢沉积。

3. 安全性 浴室因为湿滑的地板，是造成意外最高的地方，在卫浴设备的配置上，一定要考虑有小孩、长者的家庭的需求与安全性。

04

05/ 为了保有隐秘性通常都会将光源设计得较为阴暗，因此在灯光的布置上更要花心思规划设计。（漫步 chateau）

特色解构 >>>① 在浴室的光照上，如果有开窗就能引入自然光照，也可以利用黄光让整体感觉较为温暖。② 复古壁灯的设计，除了可以让整体设计更具一致性，在夜晚也可以作为小夜灯照明。

06/ 大开窗的设计，不仅提高浴室明亮度，充分通风，还能一边泡澡一边赏景。（漫步 chateau）

特色解构 >>>① 不选择一般浴缸成品而选择自己泥砌浴池，泡澡空间加大，令人惊艳的繁复瓷砖壁饰与室内风格一致。在浴缸边缘与地板采用不同材质砌出水沟，溢水后较为安全不易滑倒。② 落地大开窗的设计，辅以米色垂地纱幔，赋予浪漫气息，也保护了隐私。

近年来，浴室设备已被视为度假享受的一环，因此在进行浴室设计时，就要将“享受”这个目的考虑进去，基本的规划三原则要掌握。

1. 清爽 在设计浴室时，不论是排水还是抽风系统都要考虑进去，除了考量住客使用的便利性以外，清洁上的排水与干燥都要考量到。

2. 放松 沐浴除了清洁之外，还要能够放松，边泡澡边欣赏户外美景更是一大乐事，但是在规划享受之余，也要注意隐私的处理，良好的遮蔽物与隔音设备都是必须具备的要件。

3. 安全 不管是外宿还是居家，最常发生意外的地方就是“因地面潮湿而滑倒的浴厕”，在设计上除了利用良好的排水及通风来保持地板的干燥外，在浴缸或是马桶等容易发生意外的地方，也可以考虑设置安全扶手，提高对高龄住客、孕妇以及小孩的友善性。

07/ 利用石头拼贴增加沐浴空间的情调浴氛围。（蛙塘）

特色解构 >>>① 小石子拼贴除了增加装饰效果外，突出于浴缸的平台空间也提供了放置盥洗用具的位置。② 木勺增添了童趣外，也提供给住客另一种沐浴选择。

08/ 色彩缤纷的浴室，特调出浓厚的异国风情，也为住客创造出好心情。（蛙塘）

特色解构 >>>① 大胆混搭不同色系，呈现出主人独一无二的性格，也让室内空间更具丰富性，更强调民宿手作的特质。② 洗脸盆舍弃成品采用客制砌成的方式，贴心地增加置物架，提供给住客放置替换的衣服或盥洗用品。

09/ 侧边大开窗的设计，除了让采光更加明亮外，在泡澡时也能享受窗外的海景。（海境）

特色解构 >>>① 在有大开窗的浴室，要注意的就是隐私问题，侧边窗户一定要搭配窗帘，一方面可保有隐私，另一方面则有遮光的作用。② 同样的位置，到了夜晚，又有另一番风情。

10/ 天窗的设计，泡澡也能顺便观星。（海境）

特色解构 >>>① 架高的地板除了分隔卧室与浴室，也使浴室地板更容易干燥。② 透明的天窗除了能欣赏美丽的天空外，自然的采光让浴室更为明亮。

09

同场加映 +plus

主题式沐浴空间创造吸睛话题

以草原、巴厘岛、海洋和北欧简约四种风格构成全然不重复的房型，是日光行馆最引以为傲的特色；而这份用心，也同等地反映在沐浴空间的装潢上。沐浴空间，也属于客房的一部分，因此在主题的配合上，要跟客房有一致性，除了可以让空间看起来更具整体性，也能成功地创造话题。

10

餐厅：凝聚美食与温馨的乐园

设计三重点：灯光・色温・整洁

不论是以特色美食吸引住客，还是适合欢聚的场地，餐厅永远是民宿中最温馨的角落。

餐厅，分享美食与故事的天堂

餐厅最重要的机能，就是与家人共同用餐，分享一天的经历。由母亲挑选最好的食材，尽心准备当天的餐点，是家最美的缩影。而民宿中的餐厅，也是民宿主人呈现心意的舞台，用独特的空间风格，准备自己拿手的餐点，款待远来的住客，让餐厅成为分享幸福的重要场所。餐厅的空间规划要先从以下三个重点做考量。

1. 用餐形式 首先要决定提供给住客用餐的形式，若是个别用餐，就使用 2 ~ 4 人用的餐桌；若是强调多人用餐，那就使用长餐桌。决定了用餐方式，才能决定采用哪种形式的餐桌。

01/ 英式乡村风的装潢加上英式下午茶，将整体民宿主题发挥得淋漓尽致。（英格兰小古堡）

特色解构 >>>

① 蕾丝桌巾、水晶吊灯与维多利亚式高背餐椅，呈现英式经典设计。

② 落地窗引景入室，明亮的光线让人备感舒适与放松。

2. 位置数量 位置的数量取决于餐桌与空间配置，餐椅数量的决定上要考量到餐厅空间的大小以及用餐形式，并预留增加婴儿椅或是其他座位的空间。

3. 动线规划 餐厅的设置不只考量到餐厅本身，厨房与餐厅的路口都涵盖在餐厅的范围之内，从带领住客入席到服务上菜的动线，都需要考虑与规划。

如何营造属于餐厅的用餐氛围，要掌握以下三个设计重点。

1. 灯光 灯光的规划主掌了整个餐厅的氛围，若以大多数开放式餐厅来说，在灯光的选择上尽量以明亮为主，特别是有的餐厅还兼具咖啡厅的机能时，灯光的选择偏明亮较佳，但是若以夜店吧台为设计重点的餐厅，则需要考虑具隐私性的暗色调灯光设计。

02/ 多元化经营，对于淡旺季差异明显的民宿，是增加营收的方法，但相对在动线与空间的处理上，要为食客与住客做出分隔，避免影响住客隐私。（英格兰小古堡）

特色解构 >>>① 通往下午茶用餐的空间，以圆拱门做区分，并在一旁设有沙发，明确做出等候区。② 不同颜色的油漆粉刷，塑造出不同的氛围效果。

03/ 兼营民宿与咖啡厅的考量，将 LOBBY 与用餐区块合并。（呼噜咖啡 B&B）

特色解构 >>>① 以白色与浅灰为主调，在视觉上让空间更宽阔，而墙上的黄色与粉色等彩色马赛克壁砖，为空间增加活泼感。② 利用高低差，区别吧台与用餐区。

04/ 开放式格局能大量采光，使室内明亮，并流畅连接户外与室内的动线。（呼噜咖啡 B&B）

特色解构 >>>① 对外开放式空间，除了提供吧台位置外，也能达到吸睛的宣传效果。② 架高的木头台阶，为开放式空间建立了区隔，在整理上也较为便利。

05/ 线条简约的家具与整体的色调，营造出纽约 LOFT 工业风的时尚感。（光现旅宿）

特色解构 >>>① 餐厅的动线规划上，不适合有太多装饰物，利用悬挂壁面的装饰品不但能节省空间，还成功营造了美感。② 带有圆弧线条的餐椅，除了为空间带来一丝活泼感外，不同材质的运用，与墙上金属挂饰成强烈的对比。

06/ 灰与棕的搭配，加上充足的光线，将天花板与地面的高度拉开。（光现旅宿）

特色解构 >>>① 餐桌的配置上，采用 2 人桌与 4 人桌，除了可以满足不同组合的住客，遇到团体客时，也能迅速合并。② 底端沙发区背墙利用弧形窗，框出窗外海湾美景，在室内看就像是壁画一般，随着四季呈现不同的美景。

2. 色温 除了灯光的照射选用外，还需要考量色温高低，以餐厅的设计来说，要让餐点食物呈现最好的状态，色温选用以 3,000K 为主。而灯具的选用可以考虑卤素灯与 LED 灯，卤素灯的演色性较佳，但缺点就是比较不耐久；LED 灯的演色性较卤素灯差，但耐久与省电性表现较好。

3. 整洁 大多数餐厅均与厨房相连，在餐厅的设计上必须连同厨房一起做考量，油烟的排放与保持卫生是长期抗战，完全不能松懈。许多民宿选择开放性厨房，希望能一边准备料理时，一边还能与住客交流话题，由于整个料理过程均摊在阳光下，因此在整洁上的要求标准须更加严谨。

07/ 利用清水模、木材与不锈钢所筑构出的空间，在属于日式风的质朴中，却带有摩登感。（毛屋）

特色解构 >>>① 不锈钢中岛的设计，除了让料理的动线更加顺畅，还能多加上好几个座位。② 为空间增添日式气息的木制工作柜。

08/ 坐落于玻璃屋中的餐厅，有着宁静的禅意。（毛屋）

特色解构 >>>① 玻璃天窗与落地窗，让用餐时也能欣赏窗外的景致。② 清水模的外墙阻绝了外面的视线，保留了住客用餐的隐私。

09/ 宽阔的用餐环境，用餐更自在。（日光行馆）

特色解构 >>>① 拥有大落地窗的超宽敞一楼用餐空间，以及大量的户外座位区，让用餐与赏景都是一种无上的享受。② 除了提供住客用餐之外，也能对外提供会议和婚宴服务。

10/ 独立的隐秘空间，可提供家人或朋友团体聚餐，并与公共用餐区做区隔。（日光行馆）

特色解构 >>>① 木质色调加上波浪天花板，打造可爱也优雅的用餐空间。② 墙上的树木装饰，让空间更活泼；隐藏在上面的时钟指针，有着童趣的玩心。

同场加映 +plus

用餐也是服务的一环

在过去，民宿提供的服务大多聚焦在宿泊体验上，装潢重心自然落在客房；然而，随着竞争越来越激烈，加上部分观光地区在饮食上并非那么便利，民宿所提供的餐饮服务成为提升竞争力的新亮点！餐厅，不只是提供用餐服务的场所，有时也是与主人一同分享生活体验的地方，通过品尝食物，感受当地特色，还可与民宿主人共同分享旅游心得，产生共同话题。

09

10

63

PART 4

对的预算打造对的民宿

1000 万元以下

呼噜咖啡 B&B / 改装老宅预算更精简 / 台中
迷路为了看花 / 打包美景，体会时间静止的魔法 / 垦丁
蛙塘 / 民宿主人打造的艺术空间值得一看！ / 宜兰
夏滟 / 减法装潢带给住客最美的景色 / 澎湖
星光碧后 / 南澳乡中体验部落文化 / 宜兰

1000 万～ 2000 万元

23.5 蔚蓝 / 贴心提供自助厨房料理服务 / 澎湖
北非花园 / 原汁原味复制的摩洛哥风情 / 澎湖
峇里峇里 / 预约式住房，独享尊宠度假时光 / 南投

2000 万～ 3000 万元

漫步 chateau / 营造效益最大化的主题体验 / 垦丁
境外漂流 / 民宿主人成为你的专属玩伴 / 花莲
罗腾堡庄园 / 彻底感动的爆表住宿服务 / 宜兰
崖上 / 人情味自制美食体贴你的胃 / 花莲
缓慢金瓜石 / 独到的文化体验让旅人心灵充电 / 九份

3000 万～ 5000 万元

阿德南斯庄园 / 环境低度开发的坚持 / 花莲
35A-LI / 珍惜环境的心意 / 宜兰
独立森林度假 VILLA / 融合建地条件打造人间天堂 / 宜兰
佳佳西市场旅店 / 量身定做的深度旅游服务 / 台南
63inn 庭园民宿 / 一千平方米花果园欢迎大家同乐 / 花莲
水畔星墅 / 延伸自然环境，纳景入室 / 宜兰

5000 万元以上

沙点 / 浓烈风格抓住对的客户群 / 垦丁
都法豪华庄园 / 精心计算过的体贴入心 / 垦丁
海境 / 大开窗海景客房引人入胜 / 垦丁
水岸森林 / 导入国外度假村概念经营品牌 / 宜兰
有朋会馆 / 以招待老友的心意款待每一位房客 / 宜兰

装修重点　1000万元以下

1. 改装老宅、租赁营运

采用长期租约来进行民宿营运，运用原有的建筑改装，搭配具有设计感的小细节与服务，投资金额几乎只要一般自地自建民宿的三分之一，成本回收相对较快。

2. 设计维修自己来

自己亲手漆墙，主动了解设备维护的方法，甚至是亲手更换客房内的床单……累积下来就能省下一笔不小的预算。

台中　音乐与灵魂的空间展演——呼噜咖啡 B&B

case 01

改装老宅预算更精简

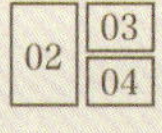

01/ 以简单几何线条构筑出的玲珑外观，在街道上格外引人注目。
02/ 黑板墙与旧桌椅混搭出的怀旧角落，让许多人喜爱在此留影。
03/ 绿草庭园环绕着白墙，通透的大面落地窗采光让呼噜咖啡沉浸在自然清新的阳光氛围里，看看书或发发呆，配咖啡与音乐，待一下午也不无聊。
04/ 浓密的林荫与白墙，将呼噜咖啡隐藏在城市的喧嚣之外。

坐落于台中市区的 Forro Cafe——呼噜咖啡 B&B，是一家有点怪又有点可爱的奇妙咖啡店，结合了咖啡、音乐、B&B（Bed & Breakfast），满布幽默感与人情味的跨界定调，来自有趣的老板王雁盟与老板娘阿眯。一位是陈绮贞与雷光夏的音乐里优美手风琴声的主人，一位是喜欢观察人并拥有灵巧双手的可爱创意人，在两人的联手打造下，Forro Cafe 成为旅人与当地人灵魂交流的 Facebook！

隐身都市中的音乐风景

“要不要自己开一家白天可以泡咖啡，晚上是 Live House，听完音乐还可以住一晚的店呢？”

人称“盟盟”的呼噜咖啡主人王雁盟与女主人阿眯，某天散步到呼噜咖啡的诞生地时，萌生了这样的想法。玩音乐出身的两人，住在台北时便很习惯有咖啡与音乐陪伴的生活，两人来到台中定居后，却找不到像这样跨界的复合式空间，直到遇见了这栋 40 多岁的独栋老房子，它的坐落点与个性，自动补完了他们脑内对咖啡、音乐、创意文化、人情交流的复合式想象蓝图。

经历了翻找世界音乐辞典取名的过程，最后终于看到“Forro”这个不仅是巴西一种以手风琴为主的音乐类型，同时还具有“For all”的意义的单词，非常

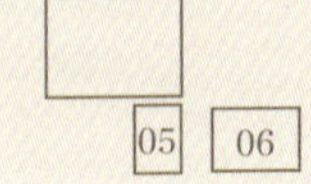

05/ 南方松木铺设的户外露台与街道直接接壤，难得在都会区还能有如此轻松悠闲的氛围。
06/ 位于室外的回旋楼梯成为房客进入室内房间的独立通道，除了将住客与一般客人做有效区分外，也为整体建筑增添了轻快的气息。

符合盟盟与阿眯对这里所界定的精神：跨界的、多元的、友善的。“而且Forro 写起来还蛮幼稚的，念起来好像猫咪发出的可爱‘呼噜’声，很符合我们要的感觉。”从里而外满布丰富的音乐、复古、学生、拼贴等元素，让来此的朋友不仅能享受很Forro的精神生活，也能欣赏到超Forro的空间创意。

旧屋变身，消弭界线创造更多可能性

白墙配着木作露台的两层楼式简单建筑，改建前原是彰化一位眼科医师买来准备退休后自住的。当阿眯提到呼噜咖啡到目前都还是承租的状态时，让我颇为惊讶。“那时我们想，既然房子是租的，大动作一定要让屋主同意才好，所以就带着和设计师讨论出来的计划图去找他聊；没想到屋主觉得很OK，全权让我们决定，因为等他回来住的时候会全部打掉重盖。”“那么呼噜不就是期间限定了吗？”阿眯笑着说：“是啊，想到未来可能会被拆掉，真的很舍不得呢！”

1. 几何线条重塑老宅风情

看腻了喧嚣城市的灰色水泥，方盒子堆栈般的几何线条白墙与绿色草坪却很简单地唤起人们心中那份纯粹的美好；翠绿的草坪在美丽的下午也能成为绝佳的音乐舞台。而将老房子原本的格局重新规划后，三面大窗引进了台中舒爽宜人的温度与明亮的阳光，暖暖的非常舒服，一个人静静呆坐在位置上时也能和室外的微风同步韵律呼吸。

2. 松木 + 露台塑造活泼趣味

以南方松木铺设的庭园栈板和散发阳光味的室外露台，连接着室内与室外同样闲适舒服的节奏，没有围墙的设限而能将呼噜咖啡无界、friendly 的精神辐射发散，阿眯说，常有呼噜的朋友或附近邻居会在露台上聊天或驻足休息，构筑成一副美好有趣的景象。

3. 悬浮楼梯创造空间未来感

老屋改建的过程中，经历了重新规划楼梯位置与移植树木的过程，而就在设计师的建议下，阿眯大刀阔斧地决定将位于一楼的楼梯直接截断，另在户外重新建梯，截断的楼梯还故意留下两小截，留给来此的朋友想象的空间。而一株紫薇在移植后没有继续存活下来，舍不得将它丢弃的阿眯与设计师，突发奇想地将它吊挂在天花板上，成为空间中相当引人注目的一角，截断的楼梯融合了紫薇的新生，让老屋的生命有了新的样貌呈现。特别的节日来临，阿眯也会在紫薇上装点特别的装饰与小卡，饶富一番趣味。

◆无高低差的舞台地面设计

一楼的黑板墙前就是呼噜咖啡音乐活动与文艺讲座的展演舞台，细心观察可以发现，以南方松暗示的舞台区域和水泥地面所界定的不同场域间没有任何高低差，阿眯表示这样才方便乐团进驻，比方麦克风架就再也不会出现卡在舞台边缘的情形了，不论乐团人数多寡都能弹性调配，不会被空间条件局限。

◆小学生书桌变身颁奖台

还记得在体育比赛的颁奖典礼上，得奖的选手们分别站在标号 1、2、3 的平台上接受奖牌与掌声的肯定吗？呼噜咖啡的角落堆栈的一摞立方木箱，就融合了颁奖台的可爱设计，特别以学生课桌椅、啤酒箱，以及可留言的黑板混搭钉制，非常耐用，可堆栈收纳杂货书报，或当有表演团体来时，还能三两个拼凑成小舞台，立刻就让演出的正式感突显，跨界的材料选用与多元的使用模式非常有呼噜风格。

◆舒适夹脚拖尺寸全到位

不喜欢纸拖鞋薄薄又只有单一尺寸穿起来不舒服的感觉吗？阿眯特地为来此住宿的朋友准备了好穿的夹脚拖鞋，各种尺码全部齐全，房客可以挑选适合自己脚丫大小的夹脚拖鞋，在房间里优哉游哉地让脚丫放松，或是穿出去冒险，四处啪啪走。

07 08 09 10 11

07/ 简单的白墙、木桌与木椅，阳光透过屋栏流泻而下，形成有趣的光影效果。
08/ 巧妙利用长方形空间分隔寝室与卫浴，打造出单身旅行的客人专用的客房。
09/ 以主题式设计的四间房间都有开放式的专属卫浴，并将卫浴设备设置在架高的木地板上，洗完澡后踏在温润木地板上的舒服触感让人印象深刻。
10/ 书架上一只古老的手风琴让异国旅行的遥想散发于空气中，丰富的藏书让住客也能感受到阅读的乐趣。
11/ 利用木夹与麻线装饰出的 memory wall，展现出温馨氛围。

4. 巧用空间招待单身贵客

“一个人的旅行往往是被歧视的。”当阿眯提到单身背包客面临的投宿问题时，许多人有共鸣，一般的旅馆客房都为双人旅客而设计，单身一人的旅客往往会被拒绝或是得付两人的房价才能获得一晚的休息，但一个人旅行到呼噜咖啡却是幸福的。小客厅便是特别为背包客设计的单人房，舒适宽敞的空间几乎就是双人房的大小，而以马赛克拼贴的浴室甚至还比睡眠区更大呢！

5. 开放式卫浴打破格局疆界

主题式设计的四间房间——小客厅、公主房、摇滚房、乐活房，延续呼噜咖啡的核心精神，以音乐、设计等元素，创造出舒适怡然的休憩空间。每间房都有专属的开放式卫浴，让房客可以舒适沐浴，不必与其他房客共享，阿眯和设计师还特别将卫浴置于架高的木地板上，在冷冷的冬天里，洗完澡后踩踏在温润木头上的舒服触感，真的会让人从脚底暖到心底。

6. 藏书与音乐文艺质感到位

即使不带笔记本电脑，不听音乐，房客也可以从民宿主人收藏的书籍、CD 之中选择自己中意的，带到房间舒舒服服地享受一个人的感官之旅。

关于阿眯。曾是唱片公司企划的阿眯，负责将盟盟对呼噜咖啡界定的精神理解后，企划成空间的样貌。与过往经验最大的不同便是企划的对象从唱片变成了水电、空间、花、园艺、餐点，但同样的都是将创意发挥、营造个人特色的质感行业，用心体察经营过程中的每个变化并不断调整，才能给顾客最美好的体验。

Advantage analysis 经营优势分析

1. 地处市区，以日租公寓方式经营

在台湾民宿管理办法中，民宿的设定位置必须在观光风景区以及偏远离岛等地，因此位于台中市区的呼噜咖啡便以日租公寓的模式经营。一楼的餐饮区与二楼的住宿区，利用新筑的室外回旋梯做分流管理，即使一楼打烊了，房客也可通过独立门禁自在地返回舒适温馨的房间。

2. 定位清楚，有效吸引目标族群

不管是餐饮还是民宿经营，最重要的便是要定位出清楚的属性，找到属于自己的客户群，呼噜咖啡在这方面便经营得非常成功，独特的空间定调，多元的文化交流，趣味幽默的展演布置，来此的旅人多是被这样的跨界精神所吸引，因此阿眯和盟盟也在经营的过程中认识了许多聊得来且知心的朋友。

3. 不畏数字，对客人信号具高敏感度

阿眯分享，要经营这样的产业，最重要的就是不能害怕与人相处，对于现金流与损益平衡也要愿意了解，不害怕管理；有着喜欢学习的心，就能在经营中发现乐趣。像阿眯就在企划餐点的过程中，发现原来人的生活习惯与气候变化的关系这么大，从中更留心体会到人的需要，而创造出更多贴心的服务。

4. 全神贯注，参与体验所有事物

从事前的规划到正式营运，阿眯参与了所有企划与执行的过程，连房间的窗帘与床单等都亲自挑选并特别裁制。一楼可爱的灯泡式轨道灯，还是阿眯自己手工制作的，别的地方都买不到。如此亲力亲为，她一点也不觉得累，因为用心经营才能将自己的灵魂注入这样一个充满生命力的事业，让来此的访客都能有与呼噜咖啡的无界精神融为一体的美好体验。

民宿小档案

呼噜咖啡B&B

地址：台中市精诚三街47号

订房专线：04-23101661

网站：http://forro.com.tw

民宿主人	阿眯
建筑物模式	旧屋改造
基地面积	土地：花园面积约 54 平方米 建筑物：每层约 36 平方米，共两层楼
主人特色	主人独有的音乐设计背景，为呼噜咖啡注入精彩的元素，让这里拥有一种别处找不到的欢乐气氛。
民宿特色	1. 跨界的复合式经营形态，加上别有创意的空间布置，能吸引广大的年轻族群。 2. 不定期有创作乐团表演以及文艺讲座，为 B&B 注入更多元的创意能量。 3. 没有制式化的经营模式，独特的空间设计，无论一人还是多人都能轻松住下。

垦丁

传递幸福的感动——迷路为了看花

打包美景，体会时间静止的魔法

原本在高雄经营餐厅的阿定与 Renee，因为热爱冲浪，所以两人经常往返于垦丁与高雄之间，看着垦丁民宿一间间地兴起，想着如果他们也开一间民宿，就要和别人不一样。当他们在网络上搜寻垦丁的房子时，恰好看见了刚 PO 上网的这间要卖的别墅，独栋建筑、大院子，还有看得到海的绝佳视野，像是天上掉下来的礼物一般！

在与卖方沟通过后，他们决定以租赁的方式租下来，好处是不用背负高达 3000 多万元的房贷，又能一圆开民宿的梦想，更重要的是喜欢下厨、喜欢旅行、喜欢享受生活的他们，终于可以把这样的态度借由民宿传达出去，让幸福感延伸到每位旅人的家中，这样的满足足以让一切辛苦都值得了。

心意，是最美味的调味料

西班牙有句谚语说：爱情是任何食谱的基本材料。但“心意”是迷路为了看花这间民宿里最棒的材料，虽然不是专业大厨，但阿定却相当在意民宿提供的餐点是否具备高标准。

不是专业厨师背景出身的阿定，却有着下厨做菜的天分。阿定说他的确相当重视餐饮服务，因为他认为早餐是最能表现主人诚意的地方，而且材料准备其实十分简单，简单的面包搭配色拉、水果摆盘，看起来就非常丰富，

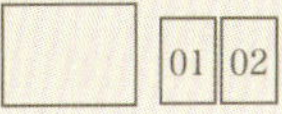

01/ 走出房门就有的大露台设计，近景赏绿意，远景赏碧蓝，将垦丁的美景尽收眼底。
02/ 在建筑上保留别墅原貌与绿意，除了节省改建的成本外，也能发掘出垦丁的不同风貌。

没想到，还能看着管家们细心地烤面包，炒马铃薯与培根，耐心烹煮水波蛋，还有令人惊喜的班尼迪克蛋！就连台北美式餐厅都没这么好的卖相，相当令人惊喜。另外附上满满一大盘色拉和水果，光看色彩就令人食指大动，尝起来的味道更是充满层次，阿定在网站上也写道："手作面包、青蔬、水果、色拉、橄榄油，每日有不同做法的蛋、一点点肉类，这是丰盛但轻盈的早餐。"也难怪这里的早餐被网友评论："我就是为了吃这里的早餐才来的。"

承租别墅，有效降低成本投入

因为民宿投资金额庞大，很少有民宿老板会说开民宿很有利润，不过阿定是例外，原因在于他采用每年租金72万元、租期长达15年的契约来进行，运用原有的建筑外观、庭院加以改装，搭配有设计感的室内空间，投资金额几乎只要一般自地自建民宿的三分之一，成本回收相对比较快。虽然迷路为了看花并非自地自建，空间设计并不因此打了折扣，每一间房型通过阿定与Renee用心的规划各显特色，光是待在房间里就会舍不得出门，夜晚虽有电视可陪伴，却一点也不想打开，只想感受这难得的宁静。

03	04		09
	05	06	
07	08		

03 原有私人别墅所改建的民宿，大门口隐约可见原先豪宅的气派。
04 ~ 08/ 美味的餐点，是吸引住客的重要诱因。专业的厨房与厨具，显现主人在烹饪上的专业与爱好。
09/ 开放式的大厨房除了让主人大显身手外，也提供了一个与住客交流的场所。

特色亮点

1. 坐拥海景的自在悠闲

这里最得天独厚的就是可望见大海的视野，阿定特别在看海的最佳地点铺设木栈板，摆上两张躺椅之后，就是最棒的小歇角落；选择带一本书到这儿，在水池边泡脚，喝着冰凉饮料，发发呆，感受度假的时光就是这么美好。

2. 大露台 + 阳台打造南洋风情

将原来的私人别墅改造，一栋规划给旅人住，另一栋则是他们和管家的房间。建筑上，他尽可能地留给每一间房宽敞的阳台与露台，刻意选用大地色系的浅黄作为外观，圆弧墙面的造型让建筑带有城堡般的异国风情，但在四周高大的椰子树辉映下，又流露凉爽舒适的南洋岛国风味。

3. 保留原生树种与别墅风貌

远离喧嚣的垦丁大街，民宿坐落于关山附近的宁静民宅群之中，也因为前身是私人别墅，不仅庭园里种满垦丁特有的原生树种，还有远眺海景与关山夕阳的视野。从走进大门开始，仿佛置身南欧地中海边村庄的错觉，呈现垦丁另一种未曾被人探知的迷人风貌。

4. 大面开窗，拥抱阳光也拥抱美景

大面开窗象征无比的自在感，表示你能在窗前自然地让时间流过，即使发呆什么都不做也不觉得太奢侈。早晨起床推开落地窗走出去就能看见蔚蓝大海，开阔的海景画面享受不用出国就能实现，尤其垦丁得天独厚的自然风景，让阿定选择利用建筑的造型，规划

◆不需要电视的民宿

在风格完全不同的房间中，阿定都十分用心地让每个房间有自己的个性和特色，但不变的是都有着与大自然亲近的距离，就连备品也细心准备有别于一般民宿的中国台湾品牌“阿原肥皂”，带给入住房客意外的惊喜。而房间内也齐全地附上电视、音响等设备，图书馆阁楼提供音乐 CD 与小说的租借，让人能悠闲度过一个与平常截然不同的睡前时光。

◆时间停止的魔法

餐厅墙上的时钟一直停在三点整，这是来自阿定的巧思与浪漫，他说这样可以随时提醒自己，要永远都抱着喝下午茶的悠闲心情过日子，同时也将这份悠闲心情分享给客人，一起体会时间静止的魔法。

◆开放式厨房度过美味时光

一楼的空间有一半都规划给厨房，在这儿除了可以看见阿定对于料理的自信外，开放式厨房还可以让主人、管家与客人自然地互动，更有家的感觉。

出许多大小高低不一的阳台与露台，搭配躺椅、软榻等不同设计，更加丰富了住房的乐趣。

5. 小小藏书阁，打造迷人夜晚

挑高的一楼空间规划了夹层阁楼，这儿就像是迷你图书馆一样，收藏着各式各样关于旅行、料理或建筑的书，还有丰富的CD收藏，在城市里忙碌工作而无暇好好看一本书、听一张CD的客人，正好可以利用机会，创造一个迷路为了看花风格的夜晚。

6. 与自然相融的沐浴体验

位于顶楼的“海市蜃楼”房型，将浴缸规划在床和大面开窗旁边，一边泡澡一边欣赏夕阳或是星空，在宽敞的大空间里，让身心都有被释放舒压的畅快感。“日光机场”房型的浴室则令人惊艳，半开放的浴室空间中，运用了瓷砖拼贴出充满艺术感的空间，不规则的墙面与拱门设计，更有走进岩洞里洗澡的趣味。

经营优势分析

1. 租比买更有利润

民宿投资金额庞大，将占投资额最庞大的土地与建筑物改成租赁的方式，运用原有的建筑外观、庭院加以改装，前期投资金额低，相对成本回收比较快。

2. 找出地段优势，规划强大卖点

阿定说垦丁本身就是一个人潮多、旺季长的景点，不必担心没有房客。加上这里的地点比垦丁大街清幽，又能看到海，对许多怕吵，只想单纯度假放松的观光客而言是很好的卖点。

3. 民宿贩卖的是幸福，分享才是重点

经常站在客人立场思考的阿定，认为民宿贩卖的不只是房间，更是一种生活的幸福感，让客人来此体验一次和日常截然不同的生活方式，认同这样的方式并带回家变成自己的生活，这样的影响才是开民宿真正有意义的地方。

4. 针对当地气候特性，掌握民宿维修要点

垦丁虽然是个四季如春的景点，但也常有海风、梅雨甚至台风下大雨的状况发生。在建筑物改建之初，设计师便建议阿定选用铝门窗，但阿定认为木窗才能与窗外的自然景致MATCH，尽管木窗遇水易潮湿变形，但他仍坚持日后加强维修，也不愿使用工业感过重的铝门窗取代。

关于阿定。年轻的阿定之前就有开餐厅的经验，对服务业十分得心应手，虽然是顾客至上的理念，但也常有些眉眉角角的待客原则在博客上抒发，独特又有个性的经营方式，吸引了一群志同道合的老主顾，让客人络绎不绝。

民宿小档案

迷路为了看花

地址：屏东县恒春镇树林路58号

电话：08-8866566

网站：www.casaaperta.com

民宿主人	阿定与 Renee
建筑物模式	旧屋改造
主人特色	阿定和 Renee 拥有经营餐厅的经验，喜欢旅行，热爱美食，他们通过民宿将自己充满幸福感的生活分享给他人。
民宿特色	1. 环境清幽且交通便利，还坐拥美丽海景。 2. 美味早餐抓住房客的胃。

10/ 木栈台上摆放着躺椅，这里成了房客们最爱的放空角落。

11/ 顶楼的“海市蜃楼”房型，躺在床上就可将垦丁景色一览尤遗，一旁的开放浴室还能让你拥有在星光下泡澡的体验。

12/ 阁楼上收藏了许多图书，像是个迷你图书馆。

13/ 墙上的小黑板用于公告今日菜单，充满乡村风的壁饰与时钟，将空间装点得更加温馨。

case 03

宜兰

翻开彩色的童话书——**蛙塘**

民宿主人打造的艺术空间值得一看！

蛙塘是一间独具气质的民宿，以复古的三合院为构想，没有豪华的古堡罗马柱，不走希腊蓝白风，循序渐进地构筑出完整的居住空间，如果硬是要为它定义一个风格，似乎手作原创风较为合适。身为宜兰人的家慧和先生张一平，两人从第一栋房子开始便自己亲手设计布置，一砖一瓦都是夫妻俩的汗水成就，不论低头所见的马赛克拼贴地砖，还是抬头所见的镂空书柜，充满创意又精彩的构思，让人走进蛙塘不禁赞叹连连。家慧说："自己的房子，就像自己孕育的生命，当然每砖每瓦都要用心呵护。"简单自然的风味，从施作者的手感温度中流泻不尽，家慧经营民宿的方式绝不商业，凭着对生活和土地的热爱，让每位住进蛙塘中的旅人无不宾至如归。

在金光点点中遇见如画美景

闭起眼睛，站在宜兰连绵不尽的金色稻田中，南风在耳边呼啸歌唱，草香温柔地缭绕鼻息，得天独厚的环境让蛙塘就像儿歌《我的家庭真可爱》中的情境一样，前有辽阔田野，后有水塘。蛙塘主人家慧说：“‘蛙塘’这个名字取自莫奈名画 *La Grenouillere*（《蛙塘》），意指一家位于法国塞纳河畔的露天咖啡厅，也是莫奈时常作画的地方。”擅长绘画的家慧和从事艺术创作的老公，他们两位亲手打造的蛙塘，不输莫奈名画，充满塞纳河畔的艺术气质，告诉我们来这里不只是住宿，更是享受美好生活的楔子。

手作一栋梦想之屋

花了两年多的时间，亲手让蛙塘从无到有，因为是自己的房子，所以更加用心于每个角落的经营设计，从进门的马赛克瓷砖拼贴、地板上不经意的卵石镶嵌、墙面精致的玻璃设计到每间房的颜色和插画绘制，全是夫妻俩不假他人之手的作品，家慧甚至笑说：“其实我跟我老公对很多地方还不够满意，有机会的话还想加以改造呢！”

特色亮点

1. 重现宫崎骏动画场景的飘浮书店

推开铁件特制的门扉，自天井洒落灿烂日照，家慧和老公一起手作的铁件加木头书柜映入眼帘，宽敞的公共空间几乎被大量书籍、CD和钢琴等乐器围绕，同时利用这个宽阔的公共空间，让住进蛙塘的所有人有了交流聚会之所。

2. 有书有音乐有朋友

标准的B&B经营模式，家慧把家里的习惯带进公共

01

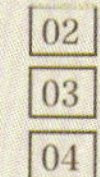

01/ 铁件、木头交织而成的书柜设计，让每面空间都是精彩的端景墙。
02/ 连绵不尽的稻田里的蛙塘。
03/ 四周均是一望无际的稻田，每到收割的季节，就呈现一片金黄色彩，令人联想到《绿野仙踪》里的奥兹王国。
04/ 在晴空与绿意的包围下，加上主人的巧思，每个角落都充满着浓厚的艺术气息。

空间，水泥地板、木作、铁件共构，亲手将材料组合成错落有致的生动立面，独一无二地收纳大量藏书，不再限定书的摆放方式，让书柜和书的陈列成为室内装修的一部分，并摆放着老公跟女儿都会使用的吉他和钢琴，独具特色，就像踏入宫崎骏笔下的动画世界。而这样宽裕的公共空间，让许多旅人在享用完家慧的美味早餐后，听着优雅爵士乐感受凉爽微风，齐聚在此聊天交流。

3. 用色彩串连每一段回忆

二楼的公共空间中，不时可以见到家慧的画作，用色大胆，让人赞叹，可能就是因为这样的艺术天分，让蛙塘拥有丰富色彩，造就不同一般的艺术气息。

4. 独一无二的色彩搭配魔法

从天花板到墙面，几乎没有重复的颜色，一间房间甚至可以拥有六种完全不一样的色调，却不让人感到过于花哨。而颜色搭配的诀窍，除了同色系相搭，例如蓝色 + 绿色或粉红 + 粉紫，更大胆地利用对比色，像黄色 + 蓝色、粉紫 + 粉绿和黄色 + 粉紫，大胆混搭不同色系，表现出主人独一无二的性格，也让室内空间更具丰富性。

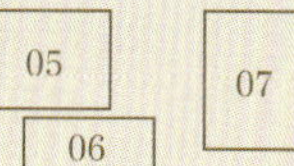

05/ 挑高空间让手作书柜看起来就像飘浮书房一样，有着魔幻般的精彩。
06/ 家中展示着民宿夫妇过往的作品，加上就读小学的儿子和女儿的画作及陶艺作品，为民宿增添了很不一样的点缀。
07/ 大胆用色，让每个空间的色彩都是独一无二的。

5. 丰富玩色游戏，打造奇幻异想世界

蛙塘的房型没有一间的布置是重复的！位于二楼的两间套房，是家慧为了一双儿女未来长大后准备的专属空间，细腻地以蓝绿色调和粉色调做出区隔，并发挥对颜色的敏锐度，连天花板一同刷上了三种以上不同的色彩，加上活泼的开窗方式，让窗外的绿叶成荫辉映整体空间；而位于一楼的两间套房，拥有独立卫浴以及可爱小阳台，一间是先生张一半大胆运用六种色彩加上插画完成的暖色调场域，而另一间呢？家慧说："漆到第四间我跟老公都累了，干脆保留水泥的原色，呈现原始风貌。"但浴室还是在夫妇俩的巧手下，利用水泥掺入色粉，配上独特生动的壁面装饰，使洗澡时光就像沉浸异想世界般精彩！

6. 处处是素材，每个点都是惊喜

一家人都是艺术家，不管是为了遮蔽墙上毁损处所挂的画，还是因为水泥墙壁太无聊，用河边捡来的石头镶嵌成花朵的形状，每个地方都充满了信手拈来的随意巧思，令人惊奇不已！

◆善用随手可得的小物制造惊喜

艺术不一定昂贵或是要花费时间去得到，即便是阳台的一角，都可以变身成作画的画布，不论是小阳台的墙面用马赛克砖拼贴起精彩花样还是浴缸周围的磨石子拼贴，都能创造不同的惊喜。

◆美味的早餐是快乐的秘密魔法

家慧的好手艺只要尝过就十分难忘。早餐菜色，不仅摆盘精美，味道当然也令人赞不绝口，吃起来新鲜的食材，均是宜兰当地人的家慧和母亲一起种的，菜肉比例均衡的营养调配，加上手工自制的脆皮面包，相信这一餐绝对有五星级饭店的水平，难怪循着美味而来的客人不在少数。

◆勇敢实践梦想，先做再说

因为土地租约到期，卖了前一栋同样是自己建盖的房子，来到现在蛙塘的所在地，家慧说："我们都不是有钱人，但盖房子之前都没有想太多，其实很多款项还是跟银行贷的。"自备款也是卖掉前一栋房子后才凑足的，凭着这股冲动的实践力，才诞生了现在的蛙塘。

Advantage analysis 经营优势分析

1. 以照顾自己家的心态亲力亲为

以照顾自己家的心态亲力亲为，这份专注与心意才能传达出去。蛙塘的房型简单，和屋主一家人住同一楼层，营造出家一般的亲切氛围。

2. 带有季节感的美味均衡早餐

仅供早餐的蛙塘，在菜单的设计上除了因应当季食材变换料理，而菜单一字排开，蔬菜、水果、肉类和南瓜牛奶，更看出家慧的用心，她说："南瓜牛奶是为了不爱喝牛奶的人设计的。"到了下午，运气好的话还可以吃到家慧手工制作的石花冻，让人感受夏日清凉。

3. 亲切待客的 B&B 模式

仅有四间房间的蛙塘，实际上是家慧和小孩子长大后要一起生活之处，现在当民宿经营之故，客人是和他们一家四口居住在同一个屋檐下的，但家慧把每位客人都当家人亲切对待，更因这样她结交了不少朋友，很多旅客在外旅游还会寄明信片给她。

4. 每日亲手更换干净床单

家慧平日可一个人独立完成床单更换，她说："就把这里当作自己家一样，让客人睡在干净的床单上是一定要坚持的。"让客人住蛙塘也能拥有酒店般的整洁服务。

关于家慧。家慧和先生张一平艺术设计力精湛，家中展示着的都是两人的画作，也有就读小学的儿子和女儿的画作及陶艺作品，就连半完成的陶艺作品都像是家中的装置艺术，为空间添加不少艺术气质与生活化的感性。

民宿小档案

蛙 塘

地址：宜兰县五结乡众村锦草路139号

电话：0939527550

网站：http://yilan039506527.wix.com/frogpond

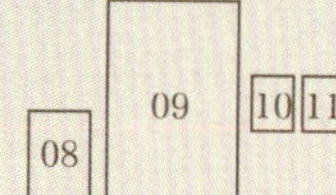

08/ 路边捡回的反光信号灯通过巧手加工，变成了蛙塘最有特色的装置艺术品。

09/ 运用不同的色彩搭配与元素，架构出令人着迷的异想世界。

10/ 利用深浅不同的拼贴蓝壁砖以及充分的采光，厨房都洋溢着轻快的气息。

11/ 美味又均衡的早餐，是家慧的秘密魔法。

民宿主人	家慧
建筑物模式	购地自建
主人特色	民宿内的所有布置都是女主人家慧与艺术工作者张一平夫妻共同设计完成的，每个细节均是独一无二，自然而然塑造出独特的艺术风格。
民宿特色	1. 以主人的作品为民宿设计主轴，打造出蛙塘无法被复制的风格。 2. 不论是自制面包、陶艺品还是装潢布置，强调手创的元素，创造出满分的艺术氛围。

澎湖

恋恋菊岛夏日——夏滟

减法装潢带给住客最美的景色

最初张大哥在北部从事室内设计监工的相关行业，因和太太在结婚前常常跑澎湖度假，早爱上这片土地，数年前毅然跑来菊岛重新开始，带着一只拉布拉多和稚龄女儿，学当菊岛人，学习开民宿。

那时，张大哥脑中早已幻想自己的民宿要有欧洲城镇的氛围，可惜找了许久都未发现心中那块乐土；正当要放弃那瞬间，上帝开了另一扇窗，让他找到原用作海产加工厂的土地。保留了部分结构再扩建，L 型建筑物仅规划成二楼，面对蓝海的那侧全开放给每间客房，房里都拥有大面窗，隔着偌大草地，没有太阳伞等粗鄙装置，全天候都能和海洋做伴。

02 03 04 01

01/ 菊岛夏日，临海而居。
02/ 在充满绿意的户外花园看海用早餐，让人彻底放松享受海天围绕的美好时光。
03/ 鲜艳黄墙灰瓦砖屋顶的阁楼小屋在菊岛享尽蓝天白云美景。
04/ 鲜碧绿草原和艳黄建筑是夏滟的注册商标，对应一望无际的海洋是旅人最需要的心灵药剂。

碧海黄墙，混搭出菊岛的色彩

听得见海涛拍打岸边的声响，闻得到大海和夏滟民宿的亲密关系，距离如此暧昧，仿佛跨过堤岸便能玩起追浪游戏，跃过便道即是旅人决定入住的景观房。吹拂在脸上的风清爽之余还夹杂丁点海盐成分，舒适之极，尤其驻足整栋建筑最特别的鼠尾黄色墙围外，心情格外雀跃。民宿主人张大哥解释夏滟设计很简单，但很坚持每间房一定要面海，希望每个到访的旅客都能放下身心沉重的担子，交由菊岛引以为傲的自然美景洗涤感官。

夏滟的建筑外墙全漆上鲜艳秋香黄点缀白格栅门扉，据说这秋香黄是意外之下的产物，当初本想调配另一种更艳丽的黄色，未料秋香黄与土地、建筑物异常吻合，创造出夏滟的另一种艳美。除此，二楼则搭建出阁楼造型，主要是想营造欧洲小镇氛围，搭配仿古街灯，铁灰屋瓦呼应白格栅窗棂，不出国也有异国氛围。更何况二楼阁楼式卧房屋顶以粗铁架烤木纹漆，流露北欧小木屋遐想，帆布天窗不时洒进暖阳，坐在双人大床上也好，玩累躺平也罢，让海风或慢或快地穿过落地玻璃门窗，为旅人梳洗心灵。

减法装潢法，给住客最美的景色

张大哥提到室内装修拿掉多余装饰还给住客一个宽敞舒适的空间享受，简单中饶富度假特质，或许是基于成本考量，但该提供的服务绝不减少，这片美丽的沙滩海景是给到访者最棒的礼物，不用太多累赘装饰招揽人气，所以能大面积开窗的客房，便不吝啬开大窗。其中有间卧房有着竹蔺编织的天花板，垂降着罗幔大床，清晨醒来即可坐在床前观景阳台上，体验海洋蓝天围绕的美好时光，吃顿没有老板夺命连环 call 的可口早餐，彻底放松；客房前的户外花园则是来自各地旅客联谊的好所在，就在早餐时光里搭起友谊桥梁。

1. 采用鲜明的对比色

夏滟的建筑外墙全漆上鲜艳秋香黄点缀白格栅门扉，鲜艳的黄墙与碧海蓝天相映成趣，营造浓浓的度假气氛。

2. 每间房间一定面海

建筑设计虽然简单，但却因为民宿主人的坚持——每间房一定要面海，所以能打造出 180 度的海景客房。

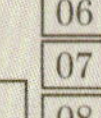

05/ 秋香黄点缀白格栅门扉，成为夏滟的亮点。

06/ 清晨醒来即可到户外散步，体验海洋波光粼粼及蓝天白云环绕的自然氛围，如同漫步在南欧。

07/ 每间房间都有大面积开窗，让住宿旅人随时欣赏自然海景。

08/ 每间阁楼雅房的天花板木栅其实都是张大哥利用铁架烤木纹漆取代实木，避免受潮腐蚀。

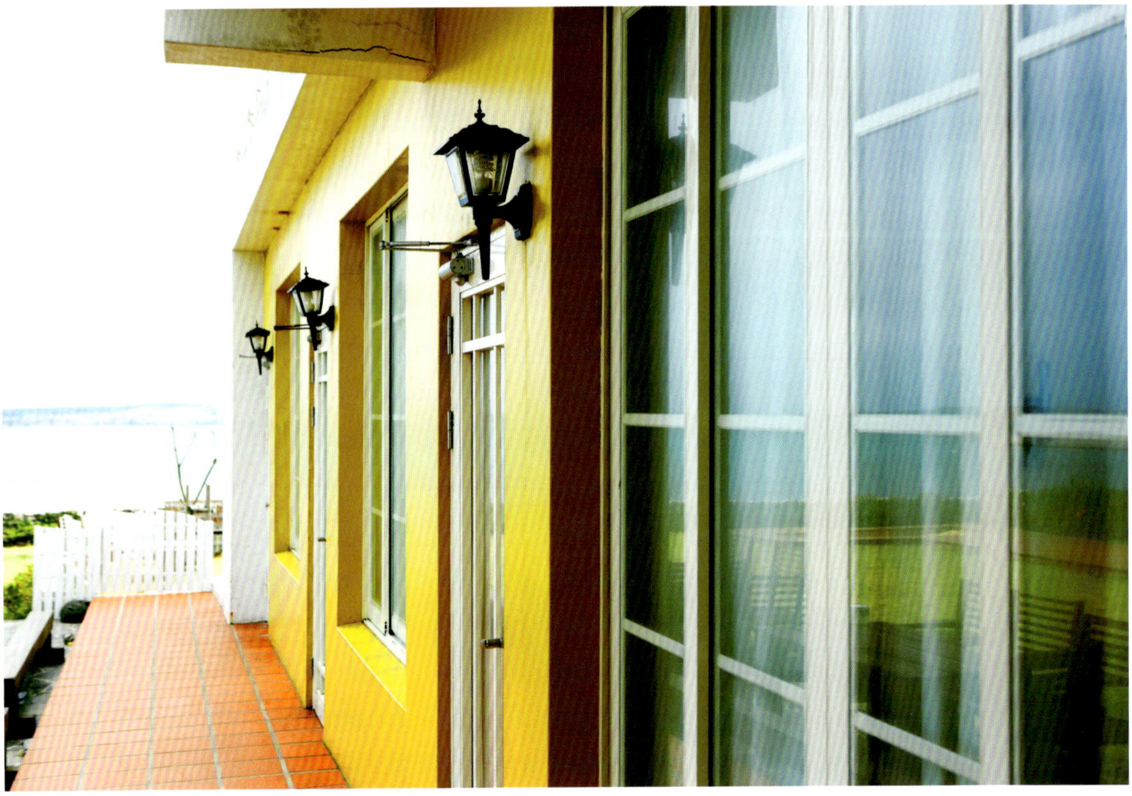

◆力抗海盐侵蚀的气候大挑战

菊岛民宿的旺季是在夏天，客房订单总是应接不暇，但一进入冬天受东北季风影响，民宿便进入淡季休息状态，这时是彻底翻修的最佳时期，同时也是海盐大量附着建筑外墙的高峰期。张大哥说第一年不清楚卡在窗户上的盐巴得趁冬天时清洗，等夏天来到时，盐分结晶附着一层油脂，反而更难清洁，得用小刀慢慢刮除。所以，想在菊岛开民宿要有心理准备，夏天忙得要命，冬天还得勤奋当苦工。

◆维修大抗战，自己学当水电木工

虽然张大哥有室内设计与工程建造等经验，但不表示就能轻松经营民宿，每个民宿业者都须认知到自己当维修工人才能节省开销。在菊岛常会发生水管堵塞问题（多半为气候环境因素所致），那么更要了解一管一线通往何方，扣除较大工程如水电管线重配给或强化结构等，其他大小事几乎都是自己DIY。

◆充足人手调配，旺季才能维持住宿质量

由于澎湖的淡、旺季旅客人数变化非常明显，因此淡、旺季的服务人员调配是一项重要工作。除了有小龙专职夏滟大小事，旺季的服务人员也会增长一倍之多。

3. 欧风小镇的闲适与优雅

二楼搭建的阁楼造型，灵感来自欧洲小镇，搭配仿古街灯、铁灰屋瓦呼应白格栅窗棂，加上蓝天碧海，营造出专属南欧的风情。

4. 利用简单装饰品让欧洲风情再加分

只选用最低限度的装饰品，所有门扉皆采用方框造型搭配复古壁灯，突显夏滟用心营造有如欧洲小城的氛围。

5. 民宿与民宅路线分道

夏滟分成鲜黄色民宿主体和蓝白色民宅两区块，并为旅客安排独立进出的大门，以免生活作息相互干扰。

Advantage analysis 经营优势分析

1. 私房导览行程

初次到访夏滟，只要带行李和大脑来就好，所有旅游规划和三餐，请交给他们量身定做，来前只要电话咨询即可。从下飞机开始到上机回家这段时间，上山下海的行程全为你预先规划妥当，更不用担心找不到夏滟接机人员，一台可爱小黄巴士是最佳标记。

2. 不出门也能欣赏美景

夏滟分成鲜黄色民宿主体和蓝白色民宅两区块，并为旅客安排独立进出的大门，以免早出晚归的游人和家人生活作息相互干扰。另外请试着体验慵懒的度假方式，在民宿内外放空，偶尔不用赶着前往名胜，光在夏滟的美丽外围就能拍得无数好镜头。你也能在每个房间内发现民宿主人准备的心情笔记，欢迎大家把各式感想写下，通过纸本传递给每位亲爱的陌生人。

关于张大哥、小龙。偶然的机缘促成张大哥带着妻女与一只狗定居澎湖，命运的巧合让他买下拥有蔚蓝海岸景色的海产加工厂位址，全家共同打拼民宿夏滟，没有动辄上亿元的富裕装修，只有标榜近距离亲近海洋的自然美景与满载热情的服务。张大哥总笑称自己是夏滟的幕后藏镜人。而在前台热情招待的现场人员——小龙，专职夏滟大小事。

民宿小档案

夏滟

地址：澎湖县湖西乡沙港村13号之一
电话：06-9211890、0931-151565
网站：www.summer-ya.com

民宿主人	张寿兴、小龙
建筑物模式	购地新建
基地面积	土地：150 平方米 建筑物：70 平方米
主人特色	为住客量身定做的菊岛行旅，加上超专业导游张大哥，从二日轻松游到深度探访，不管是抱着何种期望来到，绝对满载而归。
民宿特色	1. 从下飞机开始到上飞机回家这段时间，上山下海的行程全规划妥当。 2. 提供预约制赏潮间带抓虾，体验海上夜钓快感。

09/ 竹蔺编织造型的天花板和金葱罗幔形塑慵懒度假气息，不需过多装饰，通过色彩与窗景即可感受放松氛围。
10/ 简单小物营造出欧式乡村风情。
11/ 夏滟房型简约，一盏古朴台灯备显空间温暖。
12/ 有着欧洲乡村风味的休憩区，简单清爽的装饰搭配室外的艳阳，让人不禁想多坐一会儿。

留住奶奶杂货店的回忆——星光碧后

case 05

宜兰

南澳乡中体验部落文化

山峦层层交叠，沿路尽是一片稻田、玉米田与果树的宜兰南澳碧候村，绿意盎然、娴静纯朴的村庄，有一间 Yuli 百合奶奶开了五十几年的杂货店，整个村落从老一辈到年轻一辈，都在这儿买过东西，吃这儿的糖果饼干长大。这间充满回忆的杂货店，设计师林良穗摒弃过度的装潢，回归朴实以打造舒适的家为概念，用废料再制为材质，搭配当地居民的图腾壁画与织品布料，将昔日奶奶的杂货店，巧妙蜕变成一间纯朴中有着活泼色彩的民宿，让更多人得以来此体验小村庄的温馨，悠闲徜徉于南澳丰富迷人的大自然山水之中。

恬适村落里如家人般的亲切款待

从小生长于碧候村的林建南，长大后一直在台北学习与工作，但为了纪念奶奶，决定回到家乡将奶奶的杂货店改装成民宿。设计师林良穗通过巧思，将原本一栋是杂货店、一栋是奶奶家的两栋透天厝串联在一起成为一间温馨的民宿。运用现场拆除与原本装修其他案子的木材废料再利用，并融入当地居民图腾的壁画织品，以及奶奶家留下来的家具物品来摆放装饰，让人感受到星光碧后将每位旅人视同自己家人般的真心与热忱款待。

原本位于杂货店前面的广场，是族人聚在一起话家常的场所，林良穗设计师特地在这片空地盖起一间当地居

民故事屋，为防止台风侵袭以钢构建构后，邀请当地居民用竹子与杉木打造出当地部落传统的房子。里面摆放着由林建南小学同学，也是民宿管理人福哥收藏的各式各样泰雅文物，每件都是一代传承一代实际使用的生活器具与用品，深具历史意涵，福哥讲解起来每件都有故事，例如：有一件传承自他阿嬷手上的衣服，有100多年的历史；贝壳做的项链，愈多代表愈有名望；婴儿篮是他小时候睡过的摇篮，背的竹篮每个都很耐用，男生与女生用的不一样；墙上悬挂的一把把猎刀，每把刀都有它的使用功能，还有一把是除草刀……极具历史典故的珍贵文物，俨然是一座泰雅文物博物馆，更是部落小孩的活教材。

体验部落的美好与大自然的好山好水

民宿管理人福哥，碧候村是他从小生长的地方，很多亲戚长辈也都还居住在这儿。做过刑警、议员的他，退休后接受小学同学林建南的委托，与曾担任电台广播主持人的福嫂，一起经营管理这间民宿。热心的他们，让每位宾客都有回家的亲切舒适感受。此外，更把星光碧后当作一个平台，为促进当地产业与推广当地文化不遗余力。

当你入住星光碧后，福哥、福嫂将会提供定制化行程，例如：规划于当地居民故事屋旁的表演舞台，会邀请部落妇女与学生表演传统舞蹈，还可以捣麻糬，品尝到地道的当地风味餐或是烤肉大餐，与当地居民相遇，体验部落文化的美好。福哥推荐的附近景点：东澳涌泉、金岳瀑布、澳花瀑布、莎

01/ 星光碧后的门脸。
02/ 以竹子与杉木建构而成的当地居民故事屋、表演舞台与发呆亭，朴实悠闲氛围洋溢，更是烤肉、捣麻糬与欣赏传统舞蹈的最佳场所。
03/ 山峦层层交叠下的美丽花田，梦幻浪漫如世外桃源。
04/ 与阿嬷在杂货店前的合照别具意义，留下了星光碧后民宿改造之前的模样。

05 | 07
06 |
08

05/ 竹蔺二楼大厅内混搭了现代化的当地图腾彩绘及奶奶留下来的老家具与生活用品，留下铺陈一室的耐人寻味。

06/ 结合当地艺术家的作品展售商店，在这里除了可以买到独一无二的纪念品，还能感受到民宿主人的用心。

07/ 描绘从都市走向恬适村庄的壁画，生动活泼的色彩搭配真的可以坐的椅子，总是令旅客们玩心大起！

08/ 散发着有如家一般亲切感的二楼观景台，常常吸引房客们在此聊天喝茶。

韵之钟、朝阳国家步道、南澳古道、源头山、南澳生态园区、粉鸟林渔港、朝阳渔港，以及当地人才知道的一个神秘海滩，在那儿有个美丽的海蚀洞，下午时分到这里欣赏夕阳最美，让心情遨游在大南澳地区的山明水秀当中。

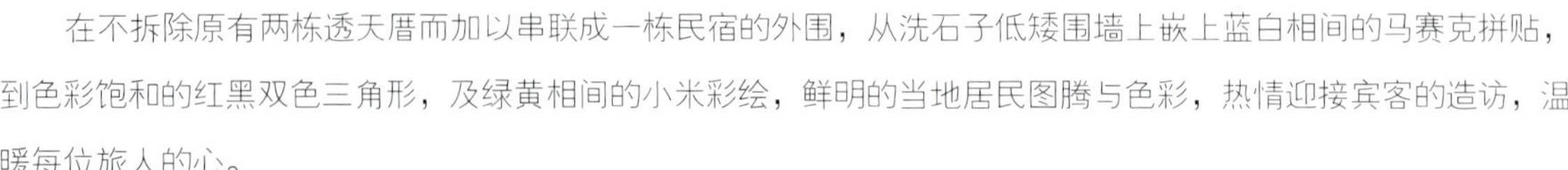

1. 亮丽当地居民色彩活化老建筑

在不拆除原有两栋透天厝而加以串联成一栋民宿的外围，从洗石子低矮围墙上嵌上蓝白相间的马赛克拼贴，到色彩饱和的红黑双色三角形，及绿黄相间的小米彩绘，鲜明的当地居民图腾与色彩，热情迎接宾客的造访，温暖每位旅人的心。

2. 体现部落传统房子样貌

特地请当地居民运用当地竹子与杉木的建材，在原本空地上盖起一间部落传统的房子，作为摆放各式泰雅文物的当地居民故事屋，虽然占地不大，但从建筑外观到内部珍贵文物陈设，都保留泰雅文化的美好传承。

民宿主人 TIPS 私房笔记

◆记载着泰雅文化的生活印记

当地居民故事屋有着代代相传的珍贵泰雅文物，每件都极具历史价值，都是真实使用过的器具用品。只要你开口问，福哥都能滔滔不绝地讲出一大串有趣的典故，令人仿佛走进泰雅文化的时光隧道，体验部落过往与今昔的美好。

◆散播欢乐的传统舞蹈表演

在定制化行程中，最受欢迎的莫过于泰雅传统舞蹈的表演，通过福哥、福嫂的号召，不管是平日忙于工作或照顾家庭的妈妈们，还是村庄里的高中生，大家都自愿利用工作之余与下课的时间一起练舞，不仅为保存自己的文化尽一份心力，也让欢乐的泰雅传统舞蹈继续发光发热。

◆享用不尽的大自然宝藏

位于南澳地区的星光碧后，山峦层层蔓延，一望无际的田野，随四季更迭而有不同的景色，绿色的秧苗、黄澄澄的稻穗，每年11月至次年2月还可欣赏到美丽的波斯菊、太阳花、小菊花等花田，迷人的景色令人陶醉。此外，附近的景点，有山，有水，有海，看不尽的大自然美景，任你逍遥自在游玩。

3. 彩绘混搭老家具

不拘泥于任一风格的束缚，位于二楼的小客厅，以一幅撷取于原始图腾却洋溢现代化几何图形气息的彩绘壁面，混搭奶奶留下来的皮沙发、音响、皮箱等生活用品，以及悬挂一盏现代吊灯，形塑独特的自我风格。

4. 巧妙运用废料再制营造温馨

灵活运用其他个案与现场拆除的废弃材料再制，以废弃木料制作而成的柜台、用剩下来的木地板拼贴成的客房床背板，呈现质朴的手工感，洋溢温馨舒适的情调。

5. 以简约低调洗涤背包客的疲惫

三面环山，一面环海，有山有水的南澳地区，风景优美、山川秀丽，深受登山、健行、溯溪、骑车等背包客的喜爱。灰色基调的背包客房，以水泥墙面与地板，搭配一排黑色吊灯，简约中略带粗犷的工业风，令人十分放松自在，让身心获得适当的纾解与沉淀。

6. 用原乡创作打造个性空间

位于接待大厅柜台旁，以“Demedeman 日姆日蔓手创工作坊”的原创作品，打造出一个别具品位的艺术个性空间。这是一位台东排湾族的女孩，因想念家乡而展开创作，她用琉璃珠缝制出一件件美丽作品；用一笔一画将感受到的每个感动，转化成专属自己的原味图案和风格意境；用思念的情感去创造出每一件独一无二的作品。

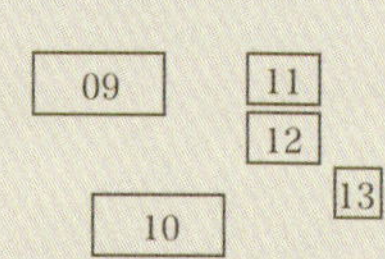

09/ 在“莎韵之钟”“大古巨石”两间客房内可以发现床的背板以废弃木地板拼贴，搭配亮丽的当地居民布料，营造温馨、活泼交织的住宿氛围。
10/ 灰色基调的简约工业风背包客房，散发着安定人心的放松气氛，让人在“充电”之后，尽情徜徉于南澳迷人的大自然怀抱中。
11/ 穿着泰雅传统服饰、认真表演传统舞蹈的部落女孩们，展现她们的自信风采。
12/ 精心准备的当地风味餐，让你的味蕾也能感受到部落餐食的料鲜味美。
13/ 当地居民故事屋内收藏的代代相传的泰雅文物，记载着真实的生活印记。

关于林建南&福哥。小学同学的林建南与福哥，宜兰南澳碧候村是两人从小生长的村庄，虽然长大后各奔前程，但为了纪念奶奶，林建南将昔日奶奶开的杂货店，摇身一变改建成民宿，并邀请公职退休后的福哥经营管理，热情用心的款待、贴心定制化的行程，洋溢当地风情的悠闲氛围，提供给每位入住的旅客一个难以忘怀的部落生活美好体验。

Advantage analysis 经营优势分析

1. 在地村庄，体验部落生活的恬适悠闲

不管是民宿主人林建南还是民宿经营管理人福哥，都是在碧候村长大，对村庄有着深厚的情感。由在村庄里开了五十几年的奶奶的杂货店改建而成的星光碧后，是一间在地化的民宿，让每位客人得以真正入住部落的家，感受地地道道的部落生活风情。

2. 定制行程，按照需求规划值得一访再访

曾担任刑警、议员的福哥，相当熟悉南澳地区的人文风情与自然景色，他不仅提供了一个舒适的住宿场域，更串联当地产业，为各式各样不同需求的客人量身规划各种定制化行程，看你要玩山、玩水、玩海、登山、健行、骑车、溯溪，还是欣赏当地传统舞蹈、品尝当地风味餐、星光下烤肉……丰富多样的游玩方式，每次造访都有不同体验，来过的客人还想再来。

3. 珍贵文物，寓教于乐的人文飨宴

收藏传承百年来的各式泰雅文物，展示于民宿的当地居民故事屋，搭配上福哥生动的解说，每件都能诉说其中蕴含的典故与功能，让造访的客人对泰雅文化能有更进一步的认识，开启一趟寓教于乐的发现之旅。

4. 热情真诚，用心款待每位宾客

将客人当作家人般亲切款待，贴心周详的服务打动了人心，也让福哥、福嫂结交了许多来自各地的朋友，找到属于自己的客户群。

民宿小档案

星光碧后

地址：宜兰市宜兰县南澳乡碧候村自治巷2号

订房专线：03-998-1081

网站：https://www.facebook.com/biahome1314/

民宿主人	林建南
建筑物模式	串联两栋透天厝
基地面积	土地：100平方米（含前、后院） 建筑物：A+B两栋，每层约50平方米，共两层楼；另有独立一栋当地居民故事屋，约10平方米，共一层楼
主人特色	以奶奶的旧家具与废料再利用，搭配泰雅族文化元素，在朴实恬适的空间中，融入强烈的古代图腾与色彩，打造家的亲切氛围兼具艺术品位。
民宿特色	1. 位于当地村庄的在地化民宿，传递地道朴实悠闲的部落生活体验。 2. 鲜明亮丽的古代图腾色彩，增添热情活力，温暖每位旅客的心，营造温馨的住宿氛围。 3. 定制化行程，满足各种不同需求，当地传统舞蹈表演与风味餐，有山有水有海的大自然优美景色，皆可一次拥有。

装修重点 1000万~2000万元

1. 善用特色家饰为民宿主题加分

基本的主题装修完成后，善用进口古董家饰、在地艺术家作品，小摆饰也能让客人感受到气氛营造的用心。

2. 了解自己的土地情况

打造异国风格的民宿主题时，为了更贴近心目中的理想状态，一定要更加了解自己的土地情况，如山坡地要注意排水设施，山崖边则要注意土地可能被侵蚀，如此才不会在民宿落成后发现更多问题。

在碧海与蓝天间享受自助厨房料理——23.5蔚蓝

case 01

澎湖

贴心提供自助厨房料理服务

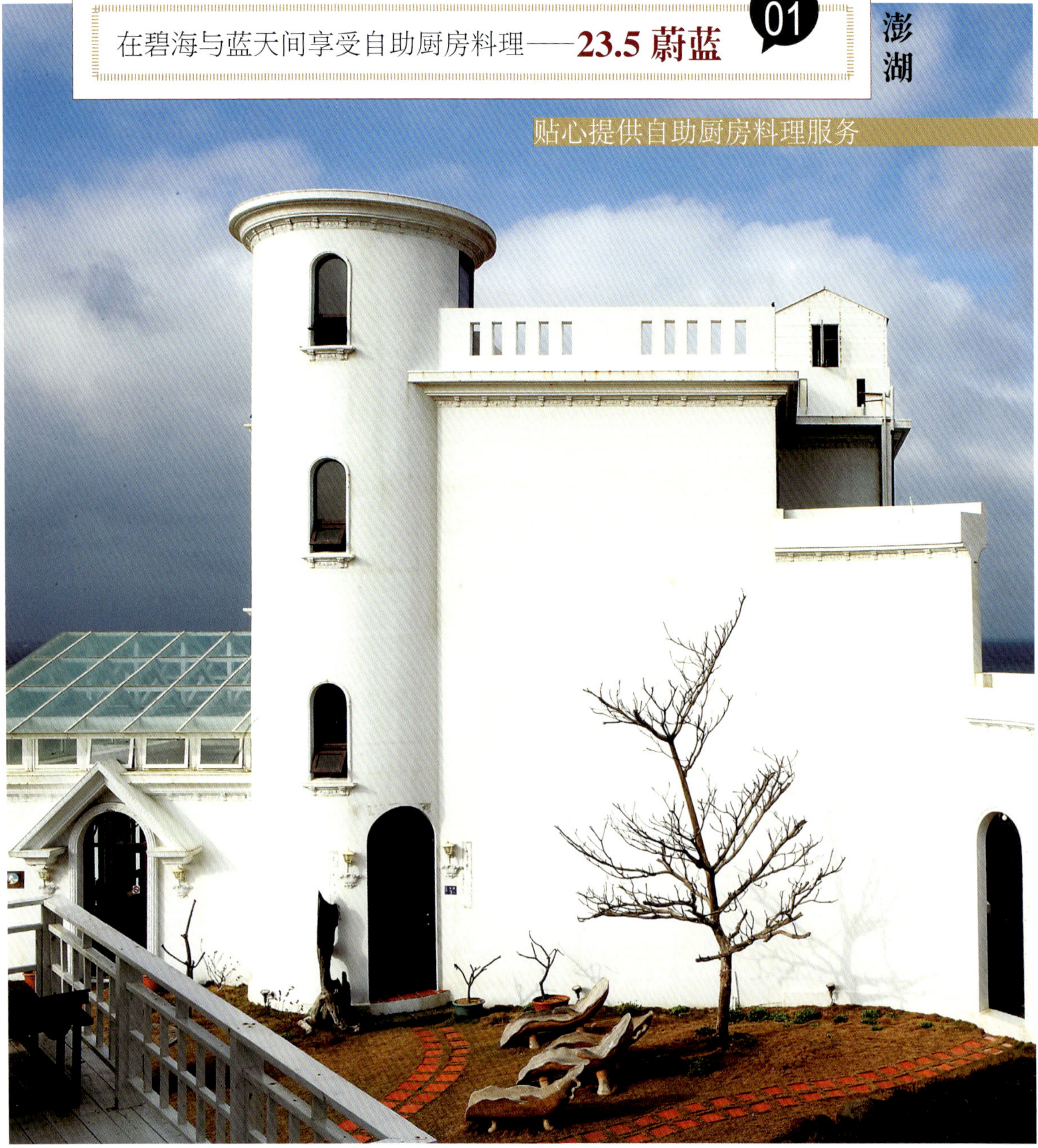

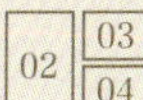

01/ 民宿外景。
02/ 造型奇特的玻璃屋，让人仿佛走入了奇幻世界的冒险中。
03/ 精致的雕花、圆拱形窗户加上扶疏的草木，瞬间让人仿佛来到了童话世界中的城堡。
04/ 天花板采用木框镶玻璃的透光方式，加上屋里的梁柱，架构出紧密且交叠的几何美感，由外看见的是玻璃屋，处在室内则感受到光线通过框架所流泻出的规律且宁静的氛围。

驱车通过跨海大桥来到澎湖西屿乡，一边摇下车窗欣赏无际大海，一边还听着 23.5 蔚蓝民宿主人浪子诉说澎湖发展史。抵达终点民宿所在地——波特莱尔的海滩小屋、放大版的乐高彩色船屋与费欧娜公主住的城堡高塔，迥异的风格齐聚在澎湖西屿海滨，三种异想空间共筑 23.5 蔚蓝民宿的多重面貌，随着别称西瀛浪子与娘子的主人一起体验澎湖的无限惊奇。

走进波特莱尔的冒险世界

对建筑很有兴趣的浪子自军中退休，开始在老家兴盖民宿，第一栋民宿便以南非千层岩架构欧风洋房，是和家人共居的住所兼民宿，因受菊岛海风侵蚀，外墙的南非千层岩纹理更显味道。每当天空云层变厚，屋顶醉月房玻璃帷幕全开，灰屋瓦白砖墙，似半透裸露的建筑体，除了能看见里头精心布置的美式休闲卧房，也增添了 丝桀骜不驯的神秘奇趣。

高塔 & 乐高屋，回到纯真年代

再跨过数尺，心情又转换成另一种期待，这趟旅程还真是高潮迭起啊！白色圆柱高塔城堡塑造出英式古典风采，但弧线白墙前一棵枯树与漂流木打造的躺椅，

另显异样气氛，由下往上仰望高塔，还真有童话公主被禁锢其中，等待骑士救美的想象。事实上，公主过得很享受，因为高塔内的两间蜜月房，以英法白色古典饰板增添华丽风情，混搭些许乡村风，洁白床榻旁有无尽海滨窗景陪伴，更有露台可随时步出吹吹海风，恐怕连骑士也很想永久待在里头。

如果想扮演不同角色，或许该来试试玩具国的浪漫小屋。最初本想盖个帐篷式民宿，雏形都出来了，却忘记澎湖冬天可是容易刮大风，做好的帐篷虽经得起风雨，却挡不了呼啸的噪音，只好改为巴厘岛风高脚木屋。不过求新求变的浪子和太太二人，将蓝白色木屋改漆成乐高玩具的色调，同时保留木屋内的地板浴室设计：把浴室藏在地板下方，让卧房空间变大，好容纳家族或好友共住，而这片地板听说让许多小朋友迷上在此躲猫猫。

浪子提到他想为每个家人各盖一栋房子，大家就住在附近，不料这听起来幸福感动的故事，被太太西瀛娘子半取笑道：“不见得小孩长大会想留在这儿！”无论未来如何，23.5 蔚蓝的心愿定会被传承下来。

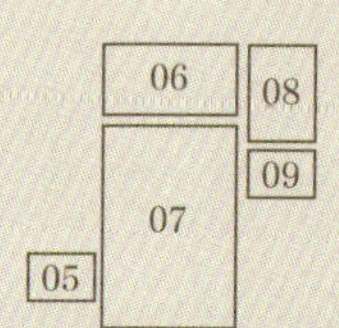

05/ 蜜月房以华丽古典饰板、精致刺绣寝具，铺陈出欧洲古典风情。
06/ 通过大片窗户或是走到露台，美丽的海景尽收眼底。
07/ 蜜月房外的白色高塔延伸而出弯弧造型墙，拱形对称造型门增添异国风情，尤其眼前漂流木躺椅和因寒风迟迟未长出绿叶的半枯树，酝酿更多神秘色彩。
08/ 黄墙面、红沙发、白线帘再加上可爱的扇贝风扇，散发悠闲夏日海洋味。
09/ 乐高小木屋的浴室隐藏在地板下方，就像是个秘密基地一样，让来到这里的小朋友乐不可支。

1. 与星月为伴的水晶之梦

醉月房的玻璃屋灵感来自浪子小时候在沙滩躺着看星光的日子，他想盖个可尽情看星星又不怕有风雨干扰的玻璃房。拉开所有帷幕，澎湖澄澈的夜空真的触手可及，难怪住房率是旺季的第一名。

2. 玩具王国的秘密日记

各个房型皆有不同景致，乐高小木屋直接以落地玻璃隔间，并和海的水平线切齐，摆在窗边的巴厘岛风桌椅，上头有主人准备的小日记本，让住客随时记下心的感动。

3. 保留原生树种与别墅风貌

远离喧嚣的垦丁大街，民宿坐落于关山附近的宁静民宅群之中，也因为前身是私人别墅，不仅庭园里种满垦丁特有的原生树种，还有远眺海景与关山夕阳的视野，从走进大门开始，仿佛置身南欧地中海边的村庄，呈现垦丁另一种未曾被人探知的迷人风貌。

4. 隐藏的密室增加童趣

乐高小木屋的浴室全藏在地板下方，有如船舱甲板下暗藏玄机，带来空间娱乐效果，小朋友最喜欢把它当作消失的密室，玩起躲猫猫游戏。

5. 善用装饰设计营造度假风情

蜜月房以华丽古典饰板铺陈空间典雅气息，巴厘岛风桌椅、对称设计的温室，呈现出异国的浪漫风情。

6. 缤纷色彩的创意交会

除了漆成乐高玩具颜色的高脚屋之外，房间里的黄墙面、红沙发、白线帘再加上可爱的扇贝风扇，除了展现悠闲的夏日风情，也呈现多彩的趣味性；蜜月房的浴室也特别选用蓝白相间的壁砖营造蓝海的悠闲氛围。

Advantage analysis
经营优势分析

1. 潮间带导览行程

澎湖的潮间带是来自大海的秘密花园，然而要探索这座美丽的海洋花园，必须在对的天气与时机，还有对地形熟悉的导游，才有机会一探究竟，浪子凭着对潮间带的熟悉与了解，为住客提供独一无二的导览体验。

2. 提供自助料理海鲜

很多人到澎湖铁定会问哪里有好吃的，23.5蔚蓝民宿除了提供美食信息外，还提供厨房服务，游客可自行前往鱼市挑选鱼货，再带回民宿厨房亲自下厨烹调。

3. 风格迥异的房型，提供不同选择

三栋民宿风格迥异，处处惊喜等待游人发觉，爱待在哪儿就待在哪儿。

关于浪子。自己盖了三栋风格迥异的民宿的浪子不只是活的盖房子专家书，如果想知道西屿哪里好玩，浪子还会立即为你整理出一连串清单，但他最厉害的是民宿招牌之一的潮间带导览，只要天气允许，就能带你探索澎湖自然生态的奥秘。

10 11

12

10/ 古朴的木制桌椅，加上窗外的美丽海景，带着一本书，就能享受一个下午的宁静。
11/ 漆成乐高玩具颜色的高脚木屋据说是人气颇旺的客房设计，吸引朋友或家庭入住，更深受小朋友喜爱。
12/ 舒服地躺在床上看着星空，满足了许多人的浪漫梦想。

民宿小档案

23.5蔚蓝

地址：澎湖县西屿乡合界村后螺3-1号
电话：0937-392020（旅游）
0937-392288（订房）
网址：http://23.5BLUE.tw/

民宿主人	浪子、娘子夫妇	
建筑物模式	购地新建	
基地面积	土地：400平方米 建筑物：130平方米 （第一栋）	建筑物：60平方米 （第二栋）
主人特色	只要天气允许，民宿主人就提供潮间带导览服务，带你尽情探索自然生态的奥秘。	
民宿特色	1. 玻璃房里海天景色、明月星光尽收眼底，无须在意风沙干扰。 2. 小木屋的浴室藏在地板下方，有如船舱甲板下暗藏玄机，带来空间娱乐效果。	

澎湖

绽放摩洛哥——北非花园

原汁原味复制的摩洛哥风情

位于菊岛上的北非花园砖红色古堡，正用千变万化的姿态和旅人打招呼，百分百异国风采与五星级饭店服务，无论是抱着疗伤、度蜜月还是朋友相聚畅游澎湖等种种目的，都能在这里找到心中渴望已久的答案。

复刻迷人的异国风情

主人Well自从建造完成第一间民宿希腊边境，带入地中海风潮，很多人争相模仿之余，也好奇他的第二家民宿会玩出什么火花，他回想起旅程中的摩洛哥景致，决心筹建出异国风情的北非建筑。

为何想盖摩洛哥式的民宿，民宿主人Well说是因为喜爱旅行中遇见的摩洛哥。当地因气候以及受到法国殖民的文化影响，导致建筑有强烈的

区域色彩，十分迷人。从 Well 眼中看得出他对异国风格的执着与热情，因此，当开始着手筹备北非花园时，他绝不愿意只模仿到外表的异国风，而希望从建筑外观的拱门窗、堡垒城门到内部装饰等，都能原汁原味复制摩洛哥风情。

善用不同素材，构建异国风采

在北非花园，看着夕阳倒映在城堡拱形玻璃窗上，光与影通过窗花，如同嬉戏般相互追逐，交构成观看日落的余兴。当日落西山，后夜灯燃起，穿梭于客房廊道，盏盏朦胧壁灯对应穹拱廊柱，神秘中带点慵懒优雅，像是披着面纱的窈窕女郎，令人神往。

走入北非花园，这里有浪漫的纱幔罗帐，满足女生的公主梦。人气客房“天空之城”，真的宛如童话中的梦幻情境。想要达到如此精彩的效果其实并不难，善用建材特色，不怕创新融合异素材，幻化异国风情不是难事。

而这些充满异国风情的家具家饰，很多都是 WELL 出国自行扛回的宝物，他笑说最爱逛国外跳蚤市场或二手店，在那里捞到不少宝物，如接待大厅的棋盘古董桌、悬挂于二楼廊道的邮轮壁灯、城堡外的复古铜锈宫灯、墙上的骑士国王公仔，以及那俏丽璀璨的西班牙风瓷砖，能塞进包包的就扛回来，要不就集结成货柜运回澎湖。

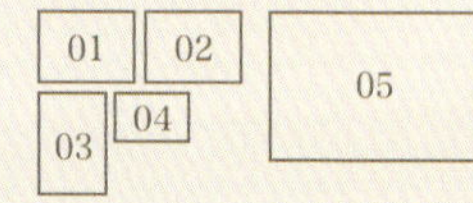

01/ 红土城堡建筑与浓厚摩洛哥风情，让人恍惚间如同身在异国。
02/ 完全到位的异国风格设计，从外观、建材到布置，百分百复刻摩洛哥璀璨风情。
03/ 二楼走廊的紫墙和纱幔又将北非花园带到另一迷幻意象，每间房外都放着一张单椅，可歇坐，从室内拱窗望向户外景色。
04/ 大厅柜台前端的天使雕像，背后还衬托着鲜黄色的图腾，安静地扮演接待角色。
05/ 人气最旺的“天空之城”采用宫廷华丽元素，还可从空中俯瞰美景。

1. 穹顶圆拱廊道打造华丽宫殿

摩洛哥式建筑最具特色者，莫过于圆拱窗花以及色彩运用，为了映衬外墙的大地暗红的鲜明色彩，室内沿用对比鲜艳的色系来突显当地民俗风情。在北非花园的任一穿堂或走廊，同一元素可以变化多种设计，马赛克、彩色吊灯、窗花壁砖交叉点缀，以繁复曲线打造宫殿般的奢华质感。

2. 瑰丽色彩搭配紫纱幔，幻化浪漫想象

异国风情浓厚的北非花园不仅以室内布置取胜，更将瑰丽的色彩运用得当。好比大厅中介于桃红与正红色之间的墙面，异常绚烂，使柜台角落的天使雕像格外显眼；一楼客房走廊以白色漆墙烘托圆拱形人造梁柱，梁柱边缘并有鲜黄漆彩，二楼大胆采用紫色壁面，配合迎风摇曳的紫薄纱幔，另一头又是鲜黄带绿的墙垣，延伸而上的楼梯板则幻化出缤纷图腾。

3. 进口雕花饰板及彩绘瓷砖，拼贴缤纷情怀

一楼部分客房浴室天花打造天井设计，以透光布幔波浪式悬挂，引进温和采光之余，将讨喜的瑰红鲜艳的壁面折射出惊艳光影，缔造浪漫情愫。Well 选用复古水龙头与国外带回的蓝白彩绘瓷砖点缀，有的由马赛克拼

贴而成，有的则是琉璃滚边造型，最特殊者是自行开发模具，利用白水泥灌模所做出的各种雕花饰板，各角落都可见装点。

4. 纱幔罗帐构织法式风格

“天空之城”，是北非花园的人气客房，顶楼有户外泡泡浴池，可鸟瞰澎湖，卧房内以法式风格布置，搭配古董家具和仿古配件营造高雅气质，洗手台入口则混搭镂空铁铸屏风，带来一种隐约穿透的视觉乐趣。最受Well推崇的则是A02法式风情客房，红砖地坪塑造出朴实粗犷美感，大圆拱造型隔间墙区隔着床铺和起居空间，其中不乏让女人迷恋

◆建筑体占预算的1/2以上

北非花园的建筑外观，有着凹凸城堡造型与高比例拱形设计，十分考验施工单位的专业能力，非坊间一般工班可以代为实现，因此在建造部分会花费较高的费用。

◆异国风着重家饰摆设，手工细节不可少

很多人会误以为异国风设计很简单，但在Well眼里，异国风学问其实最多，相当重视细部呈现。大量色彩搭配只是风格呈现的一种方法，多半需要配合手工彩绘来强调视觉氛围。

◆要有不断维修的心理准备

在澎湖，因受地形气候影响，冬季东北季风伴随高含量盐分，容易腐锈金属物件，每家民宿都会趁冬季过后大整修，淘汰损坏设备。而内装随着住客增多，耗损率也会攀升，尤其采用异国风设计的民宿选用货真价实的古董与家饰混搭陈列时，很难保证真品不会有损毁的一天。

◆自己动手维修才能节省费用

在澎湖开民宿，每年都得重新为外墙上漆，若从这点来看，使用便宜涂料未必是省预算做法。唯一可确定的是凡事自己动手，好比买成本较低的木造家具，自行加工彩绘做出手感独创性，虽付出时间，却能相对省下不少装修经费。

◆不时发想创意，维持空间新鲜感

想让住过的旅客有再回来的欲望，软性服务部分一定要加强，为了这点，Well投入不少精神体力做到了博客的零负评鉴。但更重要的是通过不定期微调空间设计，例如：原四人房的“白色皇宫”，Well打算局部改装化妆台前的小走道，以水泥灌模而成的新冰裂纹石砖砌成屏风，让卧房感觉变得更不同，使住客每次回来都能体验到不一样的北非花园，增加他的好奇心，直想下回还有更特别之处，造访多次也不嫌腻。

的纱幔罗帐，Well 认为每个人心中都潜藏着浪漫基因，纱幔是最能催化浪漫的工具，可大量沿用这类家饰，创造无边遐想。

5. 土耳其浴拼贴瓷砖造型墙

以红砖打造曲线浴缸，墙上碎裂壁砖拼组的图腾是浴室最强烈的视觉焦点。Well 原本想将蓝白色船形瓷砖混搭其他碎裂的壁砖拼贴使用，未料工人误解，将从国外辛苦扛回来的船形图腾瓷砖全打碎，只好将错就错，手工重新拼贴墙面，搭配仿古铜锈水龙头，很有土耳其浴氛围，是意外下的新设计冲击，效果极佳。

6. 手工彩绘装点，彩绘婀娜多姿性感女郎

北非花园有很多手工彩绘的装饰，除了移植摩洛哥法式风采，也增添了现代冲突美感。法式风情客房的浴室墙壁，是 Well 请学弟帮忙彩绘婀娜多姿的性感女郎，令人喷饭的火辣辣身材，成为沐浴时的情趣场景。

Advantage analysis 经营优势分析

1. 主人大胆尝试的冒险精神

从希腊边境的独特风格，到北非花园的异国浪漫，Well的民宿至今仍然还是顾客到澎湖的首选，他以大胆尝试的精神，成功由无到有地打造出菊岛上的独特风情。

2. 发挥美术背景专长

为了完全复制摩洛哥的异国风情，Well在盖房子和隔间设计上伤透脑筋，具有设计和美术背景的他，甚至亲自参与瓷砖拼贴、玻璃制作和颜色搭配等工作，如此用心出力，才有北非花园的璀璨成果。

3. 三间民宿配套合作

从希腊边境的冲浪主题、北非花园的贵妇下午茶到人鱼之丘主打潮间带的丰富生态、宽敞的海景，当然还有独家的休闲游泳池，让旅客在选择自己所需时有多重的选择。

关于Well。民宿之所以能成功，并非盖间轰动夸张的建筑物即可，也不是强调贴心服务便能收买人心，真正的挑战从完工后才开始。盖民宿盖出兴趣的Well，一路走来支撑他的是热情还有源源不断的创意。第一间民宿希腊边境开创地中海风，更为了第二间民宿北非花园，他连续两个月不敢前往希腊，就怕混淆北非花园的风格和定位，而第三间刚落成的人鱼之丘，已经可以在Youtube上看到精彩的影片。这三间民宿有如他的三位情人，每位情人都要有不同属性，才能创造不互相瓜分的市场价值。

民宿小档案

北非花园

地址：马公市兴仁里45-2号

电话：06-9215000

网址：http://raid-garden.penghu.in/

民宿主人	Well
建筑物模式	购地新建
基地面积	200平方米
主人特色	对异国风格拥有无比执着与热情，将想象力化作梦想建筑。
民宿特色	1. 到位的异国风格设计，从外观、建材到布置，百分百复刻摩洛哥风情。 2. 放肆想象，以过人执行力打造异国风民宿，俨然成为独特品牌。

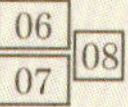

06/ 拱形房门全为特殊手工定做，室内沿用水泥雕砌半人身高屏风当隔间墙，另辟出小型起居室。

07/ 摩洛哥式建筑最具特色者，莫过于圆拱窗花以及色彩运用，与暗红的地砖相映成趣，对比鲜明的色彩凸显当地民俗风情。

08/ 由Well自己开模的雕花饰板，不但美丽，同时也是独一无二的。

09/ 具有现代冲突美感的浴室是Well请学弟绘制的，壁画上火辣辣身材的女郎是沐浴的特殊情趣。

10/ 浴室里的红墙与采光天窗的光影游戏，是抬头一看才能发现的乐趣。

11/ 墙上拼贴瓷砖造型其实是一个美丽的错误，Well扛回国的船形瓷砖阴差阳错之下被工人打碎了，只好混合碎片手工重贴，变成另一种美。

南投

预约式住房，独享尊宠度假时光

没去过巴厘岛，也看过巴厘岛人气伴手礼的木雕猫，也许是宗教之故，巴厘岛人平和、重自然的性格让木雕艺术从庙宇装饰、乐器逐渐发展出多元化，观光效益发挥，连带让木材、石材等天然素材演化为居家装饰的重点元素。长久在当地经商的梁大哥，从单纯喜爱巴厘岛，到最后竟演变成说服老婆，在南投鱼池乡开一家南洋风味的VILLA民宿，从建筑图面、施工营造、装饰布置到营运，完全不假他人之手，如果不是一股强大的自信心及经商训练出的时机敏锐度，光是想到在地震带上开民宿，高血压与失眠就很容易找上门。

隐身南投的异国情调秘境

多次往返巴厘岛经商的民宿主人梁大哥，深爱巴厘岛独有的悠闲氛围，因为心爱的另一半、孩子及家乡情都深植在南投鱼池乡的家园里，于是在经商之余开始构筑自己的VILLA梦，除了勤跑店铺与当地业者搏感情，找质量佳的石、木材找到汗流浃背，肩上同时扛着门外汉的筑梦压力，三年一千多个日子，移植自南国风味的中国台湾巴厘岛在台湾打响名号。

完全预约制维持服务质量

为了让房客享受与巴厘岛一致的住房质量，就算是附近的邻居、乡民要来一探究竟皆全面谢绝，梁大嫂解释说，这是因为有太多人假采访之名行住房之实，吃喝

01/ 池水面连接着天边，无边际的建筑传递巴厘岛的原味。
02/ 站在楼顶俯视整座峇里峇里，低矮的木造建筑，加上美丽的湖光山色，将巴厘岛的美完整重现。
03/ 伴着葫芦形泳池旁的，是拥有高指定率的自费服务——精油 SPA，梁大哥特别请当地手技高超的专业老师为住客服务。

玩乐一番后就不见下文，“我们希望以预约制来维持住房质量，让房客享受和巴厘岛相同的慵懒与自在”。看大嫂优雅穿梭于主楼大厅与开放式厨房里，浑身散发出从容感，想必是因为长时间悠然生活的关系，而梁大哥则热切地要大伙好好欣赏VILLA里各式热带植栽：“五六月刚好是鸡蛋花盛开的季节，尤其这里海拔约700米，气候稳定，种什么都很适合。”绝佳的气候条件加上一句“山上也可以做生意”，成功赢取太多赞成票，就算没有海景也能让热爱巴厘岛的旅人找到游玩的好借口，更让“9·21”地震后的南投再次获得注目。

1. 以天然素材为基石，莲花池活化生态圈

峇里峇里不论室内外，除了基础建材，全部以石、木、麻等自然素材为主，台湾的建材行因量少或不见得有进口而无法供货，因此梁大哥全部都从巴厘岛当地引进；此外，作为装饰的画作等艺术品也见得到大量与自然有关的图像。最特别的就是莲花池，通过流动的活水让池区形成生态圈，鲤鱼们同样有种自得其乐的自在感。

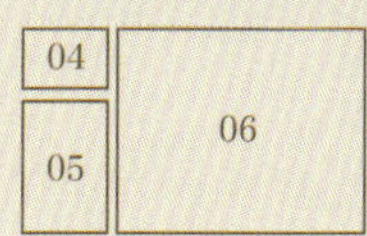

04/ 房外廊道设置了环形生态鱼池，看着这些活泼悠游的鱼群，让人不禁自在放空。
05/ 精致的木雕与沉静的色彩，与周围的绿意勾勒出巴厘意象。
06/ 当华灯初上，主楼与客房隔着庭院相对，在烟岚中有着静谧的气息。

2. 无边际泳池 +SPA，视野宽阔自在休闲

巴厘岛不能没有 VILLA，VILLA 里不能少了泳池，梁大哥在主楼外的大片广场规划中大型泳池区，与一旁的 SPA 馆结合成户外休闲空间，让房客可以尽情使用，不会有假日人挤人下水饺式的尴尬场景。

3. 建筑风格与周围景色相融

充满热带风情的大片橘色外墙，看似抢尽风采，其实不论结构、色系搭配还是建筑用料皆向大自然取材，成功将南洋特有的外观与南投纯朴人文相融合。建筑的宏伟不在于体积大小，与气候、自然相结合下的共生共享才能震慑人心。

4. 3D 结构原木桁架，营造度假屋氛围

与砦里砦里主楼垂直出的纵线共有六间房间，每间房皆以木作桁架做

◆了解当地的土地规范

每个县市对民宿的规定不同，最好能依当地政府机关及相关民宿法规的规定搭建，尤其农舍与民宿的共同法规要厘清，防水建材的施作点及方式也要确认好。

◆了解气候，才能挑选合适的建材

南投冬日不下雨，夏天经常性出现午后雷阵雨，因此建材挑选以耐久性高的为主，不能一味贪求中看却不中用的材质，或完全不适合台湾气候的物料，避免物资成本过高。

◆海外进口商品，报关要准备相关证明

采购海外灯饰及木类建材等物件，都须通过检验，例如：灯饰须先经过安检，木质因可能含有虫类，须有烟烧证明确认材质，最好能找到熟识并可负责报关的人帮忙才不会乱了手脚。此外，所有的采买最好自己来，不要通过导游或当地司机等第三者，免得买到劣质或价格不实的东西。

◆预约式住房，过滤房客避免困扰

尊重自然与享受舒适，是砦里砦里的成功关键，为了打造高质感的服务质量，梁大哥通过严谨的预约住房来过滤房客，也避免纯参观不住宿的游客带来的干扰。

◆公共区完善比扩建房间更重要

民宿业的回本速度以年计算，想要快速获利者或许不适合经营。梁大哥希望让公共区除了泳池、SPA 馆外，能再规划更多让房客享受的设施，这比扩建房间更能让房客回流，因为带走的美好体验不再只有一晚好眠而已。

出3D体结构，这种过往经常在古庙宇、旧仓库出现的桁架，运用在单楼层的VILLA里更有古情诗意。

5. VIP浓情房独享四柱床，L型露台视野绝佳

主楼层的VIP双人房很受二度小蜜月夫妻们的欢迎，房间里的柜体、灯饰皆在印尼采购，历经殖民时期的多元文化，糅合成十足异国情调，就算是藤、麻等自然材质，也能与风格显著的水晶吊灯搭配出融合的装饰效果。三层楼的高度及L型大露台，不但可一览中庭区的发呆亭、步道造景及养生池，远眺则是一望无尽的槟榔树，也因为视野极佳，开业至今一直是一房难求。

6. 一人巧二人好，复刻巴厘天堂浴间

因为同时有着开放式露台及淋浴间，峇里峇里的每间浴室都大得不像话，深度及膝的泡澡区以玻璃隔间取代墙面，感觉与自然更接近。墙面色彩则是眼熟的泰式奶茶色，下接小尺寸岩板片片搭叠而成，光是建材就花了不少心力和财力。

Advantage analysis
经营优势分析

1. 南洋风装饰让主题民宿更加分

装饰是决定巴厘岛风格成败的因素之一，这里随处可见大量的手工灯饰、镜面、色彩丰厚的物件，不论是廊道点缀还是房内照明，都是兼具实用性的加分装饰。

2. 手工木屋SPA限量预约服务

纯手工搭建的木作楼房是预约才能享受到的SPA空间，里面仅有两张床，梁大哥特地请手技纯熟的泰式按摩达人来服务，为住客提供顶级服务。

3. 教房客享受自在悠活慢步调

在峇里峇里，很少看到来去匆匆的房客，因为这里标榜单纯、自在、悠活，梁大哥也不希望房客来check in就赶着到其他大景点游玩，他将一种很纯粹的住房概念传达给房客后也受到很大的支持与回响，这也证明了主题式VILLA本身的价值感。

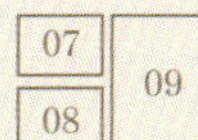

07/ 同样从巴厘岛运回来的小尺寸岩片、马赛克砖，全手工层层搭叠，很耗时费力，却是主人梁大哥的用心和坚持。

08/ 泡澡区天花板、墙面以玻璃作为隔间，与自然互动的同时，也将外面光景纳进来。

09/ 造型各异的灯饰是房间内的基本配件，温暖的光线总是使人很快入睡。

10/ 顺着天花延伸的桁架三角结构，全由实木制成，质轻，施工简易，自行监工更能节省时间。

11/ 藤制的床架与悬挂的纱幔，将巴厘岛的度假气息原封不动地复制过来。

关于梁大哥。越来越多民宿业者以主题吸引消费者前来，但实际入住后发现空有名号，基本的住房质量及服务与其标榜的并未画上等号，梁大哥很清楚自己独独钟爱巴厘岛的悠闲与慢活，因为自己喜欢，才能感动来者，也才不会因为急着回本而失去应有的经营水平。

民宿小档案

峇里峇里

地址：南投县鱼池乡东光村庆隆巷73号

订房专线：04-92880928

网站：http://bali-bali.mmmtravel.com.tw/

民宿主人	梁大哥与梁大嫂
建筑物模式	自地新建
基地面积	土地：600 平方米 建筑：150 平方米
主人特色	从建筑美景到身心体验，希望带给旅客由里到外的巴厘慢活情调。
民宿特色	1. 对巴厘岛主题有深入研究，更能完美融合当地及巴厘岛的建材元素设计，营造出与巴厘岛一致的景观与氛围。 2. 住房完全采用预约制，提高住宿质量及服务，房客也能享受到更隐秘的舒适氛围。

装修重点 2000 万 ~ 3000 万元

1. 亲和力打破高单价民宿的冰冷印象

摒除民宿主人的身份，打破高单价民宿的冰冷印象，把客人当成自己的朋友并乐于分享、付出，甚至能引领客人尝试未曾有过的体验，这样的亲和力是拉近主、客距离的不二法门。

2. 民宿风格延伸至住宿体验

宛如主题乐园一般，将民宿的主题效益发挥至最大值，从视觉、服务到体验活动让客人感受一套完整的配套服务。

case 01

垦丁

在酒香间亲吻甜美——漫步 chateau

营造效益最大化的主题体验

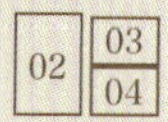

01/ 有别于白昼所看到的古典优雅，当黑夜降临，灯火亮起，浪漫的景致让人感到心醉。
02/ 小径旁所装饰的酒桶，述说着主人未完成的梦，也是 chateau 的象征。
03 ~ 04/ 坐落在林荫小径尽头的漫步 chateau，让人仿若穿越时光来到古时的南法庄园。

漫步 chateau 属于云庄休闲事业，是由 6 位管家共同经营的。名称的由来是喜欢葡萄酒的主人，不仅拥有自己的酒窖，更期盼能兴建属于自己的酒庄，在一次观赏《云中漫步》（ *A walk in the clouds* ）的电影时，酒庄主人在见到云乡（Las Nubes）的那一刹那，基于对酒香的热爱，除了满怀感动外，也突发奇想地希望在热情的垦丁，可以建造一处酒庄城堡，让来访的顾客能一同感受葡萄酒及酒庄生活所给予的感动。

取名“漫步 chateau”，既拥有漫步云端的闲适又点亮“My chateau”的豪情。远离了喧嚣的垦丁大街，漫步 chateau 坐落在石牛溪的山坳中，从走进大门开始，仿佛置身南法乡村，让人情不自禁地慢下脚步。

慢活，享受每一刻的美好

由于位于石牛溪农场内，漫步 chateau 不仅享有广阔超大的草坪，4 公顷的园区内更种满了绿意盎然、花朵缤纷的热带植物，Elton 利用环境的氛围，带入南法波尔多（Bordeaux）及美西纳帕（Napa）的建筑元素，营造出醇厚的欧式乡居生活情调，希望旅人在走进园区的同时，即刻体验南法酒庄的生活方式。

05	08
06	
07	

05/ 金芬黛（Zinfandel）房，洒落的阳光与淡雅明亮的绿色，泛着如白葡萄酒通透的色泽。
06/ 以小石子与花砖拼贴砌出的洗手台，除了带来浓浓的法式风情外，也成为放置沐浴用品的最佳收纳处。
07/ 明亮的浴室搭配以繁复美丽的马赛克拼贴，连沐浴都是享受。
08/ 美露（Merlot）房，美丽的雕花饰板、带有奢华感的深紫色加上酒红色窗帘，将红葡萄酒的华丽之美呈现在房间的每个角落。

从农场门口进入后，笔直的绿荫大道引领着进入 chateau 的气派感。而绿油油的草地与小径旁鲜艳恣放的花朵，加上不绝于耳的鸟鸣声，让散步变成一种享受。Elton 笑说，原本有尝试种植多个葡萄品种的，无奈垦丁的热带气候让需要凉冷环境的葡萄树水土不服，而偏碱性的土壤也让喜欢酸性土质的葡萄树无法顺利结果，让怀抱葡萄园梦想的主人失望了。

遁入芳醇的葡萄酒世界

200 平方米的漫步 chateau，是由经理人 Elton 和主人、管家们共同设计的。酒庄不可缺少的高塔、大厅与品酒室，乡居生活不可或缺的露台、阳台与楼阁，都历历在目。弧形高窗、拱门、木梁与雕花楼梯等欧式建筑特色，复刻酒乡生活的原貌，让人仿佛走进了酒香四溢的时光隧道。

特色亮点

1. 每一栋建筑都是一处酒乡

将葡萄酒乡的产地文化植入空间中的漫步 chateau，每一栋建筑都是一处酒乡，不仅复刻乡居生活的露台、阳台与楼梯，连房间的门牌也以葡萄酒种命名。

2. 以葡萄酒品种区分楼层

住房一楼以红葡萄酒种命名，二楼以白葡萄酒种命名。例如：最左侧的一楼大量使用法国红葡萄黑皮诺（Pinot Noir）、二楼以法国白葡萄品种夏多内（Chardonnay）为主，最右侧的一楼为美国红葡萄美露（Merlot）及二楼还有美国白

葡萄幕司卡(Muscat)等，建构起顾客的葡萄酒知识。

3. 展演葡萄酒色与美

就连葡萄酒的色泽也应用在空间中，从酒红、藤色、绿白到驼与深紫色，让人精确地感受到优雅的法式、宁静的德式、慵懒的西班牙式以及奔放的美洲式这些不同酒种的真粹。

4. 留给房客悠闲放松的舒适区

撷取南法建筑的特色，以多层次空间构成的漫步 chateau，几乎每一处空间都享有露台与阳台。Elton 衷心地希望旅人能够静下来好好体会欧洲人度假的方式，因此利用大量空间打造许多舒适区，并设置躺椅、凉椅，好让人坐下休憩、喝咖啡聊聊天，享受慢步调的生活。

5. 采光极佳的卫浴、客房

不管到哪儿旅行，只要入住的旅馆附有大面窗，立刻让人开心好几倍，因为这表示你能奢侈地花时间放空、发呆。而漫步 chateau 的卧房空间中，就连卫浴空间也是大开窗。Elton 说他最在意卫浴设备，非常讨厌卫浴躲在角落的阴暗空间，因此每间

◆务实的预算及精确的获利，才能走得长久

由于管理五个园区，对于经营驾轻就熟的经理人 Elton，在民宿兴建成本及获利上极有想法。他建议：

1. 土地的成本不要超过建筑物的成本，最好是先拥有土地，再着手建筑硬件。
2. 贷款不要超过预算的 50%，最好精算在 7 ~ 8 年内回本，毕竟经营 10 年就会面临建筑物的大整修期。
3. 将毛利抓到 15% 以上，因为光是贷款的利率就有 3%。若以每年营业额 1000 万元来说，仅有 150 万元的获利，若是再扣除管家费用，其实获利有限。

◆谨慎挑选管家角色，适时地刺激成长

民宿管理者就有如 24 小时营业的 7-11，因此适时地请管家协助，把快乐与收益分享给他人，更是重要的方式。此外，管家也要拥有自己的想法与生活态度，才不会沦为民宿的帮手。像漫步 chateau 的管家阿升，毕业于餐饮学校，不仅懂酒也懂得酒庄的生活方式，而此次更因香港的葡萄酒展出国选酒、洽谈进口与酒标合作等诸多事宜。

◆采用建教合作与短期打工，协助民宿业务

园区广大的石牛溪农场，在面临夏天生长季时，每 10 天就得除一次草，然而光是户外区就得花上 7 天。目前虽有 12 ~ 16 位工作人员，在人力的需求下，就与 3 ~ 4 所学校进行合作。此外也有上班族的暑期 2 个月、外国人的 2 周打工换宿，都能获得意想不到的协助。

◆减少需维修的硬件项目，让作业变得更简单

民宿的经营除了清洁、维护外，有些硬件与电器设备是很容易被无心破坏的。在设计之初，Elton 就将酒架、书柜、衣柜、冰箱和电视等设备嵌入墙面中，如此一来就不须担心碰撞等损坏。而维修时，仅需以涂料或保护漆处理，可让维修作业变得更简单也省下成本。

卫浴都拥有窗户或天光，有的甚至连接到户外露台，让你在房间里就能做日光浴。而且泡澡时更不怕无聊，同时可以欣赏贴工精美、样式繁复的瓷砖壁饰，这可是团队与师傅花费心力打造的呢！

6. 经典水晶吊灯呈现优雅

客房本身具有挑高的优势，整体空间的设计强调轻盈与典雅的质感，墙面以画作或是雕花饰板作为装饰，加上垂吊的水晶灯，呈现出优雅细腻的美感。

Advantage analysis 经营优势分析

1. 将民宿特色作为客层区分点，产生广大利基

几个截然不同的民宿，该如何定位好脱颖而出？石牛溪农场设定为亲子度假；主打 good sign 的托斯卡尼让旅人自己做主人，邀请朋友、情人来访；而漫步 chateau 则是定位给 30 ~ 40 岁想要犒赏自己的旅人。

2. 以环境景观为民宿定位，避免产生不协调

以漫步 chateau 为例，由于位于石牛溪农场内，在充满乡野绿意的衬托下，当然以欧式建筑为最佳发想，但欧式建筑的兴建成本高，多层次及高装饰的建筑物，不仅易将空间切割零碎，室内氛围的装点上也须花更多精力。

3. 独家品酒课程，打造独一无二的酒庄主题

每个月都会定期举办 2 ~ 3 次的品酒会，在客人较集中的时间，管家就会告知品酒课程与活动，并在晚间时段于酒庄大厅中举办课程。利用影片、实际品尝与酒标让住客认识葡萄酒，如果还想享用更多美酒，漫步 chateau 也有提供红酒烛光飨宴的服务，以及为顾客安排红酒与小点心的 table setting。

关于云庄。由于漫步 chateau 属于云庄休闲事业，是集团委交经理人 Elton 和石牛溪农场、托斯卡尼庄园、漫步 chateau、茴香恋恋温泉会馆及茴香 Villa 的管家一起共同经营，六位年纪相仿的工作伙伴，得相互辅助与协调，才能将园区管理得井然有序。Elton 希望管家除了在自己的工作领域内拥有 100％的能力，也能有 60％的精力协助其他管家。

民宿小档案

漫步chateau

地址：屏东县恒春镇垦丁路石牛巷1-2号

电话：08-8856886

网站：mychateau.tw

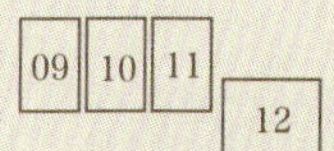

09/ 宽敞的露台加上晴朗的蓝天，享受垦丁的悠闲风情。

10/ 利用廊道与露台的结构，呈现南法建筑的风情。

11/ 挑高的天花板、大开的落地窗与美丽的木地板，将欧式起居室完整复制。

12/ 美丽的雕花饰板、水晶吊灯，将浪漫的欧式风情发挥得淋漓尽致。

民宿主人	小庭
建筑物模式	自地新建
基地面积	总面积 4 公顷 漫步 chateau 为五个园区其中之一
主人特色	喜欢葡萄酒的主人，不仅拥有自己的酒窖，更期盼能兴建属于自己的酒庄。
民宿特色	1. 以“品葡萄酒”为号召打造独一无二的酒庄主题。 2. 小木屋的浴室藏在地板下方，有如船舱甲板下暗藏玄机，带来空间娱乐效果。

源自友谊的纯净初衷——境外漂流

花莲

民宿主人成为你的专属玩伴

本来打算盖来退休享受用的房子，却在装修时不断地被过路客询问，误以为是特色餐厅或民宿，这让女主人小球姐兴起了经营民宿的念头，原来只想到花莲养老的杨大哥后来拍板定案，因此境外漂流民宿就诞生了。所以当你发现这家民宿只有四间房时，不用太惊讶，因为他们本来只想招待朋友来住；如果觉得空间风格太可爱，也不用觉得匪夷所思，因为那就是他们想要的样子！不企图大众化是夫妇俩的共识，希望每位房客都是因为喜欢他们的家才来住，所以“一切听主人安排”成为此间民宿十分独特的性格，不准带宠物，不准带小孩，乍听之下似乎很独裁，但仔细想想却有其用心，不只给其他房客一个宁静的环境，也让前来度假的夫妻能好好放松享受二人世界。

分享，成就不凡的旅程

这是一家有魔法的民宿，不只是建筑外观有如西班牙高迪的扭曲线条、令人着迷的地中海蓝与白，也不只是因为超级无敌的海景房景观，神奇魔法更来自民宿主人杨大哥和小球姐，热情中流露感性的个性，感染了每一位住客。住民宿不只是睡一觉、吃一餐而已，能够在短短的时间里，倾听主人的故事，分享自己的故事，从一个旅行过客转变成到朋友家玩的心境，是再漂亮的民宿装潢也做不到的，境外漂流因为主人的魅力，让人想一去再去。

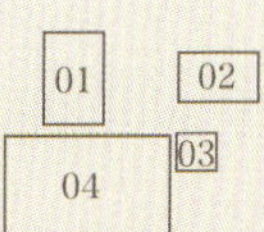

01/ 取材自西班牙高迪建筑的境外漂流，让每个行经此地的人都驻足惊叹，就像栋白色魔法屋般，吸引众人目光。
02/ 充满奇异线条的建筑，不论从哪一个角度看都有惊喜。
03/ 进入民宿之前，拉上一旁的铜环敲响幸福钟声，等待主人出门迎接。
04/ 室外躺椅和餐桌给人温馨的感觉。

民宿的灵魂，是主人

一间让人想一去再去的民宿，不是因为豪华的设备，也不是有高级的亨受，最重要的是能不能让人感受到主人独特与别具用心的服务。对不管是喜欢住民宿还是打算开民宿的人，境外漂流主人杨大哥都特别强调“不要以为自己的民宿最漂亮，因为永远会有更豪华的超越你，重要的是，替自己的民宿留下无可取代的人文价值。”

很少遇到能与房客在短时间内拉近距离的民宿主人，杨大哥、小球姐爽朗的个性，是境外漂流的最大特色，细心地为房客安排每个时段该做的事，如杨大哥消夜场的惊悚鬼故事时间，印证了他说完美的旅行要包含感性、欢乐和刺激。

特色亮点

1. 无障碍空间规划，上下楼有电梯

境外漂流只有四层楼，却也设置了电梯，原来，“无障碍空间设计”是境外漂流特别贴心的规划，从进大门的坡道到庭园步道，完全是斜坡设计，没有任何阶梯。小球姐说，因为这样的特殊设计，也吸引了许多行动不便或坐轮椅的房客来居住，意外受到他们的欢迎，就连拿拐杖的老人家走起来也会轻松许多。

2. 每一间房都有露天的观景空间

每个房间都拥有宽敞的阳台，傍晚可以躺在摇椅上，呼吸花莲这股加了安眠药的风，舒服得让人忘了时间，忘了压力。若觉得天气太热，一楼特别规划的戏水池也能消消暑气，让你泡在水里看海放空，还有被规定有标准姿势的双人躺椅，更是不能错过的必要享受。

3. 缤纷的房间色彩，感受亮丽心情

四个房间，小球姐感性地命名为“渴望”“寻找”“发现”和“拥有”，象征着在人生的旅行中，都是因渴望而产生一连串的寻找，最后拥有属于自己的幸福。

色彩以红、绿、蓝、紫为主，搭配收藏的小兔、小熊玩偶，让每一个打开房门的女生都会开心大叫。

4. 敲响幸福的钟声

想要推开境外漂流的大门，并不是按按电铃这么简单，记得要拉大门旁的铜环，你会听到门上的钟被敲响，欢迎你来享受境外漂流的幸福时光。

5. 善用颜色做主题，创造不同风情

四个房间的色彩分别以红、绿、蓝、紫为主，绿色——“寻找”：三株可爱的椰子树剪影，让这个房间颇有热带岛屿情调；红色——“渴望”：以大红色作为房间主色，让空间充满魅惑的神秘感；蓝色——“发现”：以蓝色为主题的发现，拥有最宽的面海视野，并以船的造型串联全室风格，打造蓝与白的希腊风情；最后的紫色——“拥有”：唯一的四人房型，以黑色、紫色和绿色打造的空间，更充满低调华丽的异想感。

6. 淋浴间与洗手间，体贴团体住客

唯一的四人房型“拥有”，最适合三五好友来此度过悠闲假期。贴心地将淋浴间与洗手间分开，方便人多时使用。

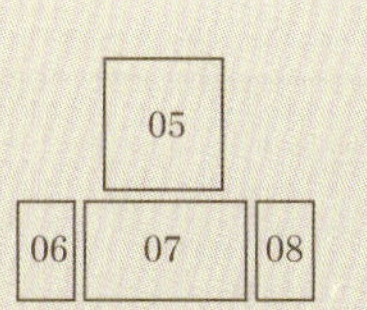

05/ 白色的建筑物在青山的衬托下，更显得明亮有朝气，地面采用斜坡式设计，让长辈级的房客也能轻松走动。
06/ 每一个阳台都有摇椅设计，让人能悠闲呼吸来自大海的微风，睡一个无人打扰的午觉。
07/ 以蓝色为主题的“发现”房型，拥有最宽的面海视野，并以船的造型串联全室风格，打造蓝与白的希腊风情。
08/ 三株可爱的椰子树剪影、云朵造型的天花板，嫩绿的配色，带来了热带岛屿情调，可爱得让人流连忘返。

◆先了解清楚，所挑选基地可做何种更动

购地时要特别注意土地本身是否平整，有些山坡保留地是禁止铲平地面的，必须保持原有的坡度，例如：同样是花莲海岸线，但有些区段特别崎岖不平，受限于法令不能变动，这一点会影响到建筑物面积的大小，因此挑选基地时要特别询问清楚。

◆建筑体与室内空间，分由专业设计

境外漂流将建筑体与室内装修分别交由建筑师和设计师，室内房间以不同色彩做风格区分，搭配定制家具、床组与灯具，串联起海洋意象；建筑外观虽然以白色、蓝色为主，但杨大哥说将来不排除粉刷成其他色彩来保持新鲜感。

Advantage analysis 经营优势分析

1. 事先了解房客习性，维持住房质量

因为只有四间房，为了维持住房质量，不采用网络预约，只接受电话订房。小球姐表示，从电话中可大概了解房客的个性和习惯，若有口气不佳或没礼貌的人订房，她便会毫不客气地回答“客满”。至今，房客的回流率相当高，原因在于大家回到境外漂流就像是去杨大哥、小球姐的家玩，不只是单纯“住民宿”。

2. 美味料理，当地食材

早餐向来是住民宿时最被期待的惊喜，小球姐精心挑选花莲当地的土鸡蛋、火腿肉搭配新鲜蔬果、烘烤面包，还有清晨现炒炖煮的蘑菇浓汤，缤纷摆盘尝得到主人的用心。另外还有丰富的下午茶与精彩的故事，这个时段是主人和房客们的交流时间，一边喝着新鲜水果茶，一边品尝当地有名的提拉米苏，分享杨大哥、小球姐如何从台北“逃”到花莲开民宿的心路历程。

3. 加映午夜场，精彩怪谈别缺席

曾经营科幻小说出版公司的杨大哥，本身就像一本鬼故事大全，当房客们聚精会神地聆听，然后被吓得叫声震天时，就像搭上云霄飞车，心情瞬间洗了三温暖。来到境外漂流，千万不可错过这个招牌秀。

09/“拥有”是民宿内最大的房型，除了有足够的空间容纳团体房客之外，卫浴与厕所分开的体贴设置，可以看到主人的用心。

10/ 以船为主题的小摆饰，出现在每个小角落，除了为房间带来海洋风情之外，也像小彩蛋等着住客去发现它们的存在。

11/ 餐厅同样以海洋主题打造，挑高的楼层让人在此用餐没有压力，反而拉近每一桌客人之间的距离。

关于杨大哥、小球姐。历经两次环岛旅行，杨大哥、小球姐的移民计划从澳大利亚改成中国台湾内，考虑了垦丁、台东和花莲之后，决定落脚在离市区近，又不会太过喧闹拥挤的花莲海岸。杨大哥说，开这间民宿，从没想过“回收”这两个字，因为并非为了赚钱才开民宿，没有房客住宿时，就当作放一天假，骑海滩车去兜兜风或下田种种菜，心情比有房客时还轻松，若真要说回收，得到满满的友谊才是无价。

民宿小档案

境外漂流

地址：花莲县寿丰乡盐寮村福德65号

电话：0928-671403（小球姐）

网址：www.wanderlust.com.tw

民宿主人	杨大哥、小球姐
建筑物模式	购地自建
基地面积	土地：250 平方米 建筑物：三层楼 120 平方米
主人特色	亲和力十足，强调完美的旅行一定要包含感性、欢乐和刺激。
民宿特色	1. 白色造型屋辨识度十足，呈现自由的海洋风情，屋里的彩色房间更让人惊艳。 2. 24 小时充满惊喜的 home stay 服务，随时体贴旅客，随时安排不同行程体验。

case 03

宜兰

遇见德式唯美童话——罗腾堡庄园

彻底感动的爆表住宿服务

沿着国道五号依指标寻找，只见高大的松木静静矗立在绵延成线的稻田间，一栋有着原木条外饰及板岩装饰的欧式建筑，慢慢在眼前露出全貌，全台最富原味的都铎式庄园优雅现身。看着民宿主人夫妻俩忙进忙出，想必是为了今日住房的房客在做准备，忍不住问了许先生："今天住房都满了吗？"原来，今日的房间只差一间就客满。两年前，在这个区域民宿有200家左右，时至今日，已接近500家，在这个一级战区中能保有如此高的住房率，民宿主人的管理与其塑造的独特风格着实功不可没，不禁令人想一探民宿经营成功的秘密。

完美演绎都铎式城堡梦

对德国的印象，除了坚毅的民族性格及满街跑的高级房车外，最熟悉的就数《格林童话》里的主角，以及故事里不可或缺的城堡场景。原以为这辈子不会有机会到德国，没想到离台北仅需40

分钟车程的宜兰近郊，有一座静立在田中央的德国庄园城堡，这是个在德国受到感悟，在宜兰落实梦想的民宿故事。问他为何对都铎风格如此坚持，许先生说：“去了一趟德国看到罗腾堡都铎式城堡才知道，原来这就是我梦想中的房子啊！”于是他回来开始研究、绘制设计图，不断地翻书找资料，遇到不懂的就问人。“如果光有开民宿的梦想却不执行，如同想耕地却不播种，对自己实在说不过去！”

选择坚持，踏实完成自己的梦想

虽然经营之初尚未明朗，还好身为当地人的太太对附近地理环境及气候十分了解，加上 SARS 期间中介帮他找到这块方正地基，不只适合庄园的建造需求，还能落实以建筑体为圆心，四周发展成绕园生态河道的规划，如此一来，不论任何季节都能欣赏到当季花景，尤其需费心照顾的82株8米高落羽松，一到多台风季节更要小心守护。“为了这些植物，我都快出师了！”许先生笑着说，原本对植物一窍不通的他，为了将德国旅行中体验到的冲击及感动落实在庄园里，监造、种花全部自己来，连窗台上的花架也力求原汁原味。

花了一年决定外观，两年时间动工完成，900 多天的心力投入，即便花光退休金和积蓄，这股对都铎式建筑形式的热爱，连建筑师都感到佩服；他每次接到许先生的电话就知道图面又要修正：“窗框大小、主副屋之间的距离及整体比例，一点都不能有瑕疵。”要不是他的坚持，轻装探游德国的梦想恐怕不是四位数就能达成。

01

02 03 04

01/ 遍植庭园的落羽松不但搭配出童话般的美景，也带来宜人的香气。
02/ 在 82 株 8 米高落羽松的环抱下，都铎式特有的屋顶窗格从绿缝中探出头，吸取不尽的芬多精仿佛多了点德国乡村味。
03/ 站在每间房配有的户外露台上，不用踮脚就能将一望无尽的绿全收进眼里。
04/ 黑木框配上浅色的泥墙，标准的都铎式外观，让人一时忘了自己身在台湾。

1. 清新香氛松木天花就是最好的香水

一推开 LOBBY 大门，一股清新舒适的木头香味扑鼻而来，忍不住随着香味找寻来源，许先生指着松木天花板说，这些来自加拿大的松木就是最好的自然香水。

2. 田水引介河川循环，木栈道旁造就生态河流

以木栈道为起点，右侧为生态河道，后方为小果岭园区，左侧为种有各式花卉的季节植栽区，把植物当家人的许先生不时照顾着这群娇客，遇有同好也会热情解说目前的种植状况，喜爱分享的好客性格瞬间拉近与房客的距离。考量到落羽松需活水灌溉的特性，许先生将河道设计成绕园流动的生态河，从田间引入的流动水源带动河水循环，看着松叶落在河面随着河道缓缓漂动，即兴为孩子上一堂生态课，不用死背更能体会大自然的深意。

3. 遍植百万落羽松，香氛环绕心旷神怡

遍植庭园的落羽松是庄园内的最大卖点，原分布于北美洲沼泽区的落羽松，接触土壤含氧量低的地面会自基部隆起，发展出柱状呼吸根，以利吸收空气中的氧气，罗腾堡庄园内的落羽松也有此特性，尤其落羽松的身价是以从根部 1 米以上的直径大小为计价，算算园内 82 株的数量就得花上百万元。为了让游客感受松木的自然香味，每个房间阳台外面皆有种植，距离近到用手就能触摸到，推开窗不只闻到松木的清新，放眼望去无边际的稻田更让人心旷神怡。

4. 床架、橱柜原木定制，泡澡也能欣赏田园风光

罗腾堡的总房间数仅有六间，除了住房人数的差别之外，风格设计仍延续整体都铎视觉，山型骨架撑出城堡气势，超出制式比例的大窗将

08

05 06 07

05/ 厚实的木门，门片中再加一道隔音板，提高夜宿时的宁静感及隔音效果。
06/ VIP 景观双人套房拥有最棒的对外视野，特地精算出的两道长窗让晨起阳光呼唤你起床。
07/ 植栽木栈道种植了各式花卉，民宿主人许先生总是热情地和房客分享目前的种植状况，乐于分享的好客个性瞬间拉近彼此距离。
08/ 庭园里的迷你游戏房专为来到这里的小朋友们提供一个玩乐的地方，缩小版的砖房也让不少朋友重新回味自己的童年时光。

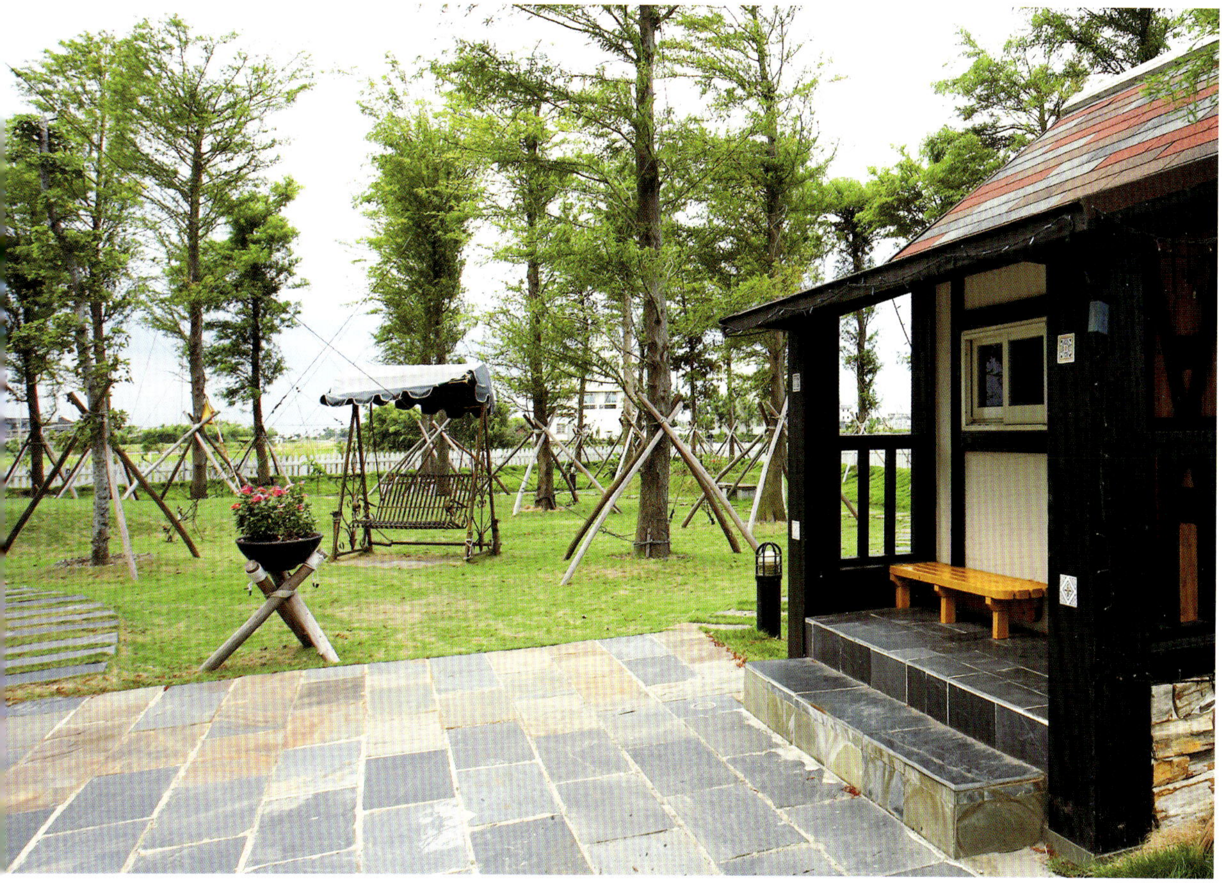

民宿主人 TIPS 私房笔记

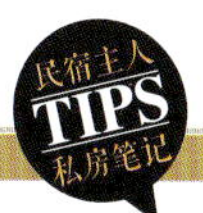

◆土地取得，淡季较有谈判空间

购地时刚好是淡季，因此土地取得条件及价格较有谈判空间。

◆选地、购地前要多方打听

特殊建筑风格的民宿要考量地基形状是否符合，以免建筑体被切分成块状影响整体结构。负责大平方米数土地买卖的中介对当地行情及营业信息了解得较精准，但若有熟悉的亲友居住在当地或探问到居住较久的当地人也是一种渠道。

◆为梦想而准备，自学画出建筑设计图

对建筑一窍不通的许先生，靠着问人及不间断的图面学习，以一年的时间完成设计图再交由建筑师执行施工，长时间累积出对建筑工法的概念，同时进行建材用料的挑选及采购。遇到图面修正，内外装也会跟着全部重新调整。

◆勿省时贪快，建筑过程马虎不得

建筑过程马虎不得，切勿为了回收而赶工，花时间选择用料、建造，这些时间成本摊提后压力就会变小，尤其特殊的庄园风格有一定的施作原则及要求，例如：原木打造的房门较重，铰链及锁洞位置要将载重考量进去。

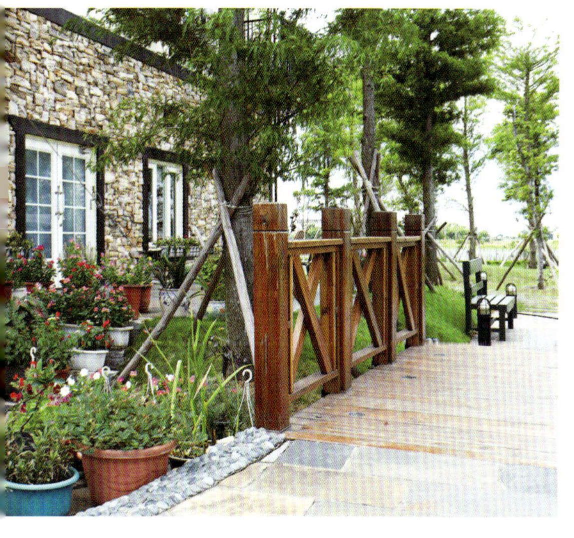

户外美景揽至眼前。城堡式楼板结构让每间客房都能配置降板浴池，连泡澡都能欣赏到田野风光，一点也不担心走光问题。房内床架及橱柜设计，同样出自许先生的 idea，床头板同样镶有小尺寸瓷砖，连睡觉也要很欧洲。原木采集制作的柜体一靠近就闻到木头香，连房间内都有天然芬多精伴随入眠，怎能不有个好梦！

5. 印尼板岩墙手工砌造，原木家具镶贴西班牙瓷砖

印尼进口板岩一片片手工贴覆而成，“趁白水泥漆未干时将板岩适时砌上，大小不一的岩片贴起来也是很花工夫的”。意大利进口复古砖则为偌大的 LOBBY 带出质朴况味，不要以为许先生的坚持仅到这里，LOBBY 里的原木家具还镶有西班牙印花瓷砖，各自不同的花样图饰让家具更显自己的个性。这里的每件桌椅都是许先生请专人定制，仅此一家，别无分号。

6. 180 度窗台边浮光掠影，四周美景尽入眼底

隔日享用完主人准备的精致早点，别忘了再回到房间远眺乡林。倚在阳台窗边 180 度观赏不同视角美景是内行人才知道的小秘密，感受风在发间穿透而过的宁静感，自在和舒服就是最好的伴手礼。

09/ 藤制沙发与咖啡桌，加上彩雕玻璃立灯，温暖的灯光让人备觉温馨。
10/ 以加拿大进口松木为骨架，搭配手工拼贴成的板岩墙面，一进到室内就能感受到微微的原木香气及自然手感。
11/ 考量到落羽松需要活水灌溉的特性，河道特别设计成绕园流动的生态河，利用田间引入的水源带动循环。

关于许先生。本着圆梦心态当起民宿主人，梦幻的庄园风景以及特殊的建筑风格虽然成功吸引许多慕名而来的游客，但最让人感动的最深刻的仍是许先生与许太太的亲切服务与手做餐点。面对旅行业者的邀约合作，许先生采取不躁进、不心动的原则，坚持守住少数客房的服务质量。“和旅行业合作可拉抬业绩减少经营压力，但我怕长久下去会折损住房质量！”即便处在收支压力下，许先生宁可自己站在第一线亲力亲为。“把客人当成赚钱目标，客人来了一次就不会再来了。”看着留言本上满满的留言，就知道罗腾堡不只让许先生成功圆梦，更是交朋友及追溯回忆的有情地。

经营优势分析

1. 注意细节与家饰搭配

室内装修部分，壁面以白水泥漆贴覆进口岩板，不平整的漆面能看出为手工砌成，天花板则以加拿大进口松木为主，地面同样采用进口复古砖打造而成。

2. 最好的服务更是长久经营之道

确定要盖庄园民宿时，只有自己坚守圆梦这条路；看到另一半为自己的勇气护航，坚持构筑美丽庄园，许太太决定加入先生的圆梦行列，并肩经营这座不可思议的城堡。从接电话、整理房间、准备餐点、打扫大厅、维护庭园设备到照顾植物，全由夫妻俩及钟点工协力完成，铃声不断的订房电话涌入，许先生仍一派亲切，有条不紊地回着电话里的问询，耐心也是造就成功民宿的关键之一！

3. 注意细节贴心对待，体贴爆表造就感动因素

看看橱柜里摆放的茶点，许先生略显骄傲地说，为了让客人感受到贴心和精致感，饮用水、咖啡冲泡包及点心都挑大品牌。“客人的心中其实是随时打分数，所以每个小细节都要让人觉得被贴心对待。”罗腾堡开业至今还可维持这么高的入住率，体贴到爆表的服务也是使人彻底感动的因素之一。

民宿小档案

罗腾堡庄园

地址：宜兰县五结乡协和中路13巷7号

电话：03-9502000

网址：http://www.rothenburglodge.tw/about.html

民宿主人	许先生
建筑物模式	购地新建
基地面积	土地：900 平方米 建筑物：140 平方米
主人特色	亲和，“有心愿不去实践，就像耕土不播种。”耗时两年，坚持盖出自己笔下的梦想建筑，不吝分享，提供各种亲切服务。
民宿特色	1. 精准的德国风情建筑与落羽松庭园，让游客惊艳，并能轻松享受难得的异国空间体验。 2. 自成一格的庄园设计，即使不外出，也能在广阔的园里找到各种尽情赏景的方式。

一段越过逆境的勇气故事——崖上

人情味自制美食体贴你的胃

在花莲滨海公路上，很少有民宿像崖上一样离海这么近，浑厚澎湃的海浪声成为最棒的音乐背景，而一望无际的太平洋就在脚下，穿梭在这栋白色的建筑物中，每扇窗口都是一幅美丽的浪花框景。

从花莲火车站开车往崖上民宿，大约是一个小时车程。沿着滨海公路往台东方向驶去，远远的崖上浮现眼前，一栋坐落于海岸边的白色三层楼小屋，顶楼的风车和钟塔显眼地召唤我们。车子慢慢减速之后从公路旁的小径往海边开，白色建筑物下，大片的草地映入眼帘，在海的衬托下，风光格外明媚。

挫折与困境，激起更美的浪花

崖上的诞生，并不是全然一帆风顺的，从繁华的台北都市，移居到花莲开民宿，原来也是带着梦想与勇气来到花莲筑梦，然而负责施工的营造

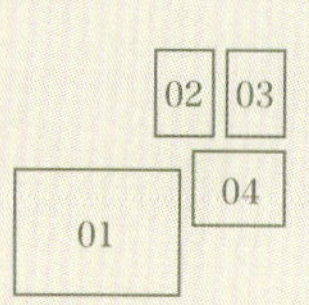

02 03

01 04

01/ 面朝大海的崖上民宿。
02/ 宽阔的草地不但能让大小朋友尽兴游玩，天气晴朗时还可以来个 BBQ 晚会。
03/ 顶楼另外规划了座位区，夜晚三五好友可在此聊天、小酌，聆听海涛声，欣赏美丽星空。
04/ 顶楼上的白色钟墙让人远远地就能看见，在蓝色大海的衬托下显得立体又鲜明。

商却在建筑外墙刚完成时，就恶性倒闭跑路，丢下盖到一半的房子，把钱都卷走；而且由于地理位置与气候，投入的民宿成本从一开始的 1800 万元追加到近 3000 万元，原来滨海地会因海水侵蚀而流失，若有侵蚀状况，光是维护海岸线与修补，就是很大的开销。这一连串欺骗与打击，让陈大哥几乎要放弃梦想，然而就在他彷徨无助的时候，许多当地人伸出援手，加上一家人一起坚强面对，终于苦尽甘来，诞生了崖上这座美丽的民宿。

同心协力，其利断金

从门口走出来的民宿主人陈大哥，微笑着迎接我们，两个女儿小绿和麻糬也腼腆地和我们打招呼，陈大嫂则带着小狗出来亮相。和其他民宿不同的是，他们没有聘请任何临时工帮忙，从整理、打扫到做三餐都由一家四人分工，每当假日，在台北求学的儿子也会来帮忙。开过商业超市和早餐店的陈大哥一家，拥有丰富的餐饮服务经验，陈大嫂和麻糬更领有中西餐和烘焙证照，而这也成了崖上除了建筑之外最特别的卖点，和别人相差不远的房价，却是含专业级早晚餐及下午茶的“一泊三食”，大方让客人住好的、吃好的，给予最物超所值的招待。

05 07
06

08 09

1. 狭长形的格局，拉开宽广面海视野

负责设计的李自晧设计师表示，由于当初购买的就是偏长形土地，因此他建议将建筑稍微拉长，不仅让土地使用更有效益，也能拉开最广的观海视野。每间房都有独立的观海阳台。设计师特别将阳台采用拱形内缩的方式，由外看阳台就像被嵌进建筑物中，好处是除了不会被海风吹成乱发之外，让人坐在户外椅上通过线框望出去，能得到最纯粹、不受干扰的海天一色。

2. 两道户外楼梯，创造建筑立体线条

外观的设计上，除了以白色地中海风为主调，又将上楼的楼梯规划在户外，并且在建筑物前后各设一座楼梯，让原来单纯的白色建筑因楼梯扶手的线条更有立体与层次感，就像挤在蛋糕上的白色鲜奶油。顶楼上的小钟楼和风车则是最后装饰的樱桃，层层叠叠出童话屋般的甜美感觉。就经营方面而言，将楼梯设在外面，可让晚归的房客无须进入餐厅便能直接进房，陈大哥也不需要等门，是方便管理的设计。

05/ 地中海式建筑，搭配了北非摩洛哥的线条，让崖上除了海景之外，建筑也是一大卖点。

06/ 独栋的白色建筑物在日光照耀下格外鲜明，搭配蓝色门窗，洋溢地中海风情。

07/ 为了防止土地被侵蚀，民宿主人陈大哥耗费巨资在整修堤岸上，让崖上民宿能够拥有辽阔的滨海草地。

08/ 房间内以木梁和鲜艳的色彩塑造风格，精致的客房设施让每位客人都能享受到绝佳的住房质量。

09/ 温馨的房间除了色彩运用特殊外，舒适的床垫也让住客睡得十分香甜。

◆滨海土地容易被侵蚀，实际面积与权状不符

陈大哥在购买土地没多久，就发现面积和土地权状不符，原来荒废的土地经过长时间已部分被海水侵蚀，不只多花了购地成本，更必须紧急进行筑堤和申请消波块的工程，以减缓土地被侵蚀的速度。光是运石块就将近来了 500 趟砂石车，水泥花了 150 万元，加上砌石筑堤共 400 万元，这些费用都是当初在计算成本时没料到的。

◆不以最低成本考量，多打听比较营造商

由于崖上民宿的设计和施工是分开的，设计师完成规划后，负责施工的营造商却在建筑外墙刚完成时，就恶性倒闭跑路，丢下盖到一半的房子，把钱都卷走。这样的事在民宿界屡见不鲜，因此陈大哥以过来人的经验建议，选择营造商一定要多方打听口碑，不要只以承包价格来决定，太过便宜的价格反而要特别提防，以免上当。

◆申请各种执照耗时，等待时间增加成本

由于陈大哥将台北的房子卖掉作为开民宿资金，在兴建过程中他们先在附近租房子住，方便监工，但没想到申请建筑执照（包括杂项执照）→使用执照→民宿执照等步骤，是必须拿到前一个才能申请下一个，他们就因为杂项执照的堤防部分没过关而多等了好几个月，原先预计一年就可完工的民宿，从 2008 年动工，直到 2010 年初才落成，这些都增加了他们在外租屋的成本。因此，了解清楚流程和合理规划时间很重要。

◆海边建筑易受吹蚀，设备常维修成本易偏高

因为离海太近，海风的长时间吹蚀，对民宿设备来说实在是一大伤害，咸度过高的海水会让冷气空调、水塔等设备容易损坏，户外家具、庭园景观也必须经常维护修补，虽然离海近是民宿提高人气的卖点，但相对也需要付出较高的维修代价。

3. 地中海与北非风，混搭造就异国情调

崖上民宿共有六间双人房、两间四人房，分别以地中海外围的国家或城市来命名，如“摩洛哥”“米克诺斯”“托斯卡尼”等，搭配鲜艳的墙面色彩与木梁、门拱，加上北非风格的灯饰、线条点缀，每一间都让人仿佛走进乡间小木屋般亲切。在房间设施上也能见到主人的用心，尤其床垫刚刚好的柔软度，搭配窗外频率规律的海潮声，让人一觉好眠到天亮。另有两间房特别砌出超大浴池，喜欢泡澡的人要记得特别指定。

1. 与当地居民建立互助的感情

由于陈大哥一家是从台北到花莲的岛内移民，一开始也是人生地不熟，但好在热情开朗的陈大嫂很容易交到朋友，在民宿兴建的过程中，有许多花莲当地人来帮忙，陈大嫂偶尔会将农作物收成分送大家，当地人有一些植栽花草也会大方送来成为装饰。陈大嫂说，在外地生活，一定要主动和当地人交流，互相帮忙，彼此有所照应。

2. 面海烟火烛光夜宴，带来独特不凡体验

如果是很多朋友一起来住房，来崖上的路上可先到花莲的家乐福采买烤肉材料，这儿有全台最棒的烤肉景观，陈大哥会帮大伙把户外桌子并成长桌，炉具也准备好，让房客们可以在草地上看海、看星星、吃烤肉、喝啤酒，不只让人烦恼全消，更感觉美好人生就是如此了！加上陈大哥的私房招牌菜“桶仔鸡”，他用漂流木生火，完全只用高温焖熟的全鸡，出炉时飘香阵阵，没两下子就被大伙一扫而空，想吃的客人要记得订房时先预订喔！

3. 母女档镇店主厨，中西美味料理轮番上桌

陈大嫂掌厨晚餐，麻糬负责面包、蛋糕的烘焙，小绿则是擅长冲调吧台的饮料。晚餐的蔬食来自自家菜园，完全有机健康，现采现做。陈大嫂也很讲究菜的配色和摆盘，专业程度完全不输台北的高档餐厅。而麻糬是餐饮科毕业，拥有一身烘焙料理的才艺，不论是下午茶的点心还是由自制面包夹生菜、火腿和芝士的超大分量潜艇堡早餐，许多客人吃完一个还不够，还打包了带在车上吃，可见它迷人的程度！

关于陈大哥。三年前陈大哥义无反顾变卖所有家当，从台北五股举家迁移到花莲开民宿，却没料到迎接他的是一连串欺骗与打击，就在他彷徨无助的时候，许多当地人伸出援手，加上他们坚强面对，终于苦尽甘来拥有一间属于他们的美丽民宿，这般得来不易的甜美果实，凝聚着他们一家人的爱，也为花莲多写下一篇关于勇气的故事。

民宿小档案

崖 上

地址：花莲县丰滨乡新社村211号
订房专线：
0955-700977（小绿）
0989-661242（麻糬）
03-8711222（崖上）
网站：www.cliffhouse.tw

10/ 长形建筑方式，除了土地使用更有效益，还能享受最宽广的观海视野。
11/ 吧台的设计充满欧洲乡村气息，也可以坐在吧台前喝饮料、吃早餐，和主人一家闲话家常。
12/ 一楼的餐厅是大伙聚集吃早餐、下午茶和晚餐的地方，宽敞的空间衬上悠扬的音乐让人十分享受，如果遇到包栋的房客，还有卡拉OK设备可以同欢。

民宿主人	陈大哥、陈大嫂、小绿、麻糬
建筑物模式	购地新建
基地面积	土地：900 平方米 建筑物：140 平方米
主人特色	主人夫妇及两个女儿个个身怀料理绝技，晚餐家常菜、消夜桶仔鸡、下午茶糕点、早餐潜艇堡及各式饮品，全部一手包办。
民宿特色	1. 离海超近的民宿，很适合在这里放空、看海，宽阔的草地能让大小朋友在此尽兴游玩。 2. 主人家一手包办的专业级早、晚餐及下午茶，“一泊三食”，大方让客人住好的、吃好的。 3. 自营的开心农场，可以让房客们体验亲手摘菜的乐趣，也可和小动物们开怀戏耍。

九份

case 05

慢板进行时——缓慢金瓜石

独到的文化体验让旅人心灵充电

缓慢金瓜石很适合一个人的行旅，或百分百的发呆沉淀之旅，尤其淫雨霏霏的天气更适合拜访此地。有别于奋起湖欧式城堡、薰衣草森林，缓慢金瓜石以家为概念，慧君与庭妃二人深觉金瓜石是个人文历史丰富的地方，要用更慢的速度才能体会她的美，因此改用阅读形态来塑造空间形象。民宿采用网络预约制，并标榜没有第四台电视频道服务，希望来到这儿的朋友能好好放松，别将都市那套生活模式连同行李一起携带复制。好比房里的书箴写着：“金瓜石，只为懂的人而美。”走进缓慢金瓜石，记得也放慢你的呼吸与脚步。

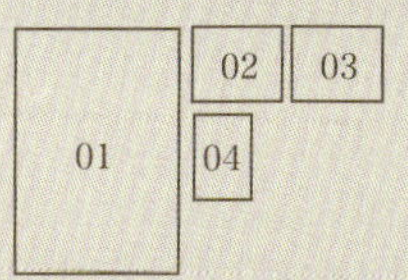

01/ 在这里，时间像是停滞在云雾缭绕中，丰富的人文环境，没有五光十色的影音干扰，更能让你的心灵沉淀。

02 ~ 03/ 在群山与烟岚间，缓慢金瓜石遗世而独立隐身在山林中。

04/ 缓慢金瓜石前身为云山水民宿，外观整个重新整治，大楼半贴附木作与素水泥白墙相映成趣，隐身在溪谷山林里。

寄托心灵的平静之地

“懂得慢下来的时间，让迷路也有美丽的乐趣。”发现金瓜石的人文与云雾缥缈很对味，第二家缓慢民宿从阿里山奋起湖跨越山岭来到东北角定居，以书房为概念，14 个客房各有专属的音乐和书册。至于怎么选的？全凭缓慢工作团队里的郭大哥直觉，很像艺术家不按牌理出牌，逻辑与答案自在心中，但不管如何，让人享受到的尽是舒缓的度假感受。挑选好音乐后，别急着走进客房，先欣赏住在附近的艺术家严凯信的油画吧，每层楼的回廊都悬挂着严老师的作品，在天井光影陪衬下，赏图心境因此大不同。欢迎远道而来的宾客来这寄托心灵，留下干净无忧的美好回忆。

以书为枕，这一夜很文艺

大厅仿大理石的抛光石英砖简洁利落，凸显美国桧木架起的书墙，柜台仅是一张温润的大木桌，不加雕琢地招呼远道而来的住客。管家会先请你稍坐片刻喝个茶，挑款今晚想用的沐浴手工香氛，但让人最想歇着的地方是柜台后方的起居空间，媲美欧美乡间小屋的壁炉设计，铁平石不规则拼贴壁炉，高耸的烟囱直达顶楼玻璃天井。二楼公共大厅的书墙则放满摄影师郭大哥私家珍藏的 DVD 和音乐 CD，委托友人从独立书店挑选关于自然、文艺等林林总总和金瓜石 match 的书籍，想听什么音乐或看什么书、影剧，不用登记，随即带回客房欣赏。

1. 外观低调隐身深山，素墙屋瓦下安静的文化

金瓜石长年有雨，缓慢的长楼建筑外观正好配合着气候和地理环境，水泥素墙屋瓦的闽式房舍和当地民房几乎无异，远观则与翠绿山岚融为一体。

2. 顶楼玻璃天井设计，自然采光+满夜星空

缓慢金瓜石本属20来年的老房，除地基和梁柱结构不变，几乎彻底整修一番。顶楼特地挖凿玻璃天井，让室内中庭采光充沛，无论晴空艳阳还是云朵和风儿嬉戏，坐在沙发上慵懒抬头即可看见自然的美景，即便雨天，也别有情趣。

3. 善用粗犷铁平石，调节湿气+独特美感

粗犷的铁平石运用在壁炉及大厅吧台的设计上，除了延展内敛低调的风格，铁平石还有调节湿气的作用，让缓慢金瓜石保有独有的文艺氛围，却少了恼人的湿闷气候作祟。

4. 房间低调简洁，自然是最好的设计

客房里没有旅馆的精致雅痞味，深色实木地板簇拥洁白大床，每间房都有两只可爱熊布偶当陪客。庭妃表示缓慢金瓜石能开窗就开窗，直接和大自然做伴，就是送给朋友最好的礼物。

5. 顶楼特别房，无边际水池伴床前

缓慢金瓜石的顶楼，一边规划成SPA芳疗室，另一间则是缓慢金瓜石中最别致的套房，偌大的阳台外还有个无边际水池，览尽高山绿海美景，可以坐在平台上尽情发呆，也能把房内的画架搬到阳光下，亲笔素描属于自己的金瓜石记忆。

6. 房间陈设画纸和画架，涂鸦你的回忆心情

没有电视节目陪伴，要你把注意力放在阅读与欣赏自然上。很在乎感官享受的缓慢金瓜石，特地为每个房间准备一只画架、一张图纸与铅笔供朋友随性涂鸦写真，不请相机帮忙，偶尔用自己双手素描着那天住进缓慢金瓜石的空间表情，留下专属于自己的美好回忆。

05/ 特殊的玻璃天井让人抬头即可欣赏自然光影变换，也让采光变得有趣。
06/ 在顶楼开窗打造玻璃天井，粗犷云石壁炉烟囱扶摇而上，如同走入金瓜石历史中，由矿坑向外看的景象，这是建筑师特别为缓慢金瓜石所打造的意象。

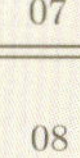

07/ 隐身云雾之中，与山对话，重新发掘另一个自我。
08/ 在接待大厅打造壁炉式住家意象，铁平石砌成的壁炉让人一走进大厅就能感受到温暖。

◆艺术家当邻居，串起社区情感连接

缓慢金瓜石和其他民宿不同的地方在于，他们是以和艺术家、居民当邻居的心态来经营，所以开业前，即邀请当地艺术家和外围民宿商家主人试住，分享住宿经验，希望用民宿村（社区）的形式创造慢活的行旅记趣。带大家造访石头屋艺术家崔崔和她的老公画家严凯信，或由矿工退休的耆老当导游，齐去淘金游览山城遗迹，庭妃深信用更多的社区活动，可以为生活创造更多情趣享受。

◆设想细心周到，把最好的留给客人

当然，好的民宿更要有亲切与特别的服务，庭妃建议记得给客人大方的礼物，把最好的留给客人，能开窗有好景致，就别隐藏起来自己用；提供一张舒适的大床胜过提供高价顶级家具；赋予独到的文化体验胜过浮光掠影的观光旅游，让来的人带走美好的记忆胜过给予短暂的奢华梦。

◆引领心灵充电，忘记都市生活形态

没有第四台有线电视频道的服务，因为希望客人改变平日的生活方式，才是心灵充电的方式。目前更每年号召新的民宿主人来工作，忙碌上班族也能换个身份，不用坚守原来的生活。

◆贴心管家

从 check in 开始，民宿管家便会提供一连串的个性化服务，予人备受呵护的安心感。

Advantage analysis 经营优势分析

1. check in 闻香，专属管家亲选手工香氛

缓慢金瓜石的工作人员一律称作管家，希望给大小朋友一个亲切的家园意象。不同于一般民宿check in时，得提着行李包站在柜台前，管家会先请你到旁边会客大厅稍坐片刻，喝杯来自薰衣草森林自创的手工花草茶品，先调整好情绪，紧接着拿出三种如百合花香等不同手工香氛疗效的身体沐浴组，请你先选好要用的香氛类别，还奉上一小钵泡澡用沐浴盐。如果觉得还不过瘾，可以预约顶楼肯园SPA，挑个舒压净身系列，享受一下。

2. 金瓜石人文写真簿 + 慧君旅游手绘日记

没有传统DM印刷品来告诉你今、明两日的行程，每间卧房都有本写真薄，有缓慢金瓜石管家、工作团队与当地导游走访金瓜石乡间的大小事，叙述着老阿嬷的杂货店的热情秘密，阿嬷是看心情和游客合照；古道遗迹的植物在那活了长久岁月；等等。这些全都手写记录在本子里，供大家翻阅。而在每层楼的公共大厅，还放了慧君自己的手绘日记，描述改建前后时期造访的店家，像是推荐119咖啡的手工咖啡与蛋糕，赞赏哪儿的海鲜味美价廉，成为最特别的行旅推荐别册。

3. 当地食材九格朝食，创意混搭私房料理

民宿固定提供用当地食材所打造的九格朝食，九个小碗分别呈现时令鲜蔬，晚餐部分可事先预约，一人约500元即可享受以创意混搭金瓜石特色风味餐饮，品尝撒上金箔的矿工炒饭、附近渔港捕获的新鲜鱼货，还有白带鱼煮米粉汤的鲜奇口感，用味蕾感受金瓜石魅力。

关于慧君与庭妃。缓慢金瓜石的前身为云山水民宿，在“奋起湖缓慢”成立当下，慧君与庭妃便开始寻找下一个缓慢落脚处，经过两三年时间，与云山水主人详谈后，认为金瓜石的历史人文与怀旧氛围很贴近她们想要的生活态度，故花了总预算高达3000多万元，半年时间重新整建。民宿也摆脱早期首创薰衣草森林讲究亲自手作模式，朝企业化经营，成立工程、企划美学等部门彼此分工合作，由工程部负责修缮规划，与慧君、庭妃讨论空间设计细节，美学组专门制作标语海报，连同管家训练在内，最终呈现的是令人感到亲切舒适的绝佳服务。

民宿小档案

缓慢金瓜石

地址：新北市瑞芳区石山里山尖路93-1号

电话：02-24961111

网址：http://www.theadagio.com.tw/zh-tw/SPAce/more?sid=1

民宿主人	慧君与庭妃
建筑物模式	旧屋改造
基地面积	土地：900 平方米 建筑物：140 平方米
主人特色	擅长贴心服务与营造空间情感，提供旅人无负担的舒适体验。
民宿特色	1. 与环境相融的坐落位置与质感建筑，屋里屋外没有浮夸设计，大自然就是百看不厌的装饰。 2. 从 check in 开始，民宿管家便会提供香氛选择等一连串的个性化服务，让人有备受呵护的安心感。

09/ 顶楼延边规划无际水池，与苍郁的森林相映照，让人完全放松。
10/ 每间卧房都有明亮的大开窗，除了让房间能自然采光外，也能和自然近距离接触。
11/ 三种百合花香等不同手工香氛疗效的身体沐浴组，除了能选择自己喜欢的香气外，还奉上一小钵沐浴盐可用来泡澡。
12/ 卧房窗边露台提供躺椅，不管在室内还是在室外，都可慵懒地眺望山城美景，还有小熊作陪。

装修重点 3000万~5000万元

1. 珍惜环境的一份心

实现梦想之余，也能为地球环境多想一点甚至更多，不只能打造心目中的理想居宅，也能与大自然和平共存。

2. 量身定做的体贴心意

无论是专人送早点的 room service，还是帮贵客准备的 L'OCCITANE 和 BVLGARI 沐浴组极致享受、为单身男女准备的招桃花姻缘礼品、当地的 PRO 级旅游秘籍……早一步为房客设想周全的住宿服务，绝对能在房客心中留下无可取代的好印象。

花莲 湖畔与山岚的疗愈美学——阿德南斯庄园

case 01

环境低度开发的坚持

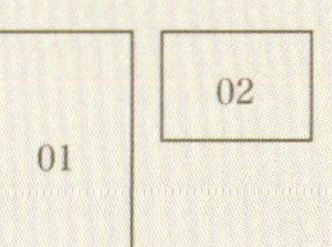

01/ 鱼池改造的莲花池是阿德南斯庄园的重点景致，只盖一层的木屋规划表现出民宿主人对环境低度开发的坚持，以保有自然美景。

02/ 青山环抱中，莲花池畔，品一杯茶，忘却烦恼。

之所以将民宿取名为阿德南斯庄园，民宿主人 Peter 解释：“阿德南斯是比利时一个森林区的地名，因为拥有丰沛的天然涌泉，所以从中古世纪开始，即被认为是 SPA 的起源地。”而现在这个原本为鱼池的阿德南斯庄园，也拥有充沛的地下水资源。加上从山顶引流而下的泉水，青山与湖水一远一近相互衬托，自然景致一点也不输国外；而房间内附有药草的蒸气和泡澡设施，也呼应 SPA 起源地的象征，让人一边泡汤一边欣赏窗外的湖水和山岚，更有忘却烦恼的疗效。

一种永续经营的坚持

这片农地其实可以盖两层楼的房子，但 Peter 认为民宿是永续经营的事业，应该尽力维护大自然的原始风貌，所以他采用低度开发的方式。房间数只有五间，并且只盖一层楼，将大部分土地留给自然景观。其中花费高成本在环境中大量植树更是前所未见，以落羽松打造出庄园内层次错落的湖畔美景。Peter 说这些树将来都会长成大树，等到树比房高，住在树荫下的迷人画面，更有在森林里度假的感觉。

03/ 建筑外的小径旁规划水瀑，让房客随时都能听得到水声，更有置身在森林里的错觉。
04/ 每间房门外都有延伸往湖面的木栈平台，擦得一尘不染的卧榻让人端杯茶就可在此小憩。
05/ 错落的树林，清澈的荷花池，加上点点灯火，阿德南斯的夜晚浪漫得令人心醉。

仔细维护造就每一次惊喜

Peter 说民宿的后续维护相当重要，许多民宿都忽略了这一环，以为盖好房子就可以等着收钱。其实房子与环境是民宿最重要的商品，不只要投入高成本维修，每年还要花时间重新包装，才能让每一位房客都对庄园拥有好印象，好口碑才能传出去。

每一位房客入住之前，房间的清洁与维护着实让人惊讶！露台的木栈板竟没有一点灰尘，根本无须穿上室外拖鞋，这是 Peter 对房务清洁的高标准要求。而当天才插进花瓶的现摘莲花，在桌几上温柔地盛开迎宾，让人一走进房间就能闻到清新的花香。

1. 绿树环绕木屋，营造幽静气息

大面积的莲花池与四周木麻树、龙眼树、面包树、落羽松围出的园区，很容易让人忘记城市繁忙的脚步与喧嚣。从门口走到房间的小径旁也种满大树，茂盛的枝叶经常要用手轻轻一拨才能前进，更营造出隐秘幽静的气息。

2. 大面积多向窗，天然美景一览无遗

通过精细的建筑规划，大面积与多向的开窗，让人不论行走在房间哪个角落都能欣赏到山岚湖景，床旁更有可踏出户外的木平台，平台前设置有小水池，不但能将湖水印象延伸到脚旁，更可以形成天然屏障，让房客不会走到湖边或走到邻房的窗前。

3. 打造流水瀑布，利用水景感受置身森林氛围

五间连栋的 VILLA 外，Peter 用原木与石板打造了三座流水瀑布，早晨坐在户外用餐时，潺潺流水声相伴，更有置身深山瀑布下的氛围。

4. 延伸休憩露台，悠闲躺卧拉近与自然间的距离

若不想到湖畔散步，也可悠闲地躺卧在房间延伸出去的露台木栈板上，这儿有 PETER 精心准备的卧榻。一尘不染的地板，让你打赤脚就能踏在温润的木地板上，拉近与大自然的距离。

◆拥有浪漫情怀，但须理性思考

Peter提醒想要开民宿的人，一定要理性大于感性，在刚起步的半年至一年，知名度还不够，势必会入不敷出，要做好心理准备。评估盈亏时，则要让年平均住房率在20%～30%就获利，才能够支撑所有的开销。很多人会说开民宿不需要去想回收，但若没有获利就无法定期维护或更新设备，久而久之民宿就会让人察觉老旧，不会再有房客推荐或回流。

◆聘专业人手分工，才有心力思考营销与经营

许多经营民宿的人都会亲力亲为许多事，甚至全家人投入一起做民宿，但Peter认为主人应该懂得取舍工作量，因为自己做容易偷懒倦怠，每天让自己很忙停不下来，不只把身体累坏，也没给自己思考如何营销或经营民宿的时间。所以Peter聘请专业的人来负责各个环节，除了房务、环境维护、消毒、割草有专人之外，下午茶、晚餐、早餐时段也有服务人员，他则着重在与客人的互动上，让客人对民宿留下良好服务的印象。

◆定期保养维修是永葆如新的关键

民宿也是一种商品，时间久了也会变旧，所以Peter非常强调日常的维护和更新，很多想开民宿的人忽略了保养工程所需的成本，但这是Peter认为很重要的投资，他每年都会休息几天进行大保养，让水电、油漆、泥作、木工、铝门窗等工班同时进场，有效率地进行维修。除此之外，房间的维护也很重要，例如：他特别订做两套窗帘方便每月换洗，让房客就算触摸到窗帘也不会觉得有灰尘。维持好环境和空间，才是让民宿成为长久事业的关键。

◆坚持原则重细节，让客人拥有最好的住宿环境

阿德南斯庄园虽然只有五个房间，但Peter将房间与原有的葛莉丝庄园作区别，例如：每间房只能住两人，并且限18岁以上，适合情侣档或夫妻来放松度假，不被干扰。另外，庄园采取预约制，不接临时投宿的房客，原因在于Peter在每一位房客入住前，都会特别打扫房间到一尘不染，摆放鲜花和新鲜水果，等等，如果接了临时客，不能提供最好的服务反而是一种负面宣传，这样的坚持是其他民宿很难做到的，由这个小细节更能了解Peter能够成功的原因。

06/ 阿德南斯庄园的环境相当清幽，营造出一种与世隔绝的悠然气氛。

07/ 每间房间外均种满大树与植栽，绿荫扶疏，更营造了隐秘幽静的气息。

5. 科技电暖壁炉，让小屋更有温馨氛围

房间里配备有一般民宿少见的壁炉，虽然是现代化科技的电暖炉，却通过灯光模拟，模仿真实炉火的视觉效果，冬天来访更能感受到围炉的温暖氛围，躺在特别定制的弧形沙发上，播放着爵士乐，在环绕音效下听着 *The Girl From Ipanema*，那种慵懒的感觉真的是在都市不曾有过的。

6. 比寝区大两倍的奢华宽敞浴室

房间内超大尺寸的浴池规划，临着湖畔的大面开窗，是所有人走进房间都会惊呼的奢华设计，尤其在寝区与浴室的面积比例上，Peter 刻意留出宽敞的空间给浴室，泡汤区甚至比寝区足足大两倍，更能突显出度假 VILLA 的悠闲氛围。房里最让人惊喜的是规划独立厕间（配备 TOTO 免治马桶），如此在舒服泡汤之时，不会看到马桶就在旁边。

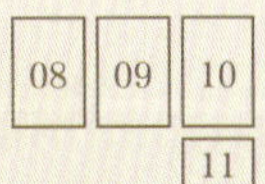

08/ 大面积开窗是阿德南斯庄园客房的优势，让人将远山近景收进眼下，十足惬意。
09/ 房间内特别安装电子式暖炉，情人在炉火前相拥谈心十分浪漫。
10/ 阿德南斯庄园的早餐媲美巴厘岛 Villa，会有专人送早餐进房，也可以在房间外的露台用餐。
11/ 呼应阿德南斯庄园的高标准服务，洗发精、沐浴乳等配品采用宝格丽（BVLGARI），让奢华等级再提升。

关于Peter&Grace。曾经做过营销企划，也开过餐厅的Peter，对经营民宿有独到的见解，已经有成功的葛莉丝庄园的他强调不管哪一个行业，都要事先做市场调查，清楚掌握是否供多于求，并找出和同行间的差异性、建立自己的特色，最重要的是一定要评估如何获利，因为一开门样样都要钱，虽然有些人说开民宿是退休生活，但若没有获利，早晚也会蚀光老本。

民宿小档案

阿德南斯庄园

地址：花莲县寿丰乡丰山村鱼塘路43号
订房专线：0933-854870 Grace
网站：www.ardennesVILLA.com.tw

民宿主人	Peter & Grace
建筑物模式	购地新建
基地面积	土地：1500平方米 建筑物：100平方米
主人特色	彻底讲究自然氛围，提供给客人最好的住宿质量。
民宿特色	1. 从房间细节设计到一泊四食的餐饮，提供高规格的贴心服务。 2. 善用自然环境，打造浑然天成的树景及水景，营造出令人向往的低调庄园风格。

Advantage analysis 经营优势分析

1. 健康乐活食材，呼应悠闲慢活步调

晚餐提供创意怀石料理，不只是烹调方式健康，可以吃出食材原味，Peter还特别说明怀石料理与湖畔宁静的景致更为match，摆盘的艺术也充满日式写意风情，等一道用完才端出下一道的缓慢节奏，与好心情呼应出悠闲的慢活步调。

2. 媲美VILLA服务，幸福时光露台早餐

阿德南斯庄园的房间价格万元起跳，锁定在金字塔顶端的客户，所以在早餐服务上也媲美巴厘岛VILLA的形式，会有专人送早餐进房，可以在房间外的露台用餐，尤其是情侣或夫妻同来，更能体验在大自然中好好享受早餐的幸福时光。菜色上不只有丰富的鲜蔬色拉，还有紫地瓜与山泉水熬成的稀饭和各式小菜，山泉水让稀饭尝起来更为甘甜，豆浆则是自家用有机黄豆磨的，就连烤吐司机都整台送进房，因为Peter坚持吐司一定要热腾腾的再抹酱才好吃。

3. 香草薰香的SPA享受

房间内除了浴池之外，淋浴间更有蒸汽设施，尤其附有用自家栽种的香草植物调配出的药草包，蒸汽房用的是澳大利亚茶树，泡澡用的则是香茅和柠檬草，让沐浴时充满芬芳香气。另外，阿德南斯庄园客房中的洗发精、沐浴乳等配品采用宝格丽（BVLGARI），给客人以极致的沐浴体验。

宜兰

拥抱清水模的静谧——35A-LI

case 02

珍惜环境的心意

有没有想过35岁的时候可以拥有什么?

是一间台北的小公寓?

户头累积的小小存款?

还是一段稳定的婚姻关系?

35岁前的阿利凭着一股冲动和勇气，在老婆Fanny的支持下，花了近三年时间，在宜兰买了一块地，自己画3D图、撰写企划案到银行提案贷款，并且搭起帐篷睡在工地旁边，用一年半的时间监工，还同时每天来回台北忙碌的拍摄工作间。他跟老婆Fanny笑说："连Baby都在帐篷里诞生！"所有工程在阿利35岁那年完成后，当朋友们驱车来到这块绿意盎然的山田间，没有人不羡慕这样犹如国外电影中才会出现的宅邸。现在的他，坐拥山光绿景、自己的游泳池、篮球场、度假屋和乐于分享的民宿，还在问35岁的自己在干吗?坐而言不如起而行，勇气才是实践梦想的真谛。

01/ 特别开凿的生态沟，是为了与自然共生，除了坐享萤火虫与水光山色之美，也为环境贡献一份心力。
02/ 不上漆的清水模，不但减少涂装层的污染，在夕阳的照射下，也多了份静谧的美感。
03/ 两个长方体相交，少见的清水模工法，让 35A-LI 从外观看来线条利落不单调。

选择清水模建法，将污染源减至最低

原本阿利只是从现代风发想，在与设计师讨论过后，希望在现代风的前提下，还能更有特色，最后决定向日本建筑大师安藤忠雄拿手的清水模建筑看齐，将污染源减至最低，利用大面开窗、注重通风让屋内冬暖夏凉，达到节约能源的目的，同时外观的颜色也最能与自然融合，所以就算建造成本增加，夫妻两人还是很认同清水模的建筑形式。虽然造价成本和建造难度提升，但跳脱清水模以往的既定模式，让 35A-LI 多次被媒体报道，拥有如此满意的住所，阿利说：“辛苦值得啦！”

尊重生态，融入自然

花园中的一草一木，都是阿利亲手种下的，为了让这里的环境完全融入大自然，他利用 70 米长的生态沟回收雨水，并利用水草过滤水质，养殖原生种水草和萤火虫，不仅以生态沟的存在达到为建筑物降温的目的，更让房子周遭 50 棵左右的大小树木茁壮成长。在门口可看到两只站在走道上，及腰高度的鹅，一摇一摆地闲适走在庭园中，而一只长毛牧羊犬热情奔驰迎接来客，两鹅一狗逗趣的模样是民宿里的活招牌呢！鹅的排泄物还能驱蛇，全程不打扰大自然，融入这个美丽的山林间。

1. 不上漆是清水模特色

许多人会问阿利："你们家怎么不上油漆？"这时他会笑答，所谓的清水模建筑是由钢筋混凝土制成，混凝土灌浆拆模后，不再加诸表材装饰，清水指的是不做表面处理、完整结构的成面，工法虽然简单，但制作须一次成型不容出错，所以清水模建筑的建造费用高于一般建筑，但减少涂装层的污染，融于自然环境，在中国台湾也越来越受到欢迎和注目。

2. 懂得先来后到，住进自然学会尊重

选择搬离繁华热闹的台北，来宜兰与自然同住，阿利的老婆 Fanny 说："是大自然先在这定居的，我们是来打扰的，因此要好好维持不要有所破坏。"这也是阿利选择清水模建筑的原因之一。

3. 两个长方体交叠，创新清水模的建筑法

清水模的建造方式，通常以方正的立方体为主，较难呈现复杂的立面，但在阿利和设计师的努力下，建筑体以两个长方体交错，呈现出多角的建筑体，简单而不乏味。同时托这种建筑方式的福，加上无梁板的挑高设计，使内部在大面落地窗的开窗下，每个角度均有不同风味的自然窗景，打破传统清水模的局限，让建筑和空间拥有更多可能性。

4. 房型不重复，时尚旅馆般的装修术

如果你觉得入住高级设计旅馆所费不赀，那来一趟 35A-LI 一定让你觉得值回票价。阿利运用摄影师的美感，结合他自己的摄影作品，摆放上几张设计单椅，宜兰乡野间也能拥有设计旅馆的时尚品位。而阿利夫妇俩计划再生一个女儿，这样就能准备风格迥异的两种房型，分别是时尚极简和古典乡村风情，在小孩子长大前还能分享给所有旅人噢！

5. 无梁板挑高，室内种树享芬多精

所谓的无梁板房子，指的是房子内外没有任何梁柱存在，纯粹用墙面作为支撑，而特别挑高的空间里，运用一盏吊灯凸显空间气势。在宽敞的空间中，阿利种下三棵树，利用房子设计良好的通风和采光，让植物茁壮生长，也为室内制造不可多得的自然芬多精。

6. 清水模不可敲打，事先决定屋内插座孔与挂画位置

不可敲打是清水模建筑的特色也是缺点，所以在建造之初阿利先假设出自己生活在屋内的状况，从可能会摆放电器的地方到挂摄影作品的位置，都必须先模拟出来，如此才能方便电线的牵引，甚至连厨房吧台的弧度，也是一开始因应条件限制而设定好的。

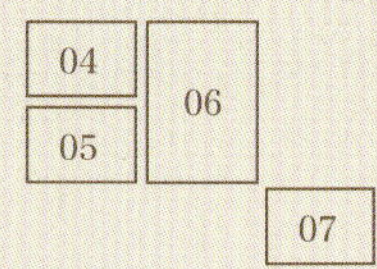

04/ 独栋的 VILLA 套房，除了有小客厅之外，还有简单的吧台与中岛，可供住客用餐或聊天。
05/ 利用清水模与木材的搭配，除了暖化清水模的冷硬线条，也营造出日式优雅的氛围。
06/ 利用大面开窗、注重通风加上清水模的特性，让屋内冬暖夏凉。
07/ 无梁板的房屋设计，凸显出空间气势。

◆欢迎大人、小孩一同前来的亲切所在

“我们不是以营利为目的，纯粹想分享清水模建筑的特色，以及让有小孩的父母有个好去处。”这里有小孩最爱的泳池、沙坑、篮球场，对有小孩的父母说“欢迎光临”。

◆交朋友比经营民宿更值得

还在不断往返台北和宜兰完成每日的摄影工作的阿利，对他来说民宿没有明显的淡旺季之分，因为他采用 B&B 的经营模式，把自己家里的床分享给曾经来过并变成朋友的客人，或是认同 B&B 经营模式的朋友们，鲜少网络宣传，阿利说：“其实民宿经营真的很辛苦，但因此而交到朋友那就很值得了！”

◆尊重自然，融入自然

生态沟的设置，希望让所有到这里留宿的旅客，感受大自然的山光水色。采用彻底的生态工法，连路面都坚持使用天然枕木，阿利说：“其他枕木会有渗出沥青的可能。”为了自然生态的营造，阿利坚持使用天然材质。

◆分享空间也尊重主人的生活模式

35A LI 是绝对的 B&B 经营模式。来这里的旅人要跟主人一家相处在同个空间，分享这个独特空间的同时，主人也希望所有来这里的人都能尊重 35A-LI 的经营模式并尽兴而归。

Advantage analysis

经营优势分析

1. 全年统一的订房价格

由于民宿就是自己的家，在室内设计与家具上都是不计成本在规划，希望顾客来到此能当作自己的家爱惜，因此房价不特别分淡旺季，贴心地以统一价格服务顾客。

2. 宠物不入室内维持环境质量

带小孩来到这里度假的父母不用担心，阿利禁止自家的长毛牧羊犬进入室内，所以就算小孩有过敏的病症，来到这里一样有干净的环境可以共度美好时光。

3. 媲美设计旅店的空间氛围

相比高级设计旅馆，35A-LI 是结合设计美感和高性价比的选择，阿利运用杰出的设计品位与审美，结合他自己的摄影作品，再摆放上几张设计单椅，打造宜兰乡野间的时尚设计旅馆。

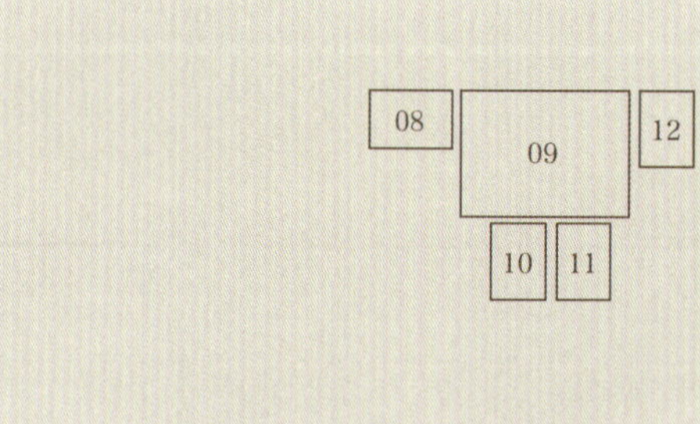

08/ 简约时尚的空间，在多角的清水模建筑体下，坐拥好山景懒人露台，是住客最喜欢的角落。
09/ 阿利将自己的摄影作品以大型输出的方式，装饰在壁面上，加上清水模令人有处于美术馆的错觉，这里也是很多广告热爱的取景处。
10～11/ 可以时尚简约，也可以古典优雅，多种不同的房型，提供给住客做选择。
12/ 利用采光罩和通风，让室内也能种树，共享自然芬多精。

关于阿利。阿利在1999年放下了所有工作后，在英国用九个月的时间充实自己，然后带着母亲回到嘉义老家，他说，那里有回忆的味道，带着草香的风里，虫鸣鸟叫。走在小时候踏过的路上，母亲说：“真想有块自己的花园，种种菜。”自此，除了希望一圆母亲的梦，他更希望能回到童年清水绿树间，抹不去的动人故事里。而身为广告摄影师的阿利，拍摄过MAZDA汽车多部动人的广告，敏锐度极高的天生美感，让他自己设计、监工和布置的35A-LI，真的令人坠入他形容的那种自然美景中，跟着一起眷恋这片土地。

民宿小档案

35A-LI

地址：宜兰县员山乡逸仙村9邻大安路95-60号

订房专线：0932317576

网址：http://www.35alibnb.com.tw/

民宿主人	阿利
建筑物模式	购地新建
基地面积	土地：1000 平方米 建筑物：138 平方米
主人特色	民宿就是主人自己的家，在室内设计与家具上都是不计成本在规划，希望顾客来到此能当作自己的家爱惜。
民宿特色	1. 强调 B&B 的经营模式，因为和客人同时住在一个空间里，要绝对了解 B&B 的精神，那就是客人要尊重主人的平日生活模式。 2. 35A-LI 采取十分低调的民宿经营方式，没有网站或博客宣传，是以朋友介绍为主要客户群来源，好处是通过朋友介绍来的顾客都比较能了解认同主人的经营理念。

宜兰

展现所有想象的可能——独立森林度假 VILLA

case 03

融合建地条件打造人间天堂

以巨大的七只鸟形态漂浮水田里的独立森林度假VILLA，让人错以为渺小得就像站在世界边界，从岛屿般的浮线发想之岛、城市里的小房子OM HOUSE，到水田中的独立森林度假VILLA，每一座都是超越想象的成品。到这里，可以不顾一切将凡尘琐事放下，在迁渡之中忘却浮华，血脉便能幻化羽翅，于日出复活的晨曦，在森林之中学会飞翔，享受完全自由的奔放。

感官与空间的坦诚相见

既然名为“独立森林度假VILLA”，曾以为这是个在森林之中隐秘的桃花源，但当一群白鹭鸶自眼前飞过，才回神这是一处辽阔的水田。阿庆说：“这里就像个遗世独立之处，只要进来了，四面皆无边际。”的确如

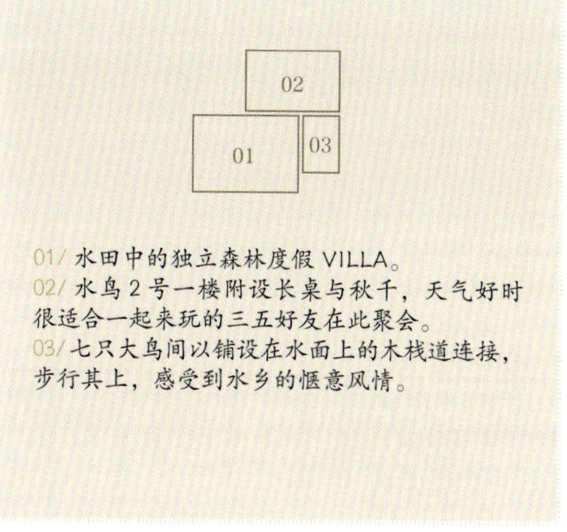

01/ 水田中的独立森林度假 VILLA。
02/ 水鸟 2 号一楼附设长桌与秋千，天气好时很适合一起来玩的三五好友在此聚会。
03/ 七只大鸟间以铺设在水面上的木栈道连接，步行其上，感受到水乡的惬意风情。

此，独立森林度假 VILLA 四面皆环水田，唯一的入口处仅有一条连车子都拒绝进入的小路，徒步走近才发现路面竟然有一处断轨，必须靠伸缩的桥面连接，才能顺利进入，阿庆认为旅行不需要时间的限制，不赶行程安排，只要享受自然环境带来的晴喜雨悲便已足够。于是，这里就是一处遗世孤立的森林，敞开心胸享受兰阳平原带来的怡然自得，那便处处皆有郁郁林荫，旅行无处不是艺术。

展翅，寻觅旅行的意义

盛名远播的浮线发想之岛，以新形态的经营模式和荣获 2006 年中国台湾建筑奖佳作的殊荣，获媒体及留宿过的“岛主”们佳评如潮，建筑师林宪庆和哥哥林晋德，在老爸耕作一生的水田上造了一座梦想岛屿的故事，让更多人品尝到这片土地的甘甜。

当我们习惯低头于计算机键盘之间，偶尔还是向往蓝天的自在辽阔，独立森林度假 VILLA 就像是个最佳迁徙地，当我们不自觉地收起羽翅，来到这里就像回到无垠天空，将重新燃起对飞翔的热情。独立森林度假 VILLA 以七只飞鸟的形态，降临宜兰的水田中央，让我们在这里找到旅行的意义。

1. 七只大鸟生动建筑

七只姿态不一的大鸟停泊在此，除了第一栋是餐厅之外，可提供住宿的六只大鸟均以室内设计和建筑设计，分别被给予可爱亲切的别名，分别为渡鸟 1 号、水鸟 2 号、野鸟 3 号、飞鸟 4 号、光鸟 5 号和晨鸟 6 号，建筑外观以群组梯形小窗表达鸟羽构造，方形窗户则为鸟眼象征，或站或坐，外观生动，让人就像来到候鸟的栖息之所。

2. 融合基地条件打造人间天堂

从浮线发想之岛开始，主人阿庆就以建筑师的身份在实践居住的可能，不论是岛屿般的浮线发想之岛、城市里的小房子 OM HOUSE，还是水田中的独立森林度假 VILLA，每一栋建筑的诞生都结合环境给予的限制或祝福，融合基地条件建造理想居所。

3. 控制光影控制鸟儿间的隐私

几乎全部使用落地玻璃的建筑体，这是独立森林度假 VILLA 的特色，七只大鸟相互为邻，利用光影的控制，又能各自保有隐私，也能防止外面偷窥。

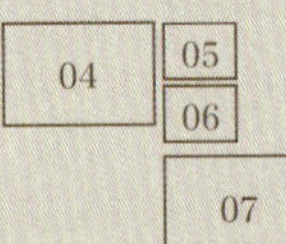

04/ 几乎全部使用落地玻璃的建筑体，是独立森林度假 VILLA 的特色，经过光影的计算，都能保有各自的隐私。
05/ 方正的几何格局，让空间的效益发挥到最大，而且，通过楼梯与廊道等公用空间，消弭了方正格局的单调，多了留白，让建筑本身活泼了起来。
06/ 每一栋 VILLA 因应不同的建筑形态而取名，延伸出建筑体外的露台，多半安排了小桌椅，让人在无边际的水田间忘却时间的束缚。
07/ 开放式大厨房，除了提供宽阔的用餐空间外，也提供了彼此交流的机会。

◆理想居宅新挑战

身为建筑师的阿庆，对中国台湾的建筑发展十分有理想，主张“人间有天堂，天堂自己造”的理念，试图将建筑与环境融合，用空间影响人的生活行为，让最享受的生活态度成为场域里的唯一。

◆你也是梦想的分享者

完全不重复的六栋VILLA，在盖好之初便进行贩售，寻找各自的主人，只要你买下任一栋大鸟，一年365天都可随时回到这里享受不受干扰的自在生活，同时分享经营所得。

◆用心管理一把罩

虽然不是读饭店管理出身，阿庆对管理VILLA还是十分用心，熟知每位管家的个性和特色，并要求他们都要从基层开始熟悉，才能解决各式疑难杂症成为万能管家！

◆亲力亲为第一时间解决问题

时常待在VILLA里的阿庆，从浮线发想之岛开始，就经常与来度假的客人分享经验，也借此了解客人的真正想法，第一时间和管家们协调服务模式，力求让客人享受一个无负担的完美假期。

4. 精准比例与元素的算计

宽阔的动线，极简线条的家具，拉大空间的线条打造大气质感，将开窗整合在主墙上，除了让采光更加明亮，也让家具简单的线条层次丰富化。

5. 开放式厨房，节省空间也解放心灵

开放式厨房为主轴，在餐桌的这一端，长桌营造多人共餐的热闹与温暖；而另一端吧台的单人位置，不论是与主人聊天还是独处，都是最佳的位置。

6. 沐浴也是生活的一环

沐浴也是洗去尘世疲累的方法，独特的房型规划，不论是让浴缸直接伫立在空间中，还是设置在露台上，都能感受与自己坦诚相见的放松感。

Advantage analysis 经营优势分析

1. 细枝末节都是享受生活的开端

VILLA 里的所有设备都可说是“名牌货”，从 SONY 大尺寸液晶荧幕、高级音响设备、顶级厨电，到名牌床组，这都是奢华的极致享受，再仔细一看，竟然连 L'OCCITANE 的沐浴组都贴心准备了，从头到脚都可以来个顶级 SPA！阿庆说：“使用这些产品用意不在名牌，而是要让客人够享受！”从细枝末节做起，独立森林度假 VILLA 使你更懂享受生活。

2. 实现生活的所有可能

随着每只鸟不同的个性，每栋 VILLA 都有自己的特色。像是水鸟 2 号借由大胆的半户外浴缸，展现亲近自然的性格；狂傲不羁的野鸟 3 号，自由自在的性格让它拥有 160 平方米的大空间，专属开放式阳台，结合游泳池，享受户外游泳的乐趣；飞鸟 4 号个性活泼好动，特色是在顶楼设有小泳池，让人使用时仿佛就像栖息在水上的鸟儿般自在；晨鸟 6 号全栋落地窗式的设计，使迎接晨曦的爱好者，不断感受着光影变幻的生命力。来到这里，真的不禁慢下城市里习惯性的快步调，很想在露天浴缸里享受梦幻的泡泡浴，感觉暖风吹拂的闲适。

3. 个性管家如朋友般亲切

“每一栋 VILLA 都配有两位专属管家轮班照应顾客的需求，我们诚心诚意卖硬件、卖优哉游哉，还有每个管家鲜明的个性。”就如水鸟 2 号的管家吟贞和晨鸟 6 号的卢卡斯，除了他们负责的 VILLA 各自拥有不同的面貌，这两位热情的管家也是一动一静、个性分明，尤其卢卡斯在采访当日的大雨中，亲切地帮我们撑伞以及引领我们四处参观，在突然变脸的天气中，吟贞为我们泡上一杯热咖啡，真的让人备感温暖。

关于阿庆。从事建筑业多年的阿庆，把建筑当作艺术品看待，每分细节均用心思量，希望能为中国台湾创造杰出的建筑设计。当说起民宿主人这个身份时，他却说："我是艺术家、建筑师，但不是民宿主人，我只是在实现居住的可能性。"

民宿小档案

独立森林度假VILLA

地址：宜兰县五结乡孝威南路42号

订房专线：03-9501580

网站：ht tp://www.p-water.com.tw

民宿主人	林宪庆
建筑物模式	购地自建
基地面积	总面积：1500 平方米 建筑物一栋（含水路）约：200 平方米
主人特色	民宿建筑师背景加上老婆室内设计的专长，尝试用所有创新的方式传达居住的可能性。
民宿特色	1. 配合腹地面积，利用创新的概念结合设计。 2. 强调人性化的管家制度，让人来到这里第一件事情就是完全放松心情。 3. 从硬件到软件皆使用顶级的设备。

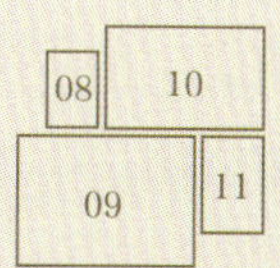

08/ 贴心准备欧舒丹(L'OCCITANE)的沐浴组，不妨从头到脚来个顶级 SPA 吧！

09/ 宽敞的房型，让人来到独立森林度假 VILLA 就放下一切尘嚣。卧房备有大量开窗，与自然近距离接触。

10/ 简约大度的空间设计，让人待在独立森林度假 VILLA 就像到了国外享受度假生活。

11/ 挑战露天洗澡在城市中是奢侈的想望，但在这儿可是最基本的享受。

与古都共舞小步舞曲——佳佳西市场旅店

case 04

台南

量身定做的深度旅游服务

佳佳西市场的名称由来，是 30 年前佳佳大饭店与紧邻的西市场结合而成。佳佳西市场旅店位于曾经风光一时的台南“西门町”。阳光自圆形天井流泻下一地光明，未经革新的店铺与崭新的旅店，穿越一条壅塞的防火巷，映照出今昔对比，这样的文化，也正是佳佳西市场旅店欲保存的地方深度。

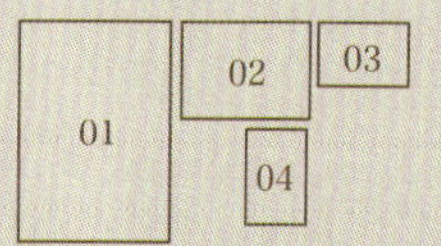

01/ 大厅天井交错的线条特别凸显中间的位置，这个位置是纪念30年前，为了盖佳佳大饭店时将此位置的大树砍去，故以灵魂为意念的作品。

02 ~ 03/ 蓝天映衬下纯白色的佳佳西市场旅店，与96岁老树呢喃耳语。

04/ 特殊的开窗方式加上利用砌砖，打造出佳佳西市场的历史与现代的前卫结合。

人文与建筑交会的色彩

古都台南是个历史与文化交会的汇聚地，隐身其中的佳佳西市场旅店，其净白的外墙和构造独特的建筑外观，与沿路的矮房形成不小对比，但走进迎宾大厅，接待人员亲切的招待，顿时又让旅店带有民宿的热情色彩，尤其在走访了四周地理环境，感受旅店里的每一寸用心后，终能明白虽然以旅店的形式经营，却又蕴藏民宿特有的故事与深度，人文故事与倚房生长的大树历史，皆在这栋树屋里酝酿出新生之力。

开窗树屋重现府城风华

为什么现在民宿如此盛行？除了经济实惠的价格，民宿主人随时陪伴在侧的用心服务，更是让人备感温暖。佳佳西市场旅店虽然名为“旅店”，却以民宿的形态在经营，撇开饭店带来的生硬感，从服务人员到旅游安排，皆让人感受到亲切的活力。隐身在台南小巷内的这栋纯白色的多窗建筑物，以一种新生、不安于室的形态紧邻古朴的西市场，没有一间重复的房型，可说是佳佳西市场旅店最值得骄傲的地方！采集民间习俗、故事、风景等台南地方特色，集结国内外设计师打造的21间房间，房内搭配各式新旧家具，经由设计师的巧手翻新打造，泛着历史光泽的同时也展现当代风尚，住宿也是一种深度旅游。

1. 不同窗型诠释台南艺术建筑特色

台南本是一个气候稳定、日照充足的宝地，建筑师刘国沧细心地注意到，早期台南会为了引进特定的美丽景象营造窗景，每间房子几乎都有不同的窗型，这些独特开窗法，以优美的线条、艺术的身段间接说明了人与周遭环境的互动关系，所以佳佳西市场旅店用圆形、方形、不规则形状等不同的开窗形态作为设计理念，让整座建筑物成为阳光自由进出的游戏场，开窗艺术同时打破墙的藩篱，让建筑体每一个角度均呈现出不同的容颜。

2. 新旧交融的生命力，空间承袭风华印记

佳佳西市场旅店将一、二楼打造出用餐区、早餐吧、休憩区与阅读区等完善的空间。一楼的公共空间承袭过往风华印记，保留下原有的地板以及柜台的大理石，搭配上略显斑驳却雕工精致的梳妆台，让质材自然散发出经过历史洗练焕发的成熟，同时为了强调土地生命力的可贵，特别在大厅中间运用漂流木打造艺术品，诉说新灵魂在新窗格的引领下，展开了心呼吸的意念。

3. 设计师单椅灯具，变换多元形貌生动有趣

循着建筑体开窗的特色，让二楼的公共空间围绕着窗外老树而生，每一个角度皆完整沐浴阳光的暖融并感受老树的生生不息，像是独特窗型交织成的休憩区，摆放了多张国内外设计师的设计单椅与灯具，多样式的形貌在空间中组合变得生动有趣，这些要价不菲的单品都在公共空间任你体验；另一边的阅读区一张长桌从屋里穿过玻璃连接到了屋外，承接着自然的晴喜雨悲、麻雀老树和古早豆花摊叫卖的午后时光，让人与空间的互动，打开更开阔的光景。

◆回收历史、老材好故事，与旅客分享历史记忆

比起用新的家具与产品，翻新老件更花心力与预算，从20世纪50-60年代记忆中的咖啡厅沙发椅，到太师椅去皮加上布饰时尚换装，使用老家具与每位来此留宿的旅客分享历史之美，唤起曾经的美好记忆。

◆能源回收不浪费，推动环保新概念

做好事与好朋友分享，来佳佳西市场旅店的旅客所使用的冷气皆是再回收热能所供应，全馆坚持以电能直接转换光能的LED灯具、植物提炼沐浴用品与RO水源让我们一起学习环保新概念。

◆贴心夜宵，暖心扉家常面

虽然到了晚上旅店厨房是不开伙的，但如果你真的肚子饿了，旅店的工作人员会亲切地为你煮上一碗家常味的汤面，沁入心扉的暖意带着妈妈的味道，这份亲切感让人永难忘怀。

◆中药泡脚除水肿消疲劳

不论是洽公的商务客，还是玩了一天疲累的游客，只要先跟旅店预约并支付250元的工本费，在你傍晚返回旅店时，连于美人都赞不绝口的台南老字号中药行益生堂的消水肿药方，就会被熬煮过后盛装在桧木桶里并在房里迎接你，让你度过一个无负担的完美假期。

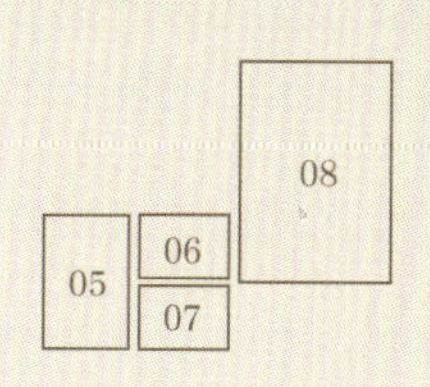

05/ 来这里除了感受旧物的时代感，也能近身体验到国际精品之美。
06/ 将旧佳佳大饭店部分留存下来，如招牌余痕、铁窗杂志架、老瓷砖，留存历史的气息，也增添新的风华。
07/ 强调开窗为主题的建筑体，每个角落都有均匀的透光，利用光源打造的室内小花园，让人豁然地心旷神怡。
08/ 仿砖造质感的墙壁与古物的搭配，让人如同走入时光回廊中。

4. 住房必享，人文景致虚实交错

利用三度空间的理念，每间房皆看得到家具与墙上平面线条的结合，虚实交错的手法使视觉景深无限延展，活泼诠释出邻近百年老树让人提振精神的“淮山铺房”，表现全台最早书院崇文书院的“崇文书房”，原始呈现过去航运旁之神农街街景的“神农街房”，用来表达全台最老之月老庙的“织女线房”，以及自台南收集来的各式各样古窗加以呈现的“鹿耳窗屋”，等等，佳佳西市场旅店总经理陈国安说：“如果有喜欢的房型，记得入住前告知我们，都可以尽量安排。”就看你来佳佳西市场旅店想体验哪种故事了！

5. 融合文化、美食、观光的独家旅游地图

旅店结合建筑师、设计师的巧手，更请到《食府城》作者王浩一，为佳佳西市场旅店的旅客设计了一系列当地的观光行程，详尽规划如花园夜市经典美食精选册、城西线私密行程册等旅游秘籍，不大量印刷仅以手工的方式装订，原因就是方便实时更动 update 最新的信息给住客。

6. 入住“织女线房”，姻缘礼品结幸福

只要指定入住“织女线房”，旅店将免费奉上一袋专属你的姻缘礼品，不论是招来好人缘的粉晶还是缘粉等，让你来一趟佳佳西市场旅店，桃花朵朵开。

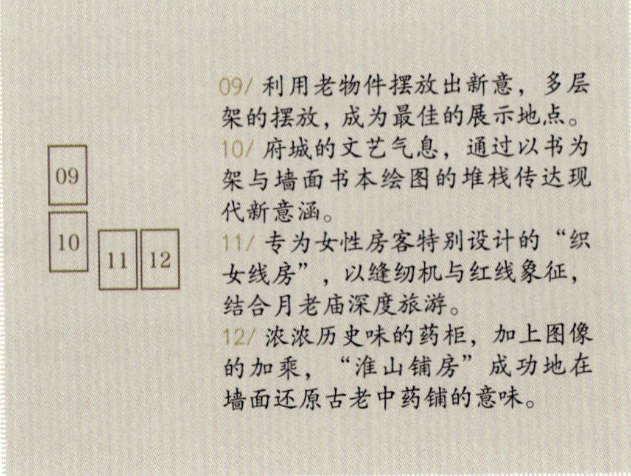

09/ 利用老物件摆放出新意，多层架的摆放，成为最佳的展示地点。
10/ 府城的文艺气息，通过以书为架与墙面书本绘图的堆栈传达现代新意涵。
11/ 专为女性房客特别设计的“织女线房”，以缝纫机与红线象征，结合月老庙深度旅游。
12/ 浓浓历史味的药柜，加上图像的加乘，“淮山铺房”成功地在墙面还原古老中药铺的意味。

关于佩烜。这栋30年前由全台第一位女建筑师设计出的高雅的佳佳大饭店，记录着电影《小城故事》在台南拍摄的过程。30年后佳佳西市场旅店由打开联合文化旅店有限公司经营，这栋树屋就是在旗下建筑师事务所的建筑师刘国沧手中诞生，而室内设计则是蔡佩烜设计师主导，并邀请国内外各界知名的创作者情义相挺，参考台南的风俗民情，订制独一无二主题式的房型。

Advantage analysis 经营优势分析

1. 专业导览带你走访私密路线

只要先行预约，并且支付专业导览人员1500～2000元的费用，导览人员便会以专业知识、台南的生活经验，带你深度探索府城文化，饭店甚至以“加入天地会”等历史典故规划不同爱好的主题行程。

2. 别致新意制造惊喜

无论是入住“织女线房”免费获赠的住客专属姻缘礼品，还是手工装订的当地旅游秘籍，来一趟佳佳西市场旅店就能感受到满满的待客心意。

3. 添加时尚，手工定制旗袍

设计师蔡佩烜发挥细腻的女性观察力，改良旗袍的设计加添现代感，联手紧邻旅店的西市场布市里的老师傅，只要是旅店的住客，都可以用3500～4000元的价格订做一件用古布缝制的精美旗袍。

民宿小档案

佳佳西市场旅店

地址：台南市中西区正兴街11号

订房专线：06-2209866

网站：www.jj-whotel.com.tw/

民宿主人	蔡佩烜
建筑物模式	旧宅改建
基地面积	土地平方米数：60平方米 总楼地板面积：720平方米
主人特色	贴心服务，主动关心旅人的需求。
民宿特色	1. 建筑里外设计饱含丰富的文化意象，赏建筑也品历史。 2. 量身定做，提供属于古都台南的各种深度旅游服务。

大前研一在《后五十岁的选择》一书中写道：“每个人都应该整顿走过的路，再重新开机，走出新的五十岁以后的人生。”对于庄老爸来说，63inn 民宿正是他 63 岁重新开机后的人生。平常一个人悠闲地在花莲乡下生活，清晨骑脚踏车，或是去市场买菜，去朋友家串门子，钓鱼，在园子里种菜、种果树；假日女儿们就会带着全家人搭火车到民宿来帮忙，退休后的生活不但不苦闷，反而充满活力。台北到花莲这段路，也意外成为联系一家人情感的路线，庄老爸的身体也因为花莲舒适的气候与新鲜的空气更显健康，看起来比同年龄的朋友们还年轻好几岁，这些都是开民宿之后的附加价值。

享受悠然见南山的惬意

一开始在网络上搜寻特别的民宿时，就被 63inn 的玻璃屋照片深深吸引，想象自己正坐在玻璃屋里享受悠闲的晨光早餐，而一旁独栋的客房建筑，更突显了与其他小规模的民宿有所不同，成排干净整齐的房间，近看面对绿草如茵的草地，远看

花莲

花果园中退而不休的梦想——63inn 庭园民宿

case 05

一千平方米花果园欢迎大家同乐

则是花莲的鲤鱼山，在湛蓝天空的映衬下，就像耸立在草地上的度假城堡。

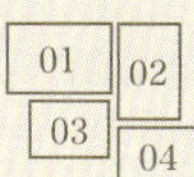

01/ 主人精心维护的庭园，让房客走出房间就能与大自然亲近。
02/ 花园里起伏绵延的地景造型，加上广阔草原，成为田园度假的腹地。
03/ 庭院里可涂鸦的大黑板，让大人、小孩都能发挥想象力，一起在上面彩绘创作，增加亲子交流的时间。
04/ 数字招牌在灯光的投射之下，营造出与白天不同的风情。

年龄，绝对不是问题

看着穿着吊带裤，身材很富态的庄老爸在民宿里忙进忙出招呼客人，我问他，70 岁了还要这样服务客人会不会很累？他说一点也不会啊，因为有工读生们帮忙，他只要到处走走晃晃，和客人谈天说地就可以了。我想起他的女儿庄小姐提过开民宿的特殊条件：“开民宿真的要看个性，像我老爸是话匣子很容易打开的人，很快就能与客人拉近关系，非常适合经营民宿。”所以中国台湾的集体梦想“开民宿”并不难达成，重要的是，自己是不是具备喜欢与人接触的性格，才是民宿经营成功与否的关键。

特色亮点

1. 坚固的建筑结构，建材讲究隔音效果

坚固的建筑结构，正是出自庄先生的女儿之手，由庄艳华小姐所任职的嘉甫室内装修工程公司负责设计、施工，她完全以住家质量的RC结构、砖造与硅酸钙板来盖房间，为了达到良好的隔音效果，不但在天花板加添吸音棉，更装了两道房间门，隔绝走道谈话的声音，又不影响房间望出去的视野。

2. 不可忽视以灯光设计决定空间美感

夜晚的灯光设计也具专业水平，通过走廊的线形灯槽搭配局部投射灯，十分有气氛。在如此专业的团队监造下，难怪63inn的建筑美感很有整体性，也让人多了一分居住的安心感。

3. 迷你农场种蔬果，千平方米花园亲手照料

民宿里占地千余平方米的花园是特色之一，庄老爸不但请人每天打理这些植物，也会亲自照料花草，搭配鱼池，像一个迷你版的植物园，特别的是草坪造型采用高低起伏的层次设计，庄老爸说："这样才有立体感啊！"女儿更建议他增添一个小型的绿树迷宫、地板涂鸦等设施，更加丰富花园的娱乐性，让大小朋友都玩得开心。此外，63inn 也是一个小型农场，庄老爸栽种的蔬果多达数十种，丝瓜、高丽菜、番茄、香蕉、南瓜等，有时客人的早餐里也是自家栽种的蔬果喔！

4. 原木材质，巴厘岛风营造休闲氛围

除了外在环境的精心规划之外，房间内的设计也能看出庄老爸体贴客人的心。例如：每间房都拥有独立热水器，让客人们不会因为同时用水，而承受忽大忽小的水量与忽冷忽热的水温。房型上分为 VIP、双人房和家庭房，VIP 采用红豆杉、桧木等材质打造，特别

05 06 07 08

05/ 以住家质量的 RC 结构、砖造与硅酸钙板来盖出来的 63 inn，具有良好的隔音效果。

06/ 小水池里除了荷花，还有庄老爸自己钓回来的鱼，丰富的生态绿意，就像个迷你版生态园。

07/ 附有私人的小阳台，傍晚时坐在此欣赏夕阳，或是夜晚看星星，或是俯视庭院的美景，都是享受。

08/ 玻璃屋餐厅是最迷人的用餐场地，在明亮空间中迎接一天的开始特别有元气。

◆自然景观是首要条件

花莲东华大学这一带有大片农地，虽然看不到海，却有连绵不绝的山林景致，相当适合规划民宿。

◆建筑考量机能与美感

民宿是由嘉甫室内装修工程公司负责设计、施工，因此在环境与住宿上都可媲美度假饭店，安全性也提升很多，通过专业统筹规划后的空间，也比一般自宅改建的民宿更具设计美感。

◆室内装修与家饰精心搭配

室内采用定制家具与木作工程装修，搭配印尼风家具和摆饰品，最后还必须花很多时间挑选搭配的小品项，如客人用的餐盘、餐具、沐浴用品等，都是开民宿前的准备工作。建议将民宿空间硬件与外围设备一次做好，将来真的想休息，转手顶让时才会有好价钱。

◆以"年"为单位判定营收

民宿的淡旺季落差很大，如过年、暑假或连续假期会天天客满，但也许其他月份就较为清淡，因此要以"年"为判断营收的单位，整年度营收有获利即可，其他时间不如规划自己想做的事。

定制的巴厘岛风家具，让房间中都飘着淡淡桧木香。

5. 挑高舒适木屋，欢迎 Baby 一起来

一般房的规划也不马虎，二楼房间挑高的天花板用木梁营造出小木屋的气氛，木地板也让人踩踏起来备感舒适，家庭房的架高床铺则特别立起围栏，防止小孩乱爬，让带着 Baby 的爸妈们可以放心住宿，相当适合家庭前来度假。

6. 玻璃屋中心幸福用餐

玻璃屋餐厅是最迷人的用餐场地，在明亮空间中迎接一天的开始格外有元气，庄老爸准备的早餐更是健康满分，除了有玉米、花椰菜色拉之外，还有热腾腾的地瓜、自制茶叶蛋和从台北运送过来的知名手工面包，豆浆、牛奶、咖啡也是无限量提供，庄老爸还准备了花莲市区名产——公正包子，让大家都能吃到最地道的花莲味。

Advantage analysis 经营优势分析

1. 提供自行车去踏青

民宿里准备了十几台脚踏车让房客们使用，跟着庄老爸规划的路线，从东华大学的前门进去，绕一圈刚好从后门的乡间小路回到民宿。东华大学美得令人赞叹，大片的湖与草地，骑车徜徉其间，真的是人生一大乐事。

2. 亲子同乐涂鸦趣

花园的规划也为不同年龄的小朋友设置游戏区，例如：摆放在草地上的大黑板，就是小朋友最喜欢的涂画纸，用不同颜色的粉笔在地上绘制出缤纷图案，是难得的创意体验。

3. 善用学校资源补足人力

民宿经营上很重要的一环就是人力的问题，一开始庄小姐和老爸还无法拿捏服务人员的数量，所以只要民宿客满时，都是一家子的人从台北下来支援，其实人力调度可与餐饮管理学校合作，让餐饮观光科的学生实习，不但节省成本，学生们受过专业的学校训练，也可提升服务质量。

关于庄老爸。这是一个关于63岁才开始创业的故事，民宿主人庄先生上班了大半辈子，走遍世界各地，最后选择最爱的花莲乡下落脚，在好山好水的美地开启事业第二春。遇见他，我们才知道，63岁原来也可以完成理想、充满活力，原来，只要开始就不迟。他的女儿在网站上有这样一段文字：“我的老爸，凭着一股对花莲的热情，在63岁那一年，实现了他一辈子的梦想。如果你也和我一样，是个疼老爸的女儿，请来感受我的用心。”原来，老了并不代表什么事都不能做，只要不放弃梦想，哪怕是60多岁才开始，都不嫌迟。

民宿小档案

63inn庭园民宿

地址：花莲县寿丰乡平和村大学路二段63巷82号

电话：03-8662863 0963-106363（庄先生）

网址：www.63inn.com.tw

民宿主人	庄老爸
建筑物模式	购地自建
基地面积	土地：500万元 建筑：3000万元（含花园规划300万～400万） 其他：500万元（含家具、家饰布置） 总计：4000万元
主人特色	性格爽朗，没有距离感，能轻松与游客拉近距离。
民宿特色	1. 虽无海景，但广阔草原加上邻近东华大学的美景，让63inn成为田园度假的腹地。 2. 花园里起伏绵延的地景造型，涂鸦黑板等玩心设备，都是别处没有的特殊设计。

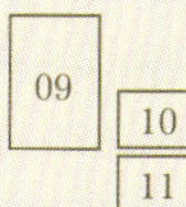

09/ 家庭房是以通铺设计，床下特别设计了放鞋的凹槽，让大家的鞋不会丢满地；另外加设安全栏杆，让父母可以放心地带Baby来玩。

10/ 客房里以细致的装潢为诉求，原木制成的桌椅飘着桧木香气，非常适合情侣或夫妻来享受不被打扰的二人世界。

11/ 标准的双人房有拉高的天花板与木梁设计，让人就像在小木屋中入睡，感受大自然气息。

金字塔顶端的首选——水畔星墅

case 06

宜兰

延伸自然环境，纳景入室

缓缓穿过宜兰遍布的水田时，一眼望见最顶楼的玻璃屋房间透出耀眼灯光，就像一颗璀璨的星星悬在天空，这才发现，原来设计师大量使用落地玻璃窗不仅是为了开阔屋内视野，夜晚从外面往里看，黑漆漆的水田与明亮的建筑物形成的反差画面，更是另一种独有的美丽风景。

以天为帐、星光为灯的浪漫

宜兰的缓慢步调和得天独厚的自然环境，让民宿主人 Blue 兴起何不在自家田里盖民宿的想法，尤其大片水稻田像一面湖水一望无际，放眼远方的景致十分宽阔，非常适合在此度假放松。但是，光有地，光有理想，没有相衬的建筑物也不行，于是他在接触了各地民宿与设计师之后，决定找上设计想法大胆有创意的百速设计，李育奇设计师与 Blue 对民宿的想法一拍即合。在宜兰这个民宿数量多到泛滥的地区，

如何借由建筑本身引起话题、聚集目光成为彼此的共识，更重要的是还要顺应当地自然条件，保留生态特色，给房客好的居住质量，并兼顾Blue一家人的居住需求，这些都是必须考虑进来的设计因素。

一个钟头来到巴厘岛七星VILLA

位于宜兰冬山乡的水畔星墅，近看有大片水田，远看有山峦，是一个能够远离尘嚣的度假好去处。而对于住民宿最重要的吃喝玩乐和睡觉，水畔星墅更提供了媲美顶级VILLA的服务，超适合情侣档或三五好友结伴同行。

水畔星墅的房间，家具、灯饰甚至比一般精品旅馆所用的等级更高，全套的宝格丽沐浴备品更突显了他们对小细节的重视，让来到这儿的客人不像住民宿，更像是来到巴厘岛的顶级饭店。此外，Blue与Elle为了让民宿更有家的感觉，取消了传统房间门口会挂号码的习惯，让空间少了商业气息，大家就像回到各自房间一样，气氛非常温馨。

01 02 03 04

01/ 黄昏时分的水畔星墅，比起白天多了一分因高反差形成的美。
02/ 每一间房都配有舒服的观景阳台，就连户外家具也丝毫不马虎，舒服得让人坐一下午也舍不得走。
03/ 建筑外观材料采用抿石子、石木板及自然石条，四面各有不同的比例，每面有不同的外观感受。
04/ 一望无际的宜兰水田，让水畔星墅像一座水上的玻璃城堡。

1. 运用自然素材，打造不同面貌的建筑立面

Blue 希望建筑有现代的感觉，但又不要太冷产生距离感，因此在色调上以大地自然色系为主，外观材料采用抿石子、石木板及自然石条，各自占面积约 1/3，所以建筑物的四面各有不同的比例，每一面皆有不同的外观感受。停车场则以碎石子地取代水泥地，少了硬邦邦的视觉感，也保持自然的环境生态。

2. 融合外围环境，贯穿室内外的水景设计

由李育奇设计师所规划的建筑本身，风格虽然十分现代，却能与外围自然环境融合，不仅在客厅和餐厅都采用大片落地窗纳景入室，屋外更打造水池缓缓流经屋内，让水田的意象延伸到空间中。除此之外，建筑外墙设计的迷你瀑布也是一绝，流水会从最顶楼的玻璃屋顶经过落地窗流泻而下，走在客厅中能时时刻刻感受到水声相伴。大门处则引进灌溉水，营造出自然溪水的错觉，让整个环境更有度假感。

3. 栈道悬在水面上，观赏花园里的生态植物园

若在屋内玩不过瘾，屋外的水渠是观赏生态的小植物园，木栈板衔接两边草坪，让人可以悠闲观看小鱼、小虾或蛤仔，搭配设计师以巴厘岛的意境造景，喷水池与椰子树辉映，每一个角落都是能让人驻足停留、细细玩味的地方。

4. 经典品牌家具，掳获时尚爱好者的心

如果大家有看《下一站，幸福》，应该会对男主角任光晞的房间印象深刻，没错，那间时尚味十足的房间正是水畔星墅的 VIP 房之一，不仅空间超级宽敞，配备有沙发、地毯之外，Charles & Ray Eames 经典摇摇椅在这里也看得到，推开大面积的玻璃门更能散步在专属的小庭园里，是指定率超高的房间。另外一间 VIP 房则是位于顶楼的玻璃屋，说它是玻璃屋实至名归，因为三面墙包括屋顶都是玻璃打造，躺在床上真的可以望向夜空，如果再把三面玻璃窗的

民宿主人 **TIPS** 私房笔记

◆多问问有开民宿的亲朋好友

不管做哪一行，先问前辈一定没有错，尤其是经营民宿一段时间的人，更可以提供宝贵意见，从整地、申请执照到营业，细节非常烦琐，如何达成目标，多请教别人是最快的方法。

◆自己请先住过 20 间以上再说

"要服务别人之前，先多让别人服务看看。"这是 Blue & Elle 在开民宿之前做的事，唯有自己住过 20 间以上的民宿，才能知道哪些细节是应该要注意的，哪些又是自己可以和别人不一样的地方。

◆挑对建筑商才能减少将来的困扰

宜兰地区虽小，但也有不少民宿房子盖到一半建筑商就跑路的案例，所以在找设计师时一定要再三打听设计公司的口碑、接案稳定度、公司规模等，甚至多去参观设计师其他的工地作品，都能帮助自己判断，否则日后房子出问题却找不到人维修就麻烦了。

◆设定阶段性目标，成本回收一定比你想的更慢

大部分的民宿投资金额都是千万元以上，所以想快速回收是不可能的，在房间数有限的状况下，只能一步一个脚印，做好口碑和质量，慢慢累积知名度，一开始能够每个假日都客满，就已经是很不错的表现了。

卷帘拉开，隔天真的会有在水田中醒来的错觉，设计师还特别在玻璃屋顶加装流水装置，流动的水瀑在眼前展开，夏天也能备感清凉。

5. 看风景最过瘾，每间房都有阳台与躺椅

因为在设计建筑物外观时，设计师李育奇就已经设想好通过不规则的建筑，让每一面墙都表现不同的样貌，相对房间不是整整齐齐的排列，阳台就跟着有不同角度的风景，让每一个阳台经过不同的转向，呈现景致各异的效果，但相同的是都配备有舒适的户外椅，从房间步出阳台就能坐在此吹吹风眺望绿意，这可是平时住惯了大楼或公寓的都会人很难有的体验。

6. 连小角落的灯具都很讲究

仔细观察每一个房间，几乎都有相当抢眼的灯具布置，从立灯、壁灯到吊灯，纷纷呈现不同的光影变化，让原来单纯的卧房空间多了令人玩味的表情，也感受到民宿主人对每个角落的用心。

关于Blue & Elle。说起开民宿的甘苦，Blue & Elle虽然年纪轻，也是做足了功课才敢下海开民宿。在开民宿之前，自己住过20间以上的民宿，并请教许多已经开民宿的前辈，得到许多宝贵意见，凡事亲力亲为。虽然水畔星墅因偶像剧男主角家而受到瞩目，但Blue和Elle却有着和一般民宿主人很不一样的坚持，超高标准的空间精致度与体贴入微的服务态度，绝对才是赢得人气最重要的关键。

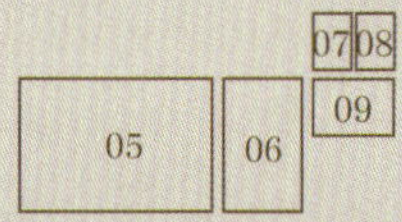

05/ 挑高的客厅挂上了高高低低的花朵灯，将大自然的意象延伸至室内。
06/ 水的流动不是只在户外，更借由水池与水道规划流经室内，增添空间话题性。
07/ 顶楼玻璃屋有辽阔视野，通过双层卷帘控制隐秘性，就连天花板也是用透明玻璃打造。
08/ 顶楼玻璃屋有更为开放的浴室规划，圆形浴缸可以让情人一起泡澡，欣赏绿意无边的水田风光。
09/ 这间房就是“下一站，幸福”中男主角的房间，预订率超高。

民宿小档案

水畔星墅

地址：宜兰县冬山乡九山六路128号
订房专线：0925-959607
网站：www.aquastre_VILLA.com.tw

民宿主人	Blue & Elle
建筑物模式	购地自建
基地面积	土地：第一阶段 750 平方米 建筑物：150 平方米
主人特色	重视空间细节质感，从家具到用品皆讲究设计感，营造民宿少有的时尚感。
民宿特色	1. 话题性十足的玻璃屋建筑形式。 2. 建筑虽现代，却以水景创造与田园风景的呼应，室内室外保有刚刚好的呼应距离。

Advantage analysis 经营优势分析

1. 亲力亲为，保持最高水平

当民宿主人不是等着收钱就好，对外要懂得照顾植物，对内要会煮饭、铺床、打扫房间、修水管，绝对不是每天陪客人聊天就没事，想要节省成本，就要什么都学着自己来。

2. 关注客人的状况，做好完善的民宿保险计划

由于Blue有特殊药物过敏的体质，因此他格外注意客人的身体状况，他尤其强调民宿绝对不能提供任何感冒药、肠胃药，万一客人也有某类药物过敏很容易造成危险，所以只要客人不舒服，他们一定坚持送客人到医院，另外也做好民宿保险规划，将风险降至最低。

3. 宝格丽沐浴品，搭配开放式浴室顶级享受

浴室的设计在水畔星墅也是一大卖点，很少民宿敢大胆规划完全开放的浴室设计，以顶楼的玻璃屋来说，超大尺寸的圆形浴缸就摆在电视旁边，完全没有遮挡的设计，颇适合情侣、夫妻来此享受二人时光。其他房间也都配有加大size浴缸，所以来到此处一定要体验一下泡澡看电视的乐趣。特别值得一提的是，他们所提供的宝格丽沐浴备品应该是创下民宿的先例，这可不是花钱就有，订购之前还必须由宝格丽公司派人来审核，通过标准才能拥有，所以来这里住一晚，行李可以忘记拿，但没用完的宝格丽可别忘记！

装修重点 5000万元以上

1. 锁定客户群全力打造高规格服务

既然已确定民宿的主客户群，就要开始针对客户群拟定全套规格的住宿服务。取经国外饭店的营运手法、强化客人对高级客房装备的感受，或是坚持给客人享受大落地玻璃窗的无敌海景房，都是让客人超越期待的一份心意。

2. 不只是住宿，还要让房客从此爱上

超越服务之上的体贴，绝对是想在房客之前，绝对不要忽视小细节的贴心可以制造更大的惊喜，让房客从这些细节中逐渐累积对民宿的好感，下次出游前第一秒想到的就是你家的民宿！

垦丁

洒落色彩的伊甸园——沙点

浓烈风格抓住对的客户群

原先在台中拥有外销玻璃工厂的吴大哥夫妇，因为深受产业外移的影响，兴起了转换跑道的念头。原来家住台中的吴大哥全家，每年都会到垦丁玩个五六次，简直是个地道的垦丁通，加上当地朋友的怂恿，就选定此处开起民宿。

选择远离垦丁大街的尘嚣，往蓝天碧海的路上，沙点，就像沙滩上的伊甸园一般有着丰富的色彩，在阳光的照耀下，闪耀着彩虹般的光彩。

重新定位，锁定女性客户群

特别选在砂岛这么偏远的地点，就是因为喜爱这里看海、踏浪的悠闲，以及与世无争的独立感。其实早在 2005 年吴大哥夫妇就在现址开设了沙点民宿，以极简的黑白时尚风格为主题，虽然很吸引人，但时尚风的空间让来此度假的客人，好像又回到冷漠的都会生活，加上营业多年出现严重漏水问题，容易散发不良气味，让他们想要重新装修。

蓝天碧海美景，打造色彩精灵

在预备重新装修之时，夫妇俩一边大量阅读众多设计书籍，一边思考如何打造风味别致的民宿。他们认为现在的客人非常喜爱拍照留念，还会将心得与照片上传至社群媒体与朋友们分享，这样等于是一种免费营销。要如何营造处处可拍照美景，又不容易被模仿的风格，正是集集国际设计的特色。恰巧多年前，王镇设计师就曾到旧沙点民宿一游，这层层巧妙的缘分，如同命中注定一般，让沙点以色彩精灵的样貌，重新诞生！

碧绿山景与湛蓝晴空下的沙点民宿，以开朗且愉悦的黄色与橘色，欢迎旅人的到来。弯曲而浪漫的栏杆与露台，让人自在地拥抱蓝天碧海美景，独享贝壳砂岛风光。

1. 鲜艳外观点出民宿特色

醒目的黄橘色建筑，其实背后隐藏了主人与设计师的许多巧思，因为垦丁民宿给人的印象总是碧海蓝天，搭配希腊地中海风或是南洋巴厘岛风的建筑风格，如何显出当地的活力与独具的魅力？设计师以开朗的黄搭配愉悦的橘，欢迎心灵疲倦的旅人来此振奋和充电。

2. 多样材质拼贴瑰丽色彩

穿过缤纷的热带小庭园与露天座椅区，推开透光的玻璃大门，马上就会被眼前的瑰丽色彩所震撼。紫红、鲜黄、亮橘与深蓝色等大壁面的热闹色彩挑逗着你的视觉，心情也顿时变得开朗欢乐。不让墙面独占视线，脚下是大小不一、多彩多姿的瓷砖拼贴的地板，手中触摸的是冰凉而冷艳的马赛克瓷砖拼贴的吧台，这氛围的影响力有如桑巴舞曲般引爆埋藏于心中的热情。

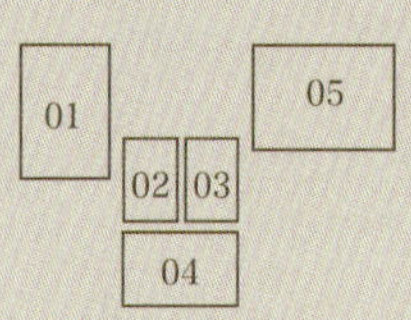

01/ 色彩缤纷并充满活力的建筑物，在蔚蓝天空下有如色彩精灵般令人惊艳。
02/ 靠着窗，在柔软深陷的抱枕中平复情绪，让午后的暖阳晒晒心灵深处。
03/ 多彩地砖铺陈在阳台上，在阳光的照耀下，荡漾着缤纷光泽。
04/ 橙橘大厅壁面搭配深蓝吧台面，空间用色的大胆令人惊奇。小巧的马赛克吧台则是民宿主人吴大哥夜间的最佳表演场所。
05/ 伴随着阵阵海涛声，在蓝天下休憩与沐浴，感觉自己如同晶莹剔透的贝壳砂般，回到自然原始的怀抱。

民宿主人 TIPS 私房笔记

◆宽大空间，能松开旅人心绪

重建时，吴大哥观察到：民宿须转型为具风格特色且高质量的休憩景点。因此，除了留下地板外，所有隔间均拆除重建，为的就是让客人拥有更宽广舒适的空间。外观上，设计师以亮眼的色彩吸引旅人目光，而门窗、栏杆、把手等细部配件设计，也在呼应民宿的浪漫色彩风格。亮眼的一楼大厅，让客人走出房间之后，能自在地与民宿主人聊天互动。在房间内部，除了厕所“有门”，其余都采用半隔间格局，放大视觉效果。无论是方便女性朋友使用的面盆化妆台，为感情增温的外设浴缸，还是慵懒日光浴的座椅，都为了让住客感觉轻松。

◆慎选材料，可维持新颖面貌

垦丁多半气候温热、阳光强，风沙大又含盐分，因此选择好的材料兴建施工才能拥有安全的基础，也才能降低日后保养费用。所以，采用防水的基底、内外油漆使用安全无毒的得利涂料，甚至考虑到外墙的防晒褪色，就连铸铁的栏杆或配件也都经过镀锌以免生锈。

◆应对春呐，彻夜维护住宿质量

春呐活动是每年垦丁民宿主人的大考验，吴大哥也从其中得到深刻的教训。第一年春呐时，一到午夜他就回房睡觉，没想到第二天起床查看状况时，二人订的房间，竟然拥入十多人入睡！甚至有人来商量，一晚要给8万元租整栋，但这样的违法行为会被停止营业三个月，风评更会受到影响。因此，往后每年春呐期间他都不睡觉，仔细察看客人出入，严格规定访客只能在楼下等待，维护住宿质量。

◆把握时机，淡季外出游玩与进修

垦丁的旅游淡季是每年11月到翌年3月，因为圣诞和新年假期的缘故。而吴大哥推荐最适合的季节是4月、5月，天气晴，人较少，可以好好享受垦丁休闲的气氛；由于7月、8月份是大旺季，所以民宿主人大多在9月时休息、外出旅游，或于11月进行翻修。

3. 质朴家具对应色彩大厅

在华丽色彩包围下的一楼大厅是客人们Check in和用早餐的地方，为了沉静炫丽的感官，家具以质朴的样貌搭配，遮阳卷帘与纱质窗帘、靛蓝的藤制沙发与原色的木质卧榻，增添温馨感受，在大片落地窗的暖阳洒落下，翻翻书、啜饮茶都能缓和纷扰的心情，放开紧绷的情绪。

4. 大胆用色铺陈一室浪漫

登上二楼就是幻游色彩梦境的开始，深紫的浓郁，湛蓝的纱幔床，橘红房间中有着柠檬黄的大浴缸，深绿的拱形玻璃光影，浅蓝的梦幻风，暖橘的乡村味……似乎每个房间中都住着不同的色彩精灵，梦幻床架与可爱卫浴，别致的梳妆台与复古灯具，加上吴大哥精心挑选过的软硬适中弹Q的床垫，让人懒懒地赖在梦中，直呼好幸福！

5. 露天泡澡趣，看尽海天美景

入住沙点除了被顶楼海景给吸引，除了房间超大，更拥有能让人尽情放松的宽广露台。毫无遮蔽的视线让你饱览海天一色的美景，而露天泡澡浴缸更是大家跃跃欲试的体验。此外，民宿主人更会贴心地将早餐送到房间，让你可以在晨曦中慢慢享受度假的早晨。

6. 多彩地砖，让你一眼难忘

基于好保养与清洁的目的，民宿中多采用水泥地与瓷砖，但为了增添更多惊喜，地面也拥有多种样貌，如户外阳台的七彩地砖、紫红房间内的黑白地砖、深紫房间内的红绿拼花地砖，就是要让你一眼难忘。

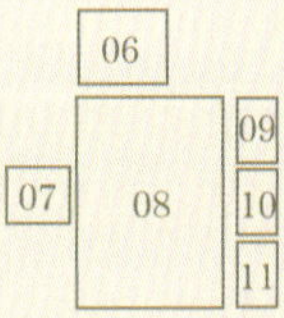

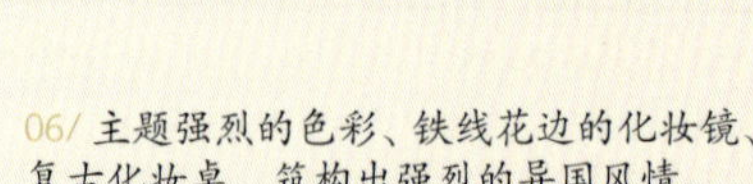

06/ 主题强烈的色彩、铁线花边的化妆镜、复古化妆桌，筑构出强烈的异国风情。
07/ 最受欢迎的房间就是它！宽敞的房间与全然的美景是别处享受不到的，来自国外的客人常常一住就是一个礼拜。
08/ 推开大门有如进入色彩魔境，紫红墙面满布着玫瑰花瓣图纹，质感十足。
09/ 华丽的雕花镜，造型复古的水龙头，连洗手都很异国风！
10/ 重新改造后的沙点，从黑白时尚变身成彩色幻境。
11/ 充满浪漫气氛的房间，让人享受着如同公主般的尊宠。

关于吴大哥夫妇。若不是工作转换，吴大哥夫妇也没预料到会从事服务业。他笑着说："要从工厂经营者这种硬邦邦的经营角色，转变为柔软的全服务民宿业者，就必须调整心态，将客人当成朋友。"吴大嫂也说："刚开始到垦丁时只觉得孤独又痛苦，但当心念一转，将老公的梦想也作为自己的梦想，就能够乐在其中且彼此扶助。"而现在，他们将进行第二家民宿的建造计划，未来大家就有机会入住全新民宿。

民宿小档案

沙点

地址：屏东县恒春镇鹅銮里砂岛路230号
订房专线：08-8851107
网站：www.sand.com.tw

民宿主人	吴大哥夫妇
建筑物模式	购地自建
基地面积	土地：90 平方米 建筑物：240 平方米
主人特色	无论是解说导览，当地团体活动，经营与开发，还是语言与健康等相关服务，他们都乐于学习及参与。
民宿特色	1. 设定女性为主要消费族群，所以重建民宿时，直接以女生会喜欢的多变浪漫风格为主。 2. 民宿空间的各处细部设计皆以拍照的端景为思考点，不仅容易受到女生青睐，也大大增加网络知名度。

Advantage analysis 经营优势分析

1. 精进外语，轻松面对国际旅客

由于垦丁是个国际性的旅游地点，有许多外国客人到访，而且他们常是一待就待上一个礼拜，因此民宿主人的外语能力显得非常重要。吴大嫂也因此开始学习多种语言，更能轻松应对外国旅客的需求。

2. 套餐式餐点控制食材数量

吴大嫂笑说："民宿主人真的是无所不能！"从兴建花园、通马桶、换灯泡到开发早餐菜色都要学会。就像在经营初期曾提供中式早餐，但因稀饭需要多样小菜搭配，总是有剩下的食材让他们全家连续一个月都吃相同食物，因此改为提供西式早餐，不仅每人一份好备料，更可控制数量与质量，随时能做变化。

3. 强烈风格吸引女性

大厅中瑰丽的色彩引爆心中的热情，且让暖阳的氛围酝酿休憩的心情。进入房间内，浪漫的元素点燃度假的情绪，与天地共浴让人焕然一新。选择女性喜爱的颜色来布置各处房间，强烈而浓厚的色彩带出空间的多彩与神秘感，而特选的床架与纱幔，则营造更浪漫的气氛。每一间房间都以截然不同的色彩和空间区划设计，就是要创造多次体验的欲望。

盛夏的时尚庆典——都法豪华庄园 case 02

垦丁

精心计算过的体贴入心

垦丁给人的印象总是比基尼、啤酒和沙滩，是年轻人恣意享乐的地盘，他们只要有的玩，廉价的民宿房间也能接受，但有品位的都市熟男、熟女们可不想委屈自己，以现代巴洛克风格打造的都法豪华庄园，是垦丁的全新选择，绝对能满足喜爱时尚的城市男女们。

原来在新竹从事电子贸易的Alan，来到垦丁真的是从零开始，在垦丁从买地、找建筑师、申请执照开始，Alan几乎凡事亲力亲为，力求盖一栋有大草地的风格民宿，加上他喜欢收集古董、喜欢复古风的兴趣，也让民宿抛开垦丁泛滥的希腊风、巴厘岛风，而以华丽神秘的精品设计旅馆为发想，走出一条独一无二的道路。

卓越格调品位，引领垦丁时尚

Alan 以勇于尝试、敢突破的心态，把民宿的服务质量提升至更高，在建筑和空间风格上愿意投入高成本，吸引具有高消费能力和品位的年轻族群，甚至眼光颇挑剔的香港人也爱上这里，络绎不绝地指定来住都法豪华庄园。

在取名上，Alan 也别具用心，以北欧神话中的海神都法为名，都法象征的是风平浪静，也恰好与靠海的垦丁呼应，让每个来访的旅客都能度过一个风平浪静的悠闲假期，而海神手拿的权杖也被设计成为都法的别致 Logo，神秘中带着优雅的氛围，果然在开业初期就获得许多香港游客的喜爱。

追求每个细节的精致度

当两个对细节同样讲究的人遇在一起，便能激荡出一大串道不尽的故事，民宿主人 Alan 和设计师张晋嘉因缘际会认识，合拍的默契让他们大胆尝试实验性的民宿空间，为了达到期望中的效果，宁愿牺牲成本不断修改，只为了将最好的设计提供给房客，打造出垦丁绝无仅有的设计旅店特色，欢迎旅人的到来。

02 03 04

01

01/ 现代巴洛克风格打造的都法豪华庄园。
02/ 一进大厅，抬头可见挑高的天花板和造型吊灯，与弧形墙面形成有趣的构图。
03/ 大厅内的吧台设计以镜面反射出空间的华丽氛围，马赛克瓷砖则砌出弧形台面聚焦目光。
04/ 为了不让空间因为黑墙显得过暗，设计师运用间接灯槽、吊灯等不同照明搭配，让大厅流露出明暗的美感层次。

05/ 带着巴洛克式的绚丽，在特殊打光下，隐约透出一丝属于夏日的狂放。
06/ 都法豪华庄园以欧式风格建筑打造，白色的外观在蓝天的映衬下分外鲜明。
07/ 光影变化在好天气的垦丁是最美的礼物，一天 24 小时都能带来惊喜。
08/ 露台的设计除了观景之外，也能让人享受不同于垦丁大街的宁静。

特色亮点

1. 玩对比，黑与白楼层创造神秘情境

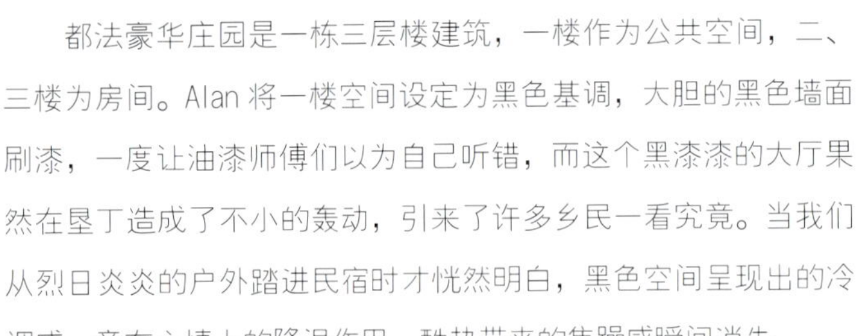

都法豪华庄园是一栋三层楼建筑，一楼作为公共空间，二、三楼为房间。Alan 将一楼空间设定为黑色基调，大胆的黑色墙面刷漆，一度让油漆师傅们以为自己听错，而这个黑漆漆的大厅果然在垦丁造成了不小的轰动，引来了许多乡民一看究竟。当我们从烈日炎炎的户外踏进民宿时才恍然明白，黑色空间呈现出的冷调感，竟有心情上的降温作用，酷热带来的焦躁感瞬间消失。

步上二楼之后，空间色彩立即从神秘转成明亮，张晋嘉设计师表示，他表现的是一种色彩对比的趣味，二楼以白色作为基调，三楼则是黑色，从家具、灯具到瓷砖的挑选，都以时尚现代为主，另外搭配一些古典家饰，形成另一种新与旧的对比。

2. 玩建材，粗犷与细致表现另类空间质感

多元的建材运用也是都法豪华庄园的特色，主人 Alan 喜欢现代利落的质感，如镜面、玻璃、马赛克瓷砖、不锈钢甚至 EPOXY 地板，都巧妙搭配其中，加上刻意裸露的天花板管线，以往光滑平整的 EPOXY 地板也改为粗糙面，充分衬托出细腻华丽家具的质感，让空间呈现华丽与 LOFT 的强烈对比，少了浮夸的矫作，多了耐人寻味的人文气息。

3. 玩光线，明暗效果变化不同空间表情

夜晚的都法十分有看头，黑色的一楼大厅化身成为时尚 lounge bar，三五好友坐在此聊天特别有情调，或是到户外木栈板座位区，看星空，听蛙鸣，买一堆夜宵喝酒聊天是另一种自在享乐。

走出户外才发现都法的建筑外观装置了会不断变色的 LED 灯，就像这条静谧的船顶路上一颗彩色的宝石。另一个让人惊艳的是建筑物的窗框不是常见的铝色，而被 Alan 改为明亮的紫色，为了挑到最漂亮的紫，他还特别在计算机上调出了 16 种紫，一种一种与建筑颜色比对，足见 Alan 对每个细节的重视程度。

◆垦丁私人土地昂贵，须斟酌预算

在垦丁盖民宿和宜兰、花莲最大的不同就是地价，Alan 说尤其是私人土地价格昂贵，好的地段甚至是一平方米 50 万元起跳，又有建筑率、容积率的限制，不是每一平方米都能拿来盖房子，以都法豪华庄园来说，农地为 986 平方米，但建筑物才 280 平方米，甚至要切割出部分面积作为道路使用，想在垦丁盖民宿的人要先掂掂自己荷包够不够深。

◆离海近，有花园，地点是决胜关键

垦丁的号召力很大一部分来自有漂亮的海滩，因此当初 Alan 在选基地时就优先考虑离海滩近的地方，让房客走着就能去沙滩散步、嬉水。此外，他也希望有足够大的面积作为花园及停车场，方便房客们晚上在户外用餐、纳凉，这些都是除了空间、服务之外，能吸引客人入住的很重要的窍门。

◆把自己想成顾客，问是否愿意掏钱住宿

开民宿之前也去住过很多民宿的 Alan，当规划民宿的过程中有成本挣扎时，他都会问自己："如果我是房客，愿意掏钱来住吗？"以这个出发点来思考，很多的设计细节自然会往上提升，甚至于在房间定价上，就让他犹豫到失眠，虽然很多同行都嫌他房价太便宜（一般平日才 3000 元，假日 3600 元），或是告诉他设施不必做到那么好，客人根本看不懂，但 Alan 还是很坚持给客人好东西，包括顶级隔音门窗、饭店级卡片锁、四个两硬两软的枕头、特别定制的灰色毛巾、宝格丽的沐浴备品等，让客人住过还会想再来住，增加回流率。

◆停车场设置监视器，避免房客起争端

Alan 为顾客的细心设想程度一再让人惊讶，尤其爱车的他了解车子对于主人的重要性，特别在停车场装了三个监视器，甚至还有车牌辨视功能，倒不是怕车被窃，而是担心万一在外面喝了酒，回停车场时擦撞了别人的车，然后睡一觉起来什么也不记得，找不到人赔会让车被刮伤的车主很伤心，虽然发生这种事的概率很低，但 Alan 还是愿意花成本在客人的权益维护上。

4. 大厅地板挑深色系雾面瓷砖，易清洁不脏污

民宿毕竟是商业空间，长时间地使用下来物件耗损率高，建议要经营民宿的人，有许多空间上的保养维修问题，在动工前就要想好，不要冲动地只顾赶工，忽视现在的小问题变成将来的大问题。入门处最怕下雨天让人踩脏地板，一天都要拖地好几回，为了避免太花时间在拖地上，最好选择雾面的深色地砖。

5. 高低比例层次感，美感兼顾人体工学

都法的空间设计在很多细节上特别重视层次感，就连浴室的毛巾架高度都再三斟酌，镜子也只落在人的脸部高度，不需大面积铺到龙头旁。对主人而言，这样的巧妙设计让镜子更不容易被溅湿，就更能节省打扫清洁的时间了。

6. 家具采用亮面烤漆，轻松擦拭使用如新

民宿中的大部分家具采用了亮面烤漆的材料，在视觉效果上亲和内敛，给人一种典雅素净、含蓄的色彩体验。

Advantage analysis 经营优势分析

1. 定制活动式家具，一举多得

与许多民宿或饭店不同，房间使用的全都是特别定制的活动式家具，而非木工施作。很多人认为固定木工才耐用，但设计师却认为一旦发生损毁，固定木作必须全部拆除，容易伤了地面和墙面，反而花费更高，而活动式家具搬动替换灵活，还可以随流行改变表面材，一举多得。

2. 私房秘密行程

垦丁的玩法并不止于垦丁大街，在Alan的口袋中，藏有摆脱观光人潮，吃得开心，玩得快乐，真正畅游垦丁的秘密行程，不论是海滩上抓浪花蟹，还是到Alan的秘密基地钓鱼，都能请Alan以当地人生活步调推荐私房行程。

3. 多元表演空间，引进乐团和文艺展览

由于都法豪华庄园保留了很多公共空间面积，因此非常适合举办户外小型音乐会、文艺展览等活动，Alan甚至有聘请DJ假日到民宿播歌的构想，或是邀一些驻地艺术家将作品展示在一楼大厅，让房客不仅仅是留宿而已，更能有多元的艺术欣赏。

关于Alan。都法豪华庄园的主人是Alan，在新竹从事电子贸易的他，本来已经打算到大陆去工作，去之前计划到垦丁放松几天，没想到短短几天却让他的人生转了大弯，他爱上了垦丁的海、天空和缓慢的生活步调，他重新思考是否值得继续原来夜以继日的紧张生活，何不在垦丁开间民宿，让自己的生活归零之后再启动呢？于是他毅然决然地放弃对岸高薪工作，历经从无到有的圆梦过程，带着勇于尝试、敢突破的心态，走出都法豪华庄园独一无二的成功之路。

民宿小档案

都法豪华庄园

地址：屏东县恒春镇船顶路155号

订房专线：08-8851158

网站：www.dufa.com.tw

民宿主人	Alan
建筑物模式	购地自建
基地面积	土地：986 平方米 建筑物：280 平方米
主人特色	以好品位构筑出精彩建筑空间，吸引具有高消费能力和品位的年轻族群，把民宿的服务质量提升至更高。
民宿特色	1. 从硬件到软件设计，皆以民宿少有的时尚度发想，在垦丁提供绝无仅有的独特品位。 2. 在自然环境中营造精致的都市氛围，房价平实，设备、服务却更加贴心完备，让游客能轻松享受到设计旅店般的美好。

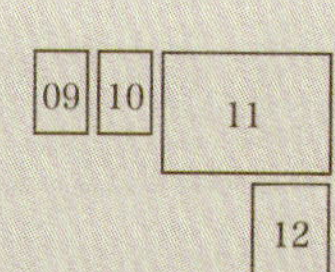

09/ 房间预留相当大的浴室，让人享受开放式的空间带来的舒畅感，双面盆的设计让人有如置身五星级饭店中。

10/ 喜欢古典家具的 Alan 在公共空间搭配了不同造型的古典单椅，搭配黑色墙面营造出如夜店般的神秘感。

11/ 二楼的房间以白色为主，从床组、家具到镜框皆精心搭配，而每间房附设的大阳台都能将大量采光引进屋内。

12/ 房间的床组、床边几一律以定制取代固定木作，好处是活动式的家具能随时做调动，维修上也方便。

垦丁

邂逅绝色秘境——海境

大开窗海景客房引人入胜

穿过蜿蜒山间的小径来到山顶的海境，两座对称的白色现代建筑，静静地显现与世隔绝的震撼力，一望无际的天空与海，我们如此奢侈地享有。也只有在这里才明白蓝色不止有一种，忽近忽远，深深浅浅，调出专属于垦丁、专属于海境的绝美之色。

离垦丁大街约15分钟车程的海境，若没有自行开车或租车，是个不太容易到达的地方，也就是因为这样的先天限制，让海境抛开了垦丁大街的喧嚣与人潮，位于山顶的绝佳地理位置，让它不仅可以望山也可以望海，着实让人意想不到恒春也有如此绝美的山海风景。

不忍独享的绝色美景

民宿主人之一的Lisa笑着说道，这本来是他们四个兄弟姐妹买下来自住的地，但风景实在是太美，他们不忍心独自占有，才兴起了开民

宿的念头，加上大哥尤以文是土木系出身，曾开过土地测量顾问公司，拥有比一般人专业的建筑经验，让两座白色的对称式建筑成了海境吸引人的招牌。两边白色利落的墙面留出随性排列的开窗，在垦丁的深蓝色天空衬托下，使海境就像与云同游的空中城堡，原以为这已经是极致之美，等到了现场才发现，建筑背面的设计巧思与风景，才真正让人赞叹。

绝无仅有的双面景观

海境的两栋白色建筑，从正面看是两道平面的挡风墙，但绕到后方可就让人大吃一惊了，阶梯式的阳台设计让每个房间都拥有无敌海景，房间数由下往上递减，顶楼的四间 VIP 拥有最长的景观窗和独享天台。很多到海境住过的客人都十分惊讶于这儿媲美国外的景致，往海的方向望去可见白色屋舍错落的小渔村，就像希腊地中海畔一样；而往山的那一头望，又是辽阔无边的牧场，就像到了新西兰田野，完全忘记自己身在台湾呢！

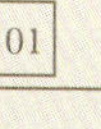

02

01 ~ 02/ 两栋对称式的白色建筑在蓝天的衬托下格外显眼。因受限于迎风面，故不设阳台，而改为错落有致的大小观景窗。

特色亮点

1. 保持原始风貌，是与自然融合的前提

尽量保持土地的原始风貌，是尤大哥在规划民宿时的坚持，除了建筑物本身采用与山脚下渔村屋舍一样的白色墙面之外，造型更以自然简约为主，不做过于复杂花哨的设计，而牧牛栅栏区、向日葵区和景观水池，都与四周生态相呼应，就像本来就存在一般自然。

2. 重点开窗两面挡风墙，功能设计兼具

迎落山风面的建筑设计，不做阳台并增设两道挡风墙，留零星重点开窗，从室内往外看，一个个小窗就像一幅幅框景，框出不同自然景致；而从户外看向建筑本身，大小不一的开窗更成为不规则的特殊装饰。

3. 环保与节能诉求，大家一起爱护大自然

土木工程出身的主人，对环保特别重视，除了园区参与政府的全民造林运动之外，也在房间采用电源节能控制、雨水回收利用、热泵热水器、太阳能或 LED 灯源等，更在晚间 10 点过后熄掉广告灯，爱护自己所居住的环境。

4. 视觉景观衔接，浅水池带来暑日凉气

海境除了有可供小朋友戏水的 SPA 池之外，在建筑的背面也规划两个大面积的浅水景观池，尤大哥表示这两个水池不是戏水用而是装饰用，目的在于让建筑物与海面之间获得视觉上的衔接，建筑也会通过水面的倒影产生美感，在酷暑天气也能让视觉和心灵稍稍降温。

5. DVD Player，进门轻快旋律音乐就响起

当 Lisa 带我们参观各种房型时，我们发现只要一踏进房间就会传来悦耳的音乐，原来细心的她在每个房间都放了设定好的 DVD Player，只要房客进房就会听见《快乐卡农》的轻快旋律，让人一进房就放松愉快。

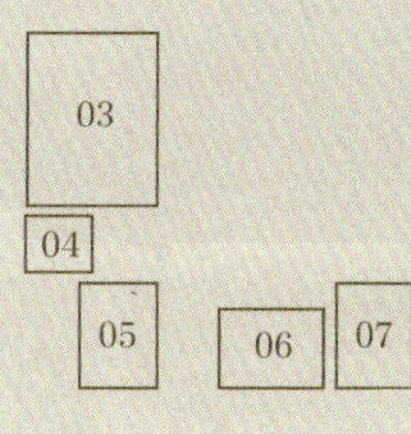

03/ 建筑物造型简约，与四周的自然风光融为一体。
04/ 从海境往海的方向望去，可见白色屋舍错落的小渔村，在蓝天白云的陪衬下，如同来到了爱琴海。
05/ 抛开大街的尘嚣，单纯地赏山乐海，海境是不二选择。
06/ 房间的原木家具都来自巴厘岛，沙发则是特别定制，VIP 双人房还有按摩浴缸配备，让房间俨如精品旅馆般舒适，不让海景专美于前。
07/ 顶楼的 VIP 房有独立的楼梯通往私人天台，浴室则以玻璃天花板引入日光，让人与大自然零距离接触。

民宿主人 TIPS 私房笔记

◆落山风带来的泥沙无所不在

恒春“特产”——落山风会带来大量的沙，风力之强大就连民宅的二楼都要装上铁卷门，因此若有大面积水池设计，就要衡量清理泥沙的时间成本，海境的做法是在冬天落山风时期不开放 SPA 池。

◆杂草总是春风吹又生

因为海境的园区太大，杂草又长得快，常常是左边园区锄完，右边园区杂草又长出来，希望效率快的话，就必须聘请工人来锄草，这也是维护成本上的考量因素。

◆白墙建筑虽耀眼，但须经常补漆

两栋建筑皆采用大量白色的墙面，而且是使用成本较高的平光环保无毒漆，虽然在日光照耀下非常抢眼，但一有污渍马上被看见，必须经常补漆保养。

◆大面积开窗须增加防晒设施

每个房间都有大面积开窗的阳台，房间家具和设备容易因为长时间日晒而受损，所以除了采用鹅牌加厚玻璃气密窗之外，另外增加遮光纱帘将光线减弱。

6. 阶梯宽面阳台，晴雨都能自在赏海景

由于建筑的背面是朝向大海，因此规划每一间房间都面海，就算是一般房也拥有大面积的落地窗和阳台，不会让客人有看不到海的遗憾，即使躺在床上也能饱览辽阔海景，无边际的海面还真让人有睡在豪华邮轮上的错觉。

7. 开放式浴室设计，恣意沐浴月光海

完全开放的浴室设计是海境的一大特色，Lisa 表示，为了让客人获得最大的观海视野，浴缸全部都规划在窗前，泡澡时就能欣赏星光月色，尤其是这儿才有的月光海奇景，月色洒落在海面上形成粼粼波光，让人不用饮酒就沉醉其中了。

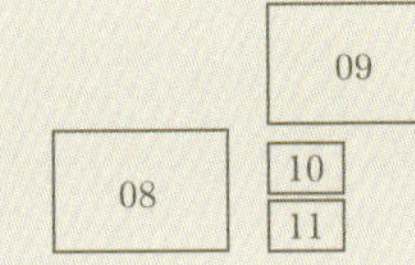

08/VIP房拥有面积很宽的观景阳台，不论房间任何一个角落都能欣赏海景，就连沐浴、泡澡也能徜徉蓝天海洋之中。
09/为了不阻挡看海的视野，阳台仅以黑铁栏杆围起，就算是躺在躺椅上也能饱览美景。
10/玻璃窗门设计，让日光能大量照射进来，夜晚则能躺在浴缸里欣赏星光。
11/房间另一侧是往恒春镇上的风景，通过长形窗户的设计，将成排的远山与城镇都纳进了房间的风景之中。

8. 微型旅馆概念，顶级床垫超好眠

Lisa认为海境是一种微型旅馆的概念延伸，例如：在家具、床垫上的高标准，就不是一般民宿做得到的，所有原木家具都由巴厘岛货运来台，沙发则采用定制设计，更别说一组8万元、独立筒再加厚15cm的顶级床垫，就连会认床的客人也一夜好眠。

Advantage analysis 经营优势分析

1. 位于制高点，景色绝美无双

海境位于恒春西半岛的制高点上，不但拥有360度环绕视野，还是恒春半岛上唯一可以同时欣赏日出日落之地，同时也能欣赏到"恒春八景"的六景：关山夕照、虎头山、三台山、赤牛岭、龙銮潭、马鞍山。

2. 社区共同宣传，企划结盟带动人气

推出"住海境玩遍恒春西半岛"的企划，结合后壁湖海鲜、海生馆、关山等外围观光带动繁荣。或推荐房客们自带单车环恒春半岛或大鹏湾国家风景区骑行，也是很不错的选择。

3. 举办各种活动，每次都有新鲜体验

海境不定期举办许多有趣的活动，如摄影比赛、涂鸦比赛等，甚至邀请客人们带乐器来海境，只要能让腊肠狗拿铁开口唱歌，就能获得奖赏，还真的有客人用小提琴征服了拿铁，让它引吭高歌了起来，官网上可以看到拿铁唱歌的影片噢！

关于尤大哥。民宿主人尤大哥和其他三位兄弟姐妹都是土生土长的恒春人，自然对这块土地有着浓厚的依恋，如今更将这一块“海角天涯”和所有人分享，通过自地自建的建筑与自然合二为一，把爱土地的心意彻底实现。

海境

地址：恒春镇山海里红柴路2-6号

订房专线：0934-135888

网站：www.oceanparadise.com.tw

民宿主人	尤以文四兄弟姐妹及妻子
建筑物模式	购地自建
基地面积	土地：7亩 建筑物：300平方米
主人特色	兄弟姐妹共同携手经营海境民宿，他们彼此互相扶持、各司其职。
民宿特色	1. 从房间往恒春市区方向望，夜景就像一条璀璨的钻石项链。 2. 越夜越美丽的星空夜色，还有难得一见的月光海。

case 04

宜兰

抓住水畔的彩虹——水岸森林

导入国外度假村概念经营品牌

看风抚过绿油油的稻田，亲闻阵阵自然香气。在林荫大道上采摘植物,手工拓印留下自然回忆。坐在木作小阳台上,乘风纳凉,观看鱼雁嬉戏。如此闲适的生活步调，就是令林大哥决定落脚在宜兰的原因。林大哥很希望退休后住在有如南洋小岛的水上 VILLA 优哉游哉享受，于是在这拥有天然涌泉的乡间绿地，打造出仿地中海式建筑结构，一栋一个色彩宛若彩虹屋伫立涌泉湖泊，邀大家齐来享乐，当天想以哪种心情入住，就用哪种情调 check in。

循着这座盖在天然涌泉上的彩色斜屋，就可找到水岸森林民宿主人林渭川的圆梦故事。

民宿，不该只是过夜

林大哥深觉时下民宿不该只提供一张简单的床与盥洗室，满足睡觉这件事,坚持水岸森林要有很多surprise才行。在通往住房的林荫大道上，仔细瞧瞧脚边有什么惊喜设计，林大哥亲自到附近田园采摘姑婆芋和鸡蛋花树叶当作拓印工具，走往预订客房的路上，猜猜你认得哪几种植物，

上堂自然课。来到这里即使不暴走旅行，光在 5000 多平方米园区内边走边逛，享受绿地泳池和欣赏涌泉生态造景，也能充实度过难忘的周休假期。

像在家一样舒适

基于主人热情招待的理念，水岸森林房内所有家饰品全选自 HOLA 居家馆，刷卡一进门，玄关口会摆放蔺草室内拖鞋，每间房都有不同香气的薰香瓶，浴巾也不绣上民宿 Logo，更不是白不溜丢的外观，被套、床单、抱枕等全采用住家会使用的花色图样，就好像自己的家一样。check out 时，水岸也很欢迎住客带走好穿的室内拖鞋，因为那些使用过的贴身用品，水岸不会用在第二位拜访的朋友身上。

01

02

01/ 夜晚的水岸森林，像是只存在于传说中的夜虹，美得如梦似幻。
02/ 整个工程分三期兴建，户外景观仿巴厘岛设计，一草一木由民宿主人亲手栽种。

1. 缤纷水上屋，创造无穷乐趣

盖在涌泉上方的彩虹 VILLA，一栋栋相互错落，白墙斜顶的简单外形，仿若地中海式小屋结构，最有玩心的设计是每栋都漆上彩虹般亮丽的缤纷色彩，衬着蓝天绿水格外有度假情调。

2. 专业生态池造就丰富自然景观

拜园区里天然涌泉之利，委托专门进行湿地教学的草堂花圃专家——朱清煌挖凿数百平方米的生态复育池，百种植物造就生态池自给自足，不需额外投注饲料给鱼群。而生态池还与周边环境衔接，接由上游溪水与自地涌泉水源，从复育池再流到沟圳，也因地下泉水洁净与流动的自然循环，不时可见湖里溪哥小鱼，最特别的是原栖息在数米远的红面鸭也跑来下蛋，母鸭带小鸭四处悠游，成为最丰富的自然景观。

3. 景观阳台拥抱天月水色

房间的景观阳台除了可以俯望生态池与庭园的景色，同时也能在夜晚享受轻风吹拂，欣赏倒映在生态池的月亮，感受一下当李白的诗情画意。

4. 大量植栽营造巴厘岛的绿意

水岸森林更让人惊艳的是恍若来到巴厘岛的庭园造景，宽广的草坪跟绿意盎然的各种植物，走进庭园，眼底欣赏的是山林绿意景观，听着池水潺潺和未间断的虫鸣鸟叫，让心情顿时沉淀平静下来。而这片美丽的林子，每一棵树都是林大哥亲手栽种。

5. BUBBLE 创意房型，半透明地板设计

一楼 BUBBLE 系列房型，室内地板嵌有大面半椭圆强化玻璃，不时可看到复育池的溪鱼雁鸭从中游过，房间外还有小木作阳台，好比漂在湖上的小凉亭，坐在林大哥亲手挑选的巴厘岛实木家具上，乘晚风纳凉去，好不快活。

6. YOYO 水韵房型，度假风天然泳池

水岸森林中最让人向往的房型是 YOYO 系列，媲美国外度假小屋，浴室直接串联后方庭院，拥有独立泳池，以钢板灌模塑造石头墙凹凸墙面效果，长柱状水池还有 LED 按摩水柱疗效，而池水也是取自天然涌泉过滤而成，绝无添加氯成分刺激肌肤。

7. STAR 同乐房型，夹层观星天窗

林大哥说国外 RESORT 怎么做，他的客房也要怎么做，强调在水岸森林没有制式白色床单，要用缤纷而柔和的图腾沉淀来此度假者的心灵，所有寝饰、抱枕均挑选知名品牌，以精致质感取胜。二楼 STAR 系列，相同空间设计，不同的是空间挑高做了小夹层，可容纳多人入住，顶楼天井更刻意改为有自动升降布帆的玻璃天窗，当夜晚晴空无云，就和友人一起数星星吧。

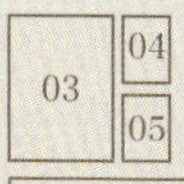

03/ 彩虹水上屋在水面上交错更迭地排列着，如同天边彩虹错落到湖面上。
04/ 汇入希腊式建筑特色，白色的砖砌墙面有着浓浓的爱琴海风格，加上池边的蓝色马赛克拼贴，展现出悠闲的气氛。
05/BUBBLE 房地板嵌有半椭圆强化玻璃，让住客可以体验站在水上的感觉，也能欣赏鱼儿们在水里嬉游的景观。
06/ 利用旋转梯打造楼层之间的流线感，挑高的落地窗为房间带来满室的明亮。

民宿主人 TIPS 私房笔记

◆首先整理建地，争取营业空间

因基地原为牧场，地势平坦，形状也较为畸零，就当地法规而言，农地只能兴盖一栋建筑物，故进行整地，填整有高低起伏的地表，让土地表面能有三栋主建筑物。

◆地处涌泉之上，水利环保要评估

部分水岸森林是建筑在涌泉之上，涉及水利与环保评估问题，须委托相关单位进行堪验与申请合法执照。

◆考量营建成本，基地分三期施工

第一期完成员工宿舍、接待大厅与水上屋民宿三栋建筑物；其中 4000 多平方米规划成巴厘岛 VILLA 户外景观，于 2009 年初营业。二期工程为公共泳池与会议等区块，以满足公司团体旅游需求；原开放给住宿旅客使用的餐厅，也开始对外提供午、晚餐服务。第三期邻近水上屋的土地工程，考量资金庞大，实行不易，以改披覆绿地代替。

◆为求降低成本，自己种树凿土

由于工程庞大，预算有限，为省开销干脆自己采购 7000 多元小怪手机，自个儿当工人，种树凿土，问园内哪棵植物是林大哥种的，每一棵，他都了如指掌。

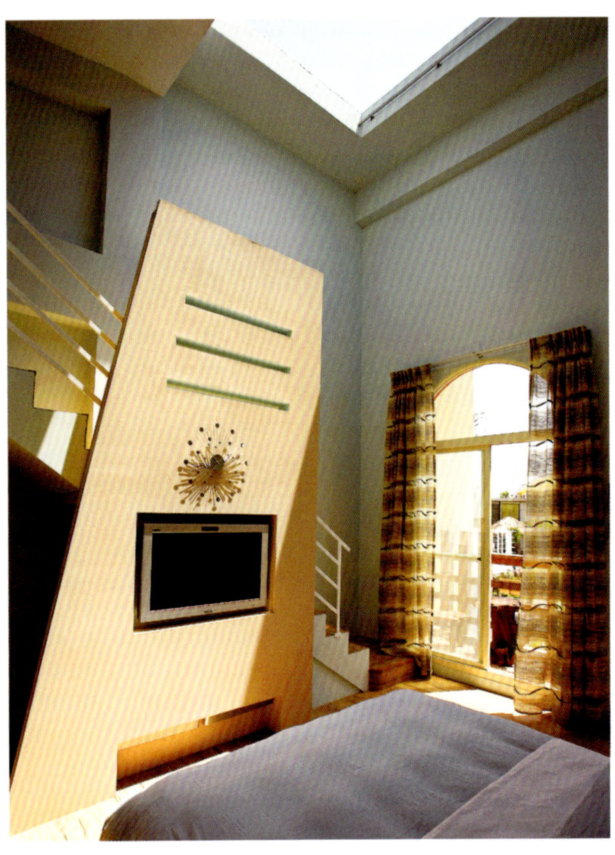

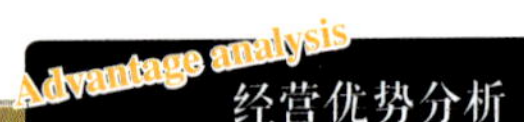

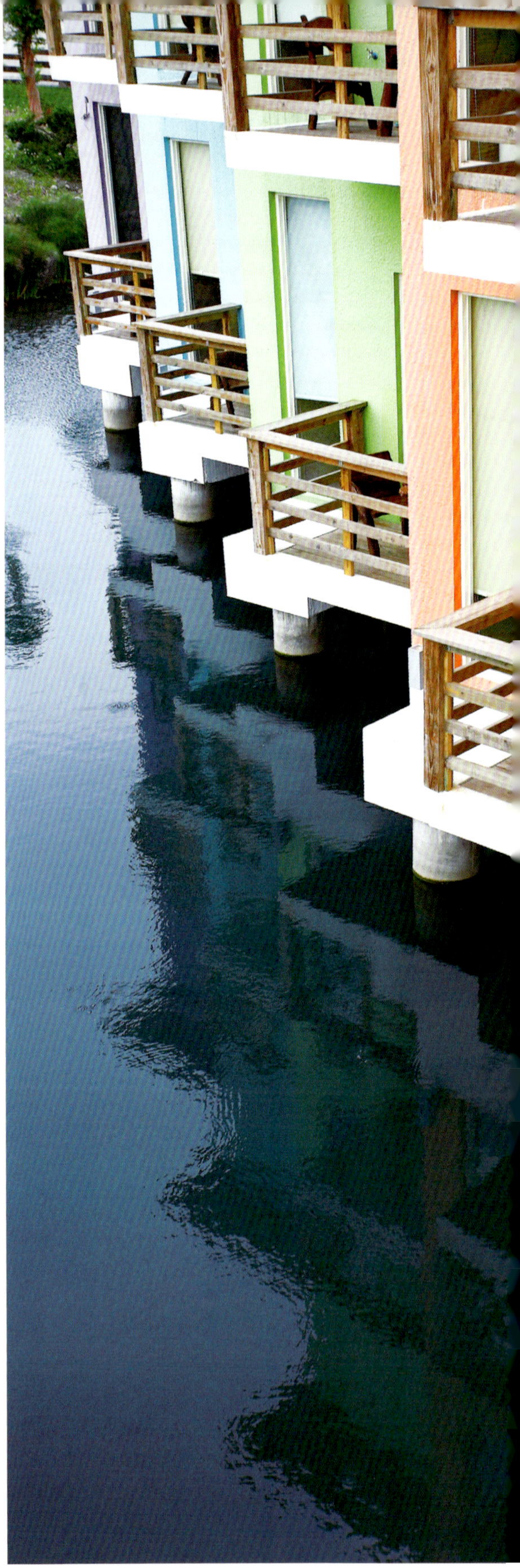

Advantage analysis 经营优势分析

1. 分析市场需求，定位度假村品牌

林大哥观察岛内民宿与休闲旅游两者落差甚多，民宿除了温馨招待，还可想想能提供什么特色是现下没有的，找出独有的民宿招牌，并将国外度假村概念纳入品牌经营，用更多精致服务来满足大众享乐需求。

2. 随时发想新意，重现贴心服务

目前林大哥还想微调部分空间动线，预计牺牲一间客房好扩大餐厅，以便对外开放，甚至另外打造住宿专用休息区，随时供应水果茶点让住客尽情取用，客房内的小礼品也会依访客人数与族群略有调整，如增加亲子沐浴组等，更因应暑假推出系列活动。所有的享乐主意都在林大哥脑里不停打转，或许下个月前往，水岸森林又有不同花招。

3. 贴心泰式SPA组疗愈疲惫身心

走进每间浴室会发现化妆镜前都贴有一张贴心叮咛，嘱咐着请拿起篮内泰式SPA组好好享受泡澡舒压之旅。需不需要额外付费？不用。卧房都备有大型按摩浴缸，更提供SPA沐浴组，大家一定要滴几滴精油随水柱按摩全身，抛开情绪上的负担，也抛开一整天游山涉水的身体疲惫；万一SPA组还有剩，还能带回家继续享用，延续在水岸森林的回忆。

关于林渭川。在有线电视打拼数十年的林渭川大哥，花了六年时间找地整地，老板兼做长工，回乡建盖他心中理想的水上屋，将国外休闲度假RESORT带入民宿经营，除提供主人温馨招待外，更多一分国外度假氛围。占地约5000平方米的水岸森林，林大哥花了6年时间心力与大量金钱打造，还因占地太大，甚至自己买怪手，学开机器搬运土木省开销，前前后后投入近2亿元资金。现在，他每天开心地边当“长工”边和到访游客聊天，开始第二个人生梦。

民宿小档案

水岸森林

地址：宜兰县冬山乡柯林新路90号

电话：03-9610277

网址：www.river-forest.com.tw

民宿主人	林渭川
建筑物模式	购地自建
基地面积	地：7亩 建筑物：300平方米
主人特色	分批有计划地实现自己的梦想，明了各式工程施作诀窍，更是品牌理念规划师，将民宿经营得有如国外度假村。
民宿特色	1. 善用独有的涌泉特色，邀请专家规划生态复育池，旅客能轻松体验丰富的自然景观。 2. 房型规划选择性多，透明地板、私人泳池、木作露台等设计，让旅客能依需求选择最喜欢的住房体验。

07 08 09 10

07/ 透明的屋顶天窗，白昼时仰望晴空白云，夜晚则躺在床上欣赏满天星光，感受徜徉在天幕之下的愉悦。

08/ 落地圆拱窗和木造栏杆增添悠闲情趣，走出阳台可感受到水上人家的氛围。

09/ 水岸森林每间卧房都配有按摩浴缸，弛放疲惫身躯赋予旅客回到家的舒适感。

10/ 家饰与寝具均选用HOLA的产品，提供住客最舒适的享受。

宜兰

case 05

用互动的温度带来感动——有朋会馆

以招待老友的心意款待每一位房客

坐落在宜兰县礁溪和员山乡的交界处，有朋会馆占地6000平方米，背山面河，与自然环境融合的建筑物充满特色，泥灰色的外观简约、质朴，极富现代感的设计，和民宿主人一样，亲切，热忱，富有人情味。

误打误撞成为民宿

“最早买地、盖屋并不是想开放做民宿的。”民宿主人陈明芳回忆，在宜兰买地、盖房子，最初的目的是为了给自己住，想为自己的退休做规划，想盖一栋自己的房子，是用来度假、休憩、养老的空间，顺便在亲朋好友

01/ 扶疏的林木、带有童趣的圆桩步道，为会馆增添了闲适的气息。
02/ 清水模建筑矗立在群山的环绕下，显得格外静谧。
03/ 从采光到空气对流，都跟自然环境息息相关。

造访时，有一个交流、联谊的地方，所以建筑物是以一个私人招待所、私人会馆的模式去规划的。

讲到私人会馆，要提供来访的朋友、贵宾一个休息和住的地方，需要有供餐的地方，要能提供来客住、吃、放松的空间，所以有朋会馆陆续以这种形态在运作，作为招待和接待之用。由于来的客人很多，大家都很喜欢会馆的环境、建筑特色以及设计风格，在大家的分享之下，很多朋友的朋友都很期待来参观，所以在 2015 年 10 月 1 日，有朋会馆正式用民宿的方式对外开放，将会馆的部分空间开放作为民宿之用。

清水模建筑与环境完美融合

有很长一段时间，陈明芳面临“不知道要盖怎样的房子”的窘境。“要盖怎样的风格、怎样的建筑，完全没有任何的想法，心情实在很惶恐。”回想起那段时期，陈明芳说道。因此他开始到处去观摩，在宜兰、在台北到处参考建筑物，然而，并没有任何一栋建筑物让他有“就是这样”的感觉。

通过阅读，陈明芳收集了很多国外现代、前卫建筑师的作品，其中，清水模本身质朴与自然的质感与线条，紧紧地抓住了陈明芳的目光。清水模的表面自然呈现模板的纹路，不经过粉刷和贴砖，呈现出木头原本的粗犷和自然感，能够和大自然融合，和环境不会互相冲突。

而清水模建筑的两大特色，第一是采光，通过科学的原理，精算一年四季太阳光照射进屋内的角度。在会馆中，冬天、夏天的阳光都能通过不同的开窗位置进到室内，不但让室内变得明亮，还可以看到美丽的光影变化，让人在房间内就能感受到光线的流动。

1. 独立建筑区分私人与工作

有朋会馆目前的建筑有A、B、C三栋，用做民宿对外开放的空间只有A、B两栋部分房间，其他还是作为私人招待所之用。A栋最早规划是做自用，是陈明芳为自己而盖的。“年纪慢慢大了，我想为自己和家人盖一栋退休后可以养老的建筑，所以以城堡为概念去设计。”

2. 质朴稳重的建筑风格

采用了城堡的设计概念，建筑呈现出厚实、稳重的感觉，不同于欧洲城堡的风格，充满质朴与现代感，偏向北美馆的外观、日月潭向山游客中心外墙的感觉，呈现出自然元素和返璞归真感，却又不失现代主义风格。

3. 结合当地意象呈现，房内极简禅风

和建筑外观相呼应，有朋会馆的房间走极简禅风，加入自然元素做设计，融入宜兰好山好水的概念，用意象去表现，“像外面很多民宿都有主题，公主风等是强烈的风格，一看就知道，但我们的设计不离开简约、禅风的味道”。

4. 以自然为概念，打造客房风格

宜兰有很多溪流，会馆内的“溪河之家”用了溪流、河川的概念来表现，放入鹅卵石，用钢构的书桌漆成红色表达桥梁之意；“水稻之家”融

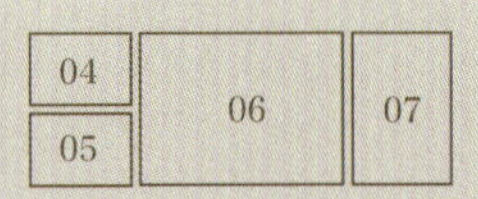

04/ 每一组各异其趣的摆饰品，全来自民宿主人的收藏，不吝惜地摆出来与大家分享。
05/ 古朴的砖墙、大量的木造家具与复古电话，让人宛如走入了时光隧道，回到童年家的一隅。
06/ 原来打算作为养老空间的区域，是以城堡为概念的，宽阔的地板与窗外的水池，完美地呈现城堡意象。
07/ 专门聘请法国料理主厨所规划的料理，除了味道鲜美外，摆盘更令人惊艳。

◆配合时令食材，餐点不设限

原本并未特地选择哪类餐点，陈明芳幸运地请到法式料理主厨，因此从餐厅设计、厨房设备到餐具的选择，都以法式为主；且因为是创意料理，主厨会依照当季当令的食材变化，四季都有不同菜单，还会因住房天数的不同，让顾客每天都吃到不同的料理。

◆拒绝农药与肥料，与土地共生共荣

有朋会馆想传达的精神，是陈明芳的生活体验。“从环境来说，原本这块地是果园，原地主使用大量农药和化学肥料，所以环境中的生态是欠缺的。”买地之后，因为不会耕种，所以不使用农药和化肥，三四年后，土地的生态回来了！蝴蝶、蜻蜓等昆虫都回来了，数量和种类渐增，丰富的生态多样性让陈明芳觉得应该好好思考：除了要保护环境之外，还应该与环境融合。

◆做好生态保护，传达对自然的感恩

选择与环境融合的清水模建筑，有朋会馆做到人与环境的共生，6000平方米的土地上，植物自然生存、繁衍，“所以在做田园规划时，我们种植大量吸引鸟类、蝴蝶、蜜蜂的植物，作为它们的食物来源，让生态更加丰富，也传达有朋会馆的土地关怀。”

◆遇到问题，当下立刻反映处理

有朋会馆的和式房，“榻榻米是用蔺草做的，会有一股味道，有些人不喜欢这个味道，我们会立即帮客人更换房间”。如果遇到比较不理性的客人，会把这些放到网络上，对民宿就是一种负面影响，这是经营民宿需要去面对的问题，更重要的是当遇到问题，处理的反应和态度是很重要的，这也是作为经营者需要具备的！

入了宜兰水田的意象，用颜色和象征性的东西来表现；“船坞之家”则因为宜兰有乌石港、南方澳等很多渔港，所以用渔船的颜色、船桨、码头绳索等来表现；还有“林场之家”，用木头来呈现，会散发出自然的木头香气，如桧木、樟木的香味。

5. 收藏摆设分享美好

房间里的设备不但是主人精心挑选的高级品，其中还有陈明芳大量的个人收藏，有工艺品也有艺术品，因为他希望将生活中的美好事物分享给来到会馆的人。对他来说，A栋、B栋都是自己的家，将艺术品，不论是油画还是铜雕，分散在家里的各个角落，用很简单的“我的家”的信念来布置，民宿主人把自己喜欢的艺术品融入了生活空间：“很多客人很喜欢这种感觉，虽然大家不会这样布置自己的家，但我认为美的东西可以让人心情安定、平静，我想在我的会馆里分享美的事物，进一步希望能带动来到会馆的人，在家中也营造美好的氛围。”

6. 当地食材，新鲜料理

在B栋，有朋会馆还规划了餐厅，并有申请餐厅执照，主要诉求是：利用宜兰当地新鲜食材，做出创意料理，烹煮手法偏向法式料理，以健康、养生的概念为主。“我本身并不具备餐厅经验，但以招待所的形式经营会馆，我想提供不同于一般的料理方式。要提供高质感的飨宴，西式或法式的料理手法，感觉上相对较有质感；且以收费来说，我们属于中高价位，一定要做出相对符合价位的餐点。”

Advantage analysis

经营优势分析

1. 安心自在的环境，带来家的感觉

来有朋会馆的人，常常是被建筑和设计风格所吸引，但建筑和环境是静止的，人与人的互动才是真正有温度的，陈明芳希望让客人感觉到亲切和人情味，希望来到有朋会馆的人可以有“回到家的感觉”。因此，无论是客房还是供餐，都希望能提供最舒适、干净与安心的环境。

2. 清楚的定位，真诚的服务

陈明芳认为，民宿经营要有清楚的定位。“我的民宿价格算是中高价位，我希望能提供高质量的服务。”来到有朋会馆的客人，有三到四成是外国人，新加坡、马来西亚等都有。“对我来说，有朋会馆就是我的家、我的生活，跟客人互动之间我是很快乐的！”除了清楚定位外，自己也要有心理建设，在经营上不要太过理想化，要有相当的热忱。对陈明芳来说，现在算是半退休状态，经营民宿算是他新的生活重心，在营运上比较没有压力，“每天接触来自各地的客人，我找到一种乐趣，不但可以传达自己的理念，还交到许多不同的朋友，我很自得其乐”。

3. 亲力亲为，体贴住客需求

陈明芳认为，来到有朋会馆的都是客人，提供好服务是应该的！“经营民宿须从客人进来后服务到他离开，甚至三更半夜客人有问题你也需要帮他解决。”客人反映有蚊子，有苍蝇，有蜘蛛，身为民宿主人都需要出来服务，如果没有相当的热忱，把它当成一种工作，一定会觉得压力很大。民宿的规定客人不一定遵守，面对问题要怎么去调适是很重要的，有朋会馆规定房内不能抽烟，不能带食物进去，但还是有人会这么做，对无法遵守规定的客人，与其当面与客人冲突，不如先思考事后的清扫与处理。

4. 有温度的服务，创造感动住宿体验

陈明芳会主动关心客人，客人回去之后，也会主动传简讯感谢。“有一次我遇到带家人来玩的男客人，他一直闷闷不乐，晚上找我聊天，他虽然没有说很多话，但我跟他分享了很多生活体验。”回去之后，客人回简讯给陈先生，感谢他的陪伴聊天，让他对事物有新的看法。“我也遇到子女长期在国外的奶奶，刚来的时候她并不开心，觉得我们的民宿很偏僻，但我陪她聊聊天之后，隔天她不想回家了，想要多住几天。”

关于陈明芳。用梦想勾勒蓝图，让设计师创造出城堡与护城河的幸福版图，他相信除了环境与建筑物之外，最有温度的是人与人之间的互动，用自己的生活态度打造出有朋会馆，坚持与环境共生，视来访的客人如亲友，用热情的款待分享生活中的片刻，让人重新感受到何为正直、纯朴与厚道。

民宿小档案

有朋会馆

地址：26291宜兰县礁溪乡二结村二节路36-11号
电话：03-9220172
网站：www.yupeng-villa.com

民宿主人	陈明芳与陈淑华
建筑物模式	购地自建
主人特色	对陈明芳来说，人永远是最重要的，从家人到生活中有所交集的人们，他将生活中的美好与大家共享，不吝将自己的收藏放入有朋会馆的空间之中，为了实践自己的生活美学，在分享艺术品的同时，使之成为生活的一部分。
民宿特色	1. 清水模建筑简约、质朴，却又不失现代感，自然融入天然环境之中，恢复生态的会馆腹地充满生机。 2. 选用宜兰当地食材，当季当令，在主厨的巧手烹调之下，打造出一道道法式创意料理。 3. 从建筑到布置，会馆处处充满巧思，让人除了感受到主人待客的满满诚意，还有浓浓的热忱与人情味。

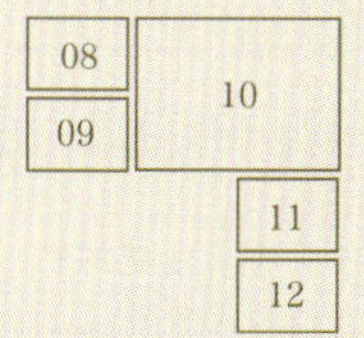

08/ 引进自然光线，在室内也能感受到光影的流动。
09/ 朴实自然的清水模与厚实的原木家具，营造出令人安心的氛围。
10/ 温润的木头，美丽的植栽，传达着有朋会馆对自然的呵护与疼惜。
11/ 榻榻米如同一畦一畦的水田，映衬着稻绿色的主墙面，仿若初夏的乡间小路，洋溢着庄脚老家的风情。
12/ 鹅卵石搭配淡蓝色墙面，象征着河流，保持原来风貌的木条装饰，将宜兰多河地理图像呈现在客房中。

附录 1　民宿预算参考（一）

民宿	建筑物模式	投入预算
呼噜咖啡 B&B	旧屋改造	押租金：15 万元 室内装修：380 万元 设备：50 万元 总计：445 万元（100% 自备款）
迷路为了看花	旧屋改造	设计费：60 万元　泥作工程：135 万元 木作工程：200 万元　水电工程：50 万元 油漆工程：50 万元　铁件：24 万元 家具：15 万元　设备：100 万元　其他：66 万元 总计：700 万元
蛙塘	购地自建	第一批自备款：100 万元 贷款金额：800 万元 总计：900 万元（含土地、建筑、室内设计费用）
夏滟	购地新建	建筑：500 万元 室内设计：300 万元 家具软件：200 万元 总计：1000 万元（不含土地）
星光碧后	串联两栋透天厝	建筑装修：570 万元 设备：30 万元 总计：600 万元（100% 自备款）
23.5 蔚蓝	购地新建	第一栋建筑 建筑体：55% 家具软装：45% 总计：1500 万元 第二栋建筑 建筑体：57% 家具软装：43% 总计：950 万元 第三栋建筑 建筑体：45% 家具软装：55% 总计：450 万元
北非花园	购地新建	地价：15% ～ 20% 建筑结构含室内设计：45% ～ 50% 室内家具软装：30% ～ 40% 总计：2000 万元
峇里峇里	自地新建	土地：0（自有） 建筑：1200 万元 室内装修：400 万元 其他设备：400 万元 总计：2000 万元
漫步 chateau	自地新建	建造金额：2000 万元 家具：200 万元 装潢：200 万元 总计：2400 万元（不含土地）

附录1 民宿预算参考（二）

民宿	建筑物模式	投入预算
境外漂流	购地自建	室内装修：300万元 其他设备：400万元 土地：700万元 建筑：1100万元 总计：2500万元
罗腾堡庄园	购地新建	土地：1000万元 建筑：1000万元 装潢、家具物品定制：500万元 总计：2500万元
崖上	购地新建	土地：600万元 堤岸工程：400万元 空间设计：36万元 申请执照：20万元 营造工程：1100万元 庭园植栽：200万元 室内装修：200万元 家具设备：180万元 其他杂项：200万元 总计：2936万元
缓慢金瓜石	旧屋改造	家具饰品：450万元 木工（内部装修）：600万元 水电：450万元 外观整修：1500万元 总计：3000万元
阿德南斯庄园	购地新建	土地：1200万元（以每平方米8000元计算） 建筑：1400万元 室内装修：400万元 其他设备：200万元 总计：3200万元
35A-LI	购地新建	建筑：1800万元 水电：150万元 空调：100万元 室内：750万元 景观：500万元 总计：3300万元（含土地）
独立森林度假VILLA	购地自建	土地＋建筑师费用与设计费＋建造工程费＋房内装修＋家具＋家电＋新建道路 总计：3300万元
佳佳西市场旅店	旧宅改建	工程款＋建筑采购款 总计：4000万元
63inn庭园民宿	购地自建	土地：500万元 建筑：3000万元（含花园规划300万～400万元） 其他：500万元（含家具、家饰布置） 总计：4000万元

附录1　民宿预算参考（三）

<table>
<tr><th>民宿</th><th>建筑物模式</th><th colspan="3">投入预算</th></tr>
<tr><td>水畔星墅</td><td>购地自建</td><td colspan="3">建筑物含铝门窗及水电：150万元
外观造型及材料：450万元
花园庭院及露台：450万元
家具及家饰：400万元
厨具及卫浴：250万元
装潢：250万元
冷气及其他电器设备：2000万元
窗帘与灯具：150万元
总计：4100万元</td></tr>
<tr><td>沙点</td><td>购地自建</td><td colspan="3">第一次兴建：3000万元（含土地）
第二次重建：2000万元
总计：5000万元</td></tr>
<tr><td>都法豪华庄园</td><td>购地自建</td><td colspan="3">土地：约5000万元
建筑：约2500万元
室内装修：约500万元
其他设备：约500万元
总计：约8500万元</td></tr>
<tr><td>海境</td><td>购地自建</td><td colspan="3">土地：9500万元
建筑：4000万元
室内装修：1000万元
其他设备：500万元
总计：1.5亿元</td></tr>
<tr><td rowspan="3">水岸森林</td><td rowspan="3">购地自建</td><td colspan="3">土地：30%　整地费：3%</td></tr>
<tr><td colspan="2">第一期
建筑结构费：15%
装修工程：10%
户外景观：20%
家具软装：5%</td><td>第二期
建筑结构费：5%
装修工程：5%
户外景观：5%
家具软装：2%</td></tr>
<tr><td colspan="3">总计：2亿元</td></tr>
<tr><td rowspan="10">有朋会馆</td><td rowspan="10">购地自建</td><td></td><td>A栋</td><td>B栋</td></tr>
<tr><td>土地费</td><td>1300万元</td><td>1300万元</td></tr>
<tr><td>设计费</td><td>150万元</td><td>150万元</td></tr>
<tr><td>泥作工程</td><td>1500万元</td><td>1500万元</td></tr>
<tr><td>木作工程</td><td>200万元</td><td>200万元</td></tr>
<tr><td>水电工程</td><td>200万元</td><td>200万元</td></tr>
<tr><td>家具</td><td>85万元</td><td>100万元</td></tr>
<tr><td>设备</td><td>50万元</td><td>100万元</td></tr>
<tr><td>其他费用</td><td>50万元</td><td>50万元</td></tr>
<tr><td colspan="3">总计：7135万元</td></tr>
</table>

附录 2　民宿索引

（按章节出现次序排列）

四季星空 05-2586083

陈桑民宿 0922-859768

香草 HOUSE · 薰衣草森林 04-25931314

西卫海民宿度假村

海之径 06-9277183

海旅巢 06-9263539

海蓝蓝 06-9265500

海湾湾 06-9265547

海　璞 06-9275577

花见幸福 0936-168851

英格兰小古堡 0988-550387

自然卷北欧风格民宿 0956-169558

调色盘筑梦会馆 0913-006559

布拉诺城堡 0920-171663

愿井民宿 08-9541343

亲河 291 0937-985-711

星月旅店 08-8613703

人鱼之丘 06-9215000

S'day 04-23015278（已休业）

二手童话 08-8862993

日光行馆 02-26258012

光现旅宿 08-8867768

毛屋 06-3912113

呼噜咖啡 B&B 04-23101661

迷路为了看花 08-8866566

蛙塘 03-9506527

夏滟 06-9211890

星光碧后 03-9981081

23.5 蔚蓝 0937-392288

北非花园 06-9215000

沓里沓里 04-92880928

漫步 chateau 08-8856886

境外漂流 0928-671403

罗腾堡庄园 03-9502000

崖上 03-8711222

缓慢金瓜石 02-24961111

阿德南斯庄园 0933-121662

35A-LI 03-9230435

独立森林度假 VILLA 03-9501580

佳佳西市场旅店 06-2209866

63inn 庭园民宿 03-8662863

水畔星墅 0925-959607

沙点 08-8851107

都法豪华庄园 0903-141853

海境 0934-135888

水岸森林 03-9610277

有朋会馆 03-9220172